Jochen Klauß
Weimar – Stadt der Dichter, Denker und Mäzene

Jochen Klauß

Weimar

Stadt der Dichter, Denker und Mäzene

Von den Anfängen
bis zu Goethes Tod

Artemis & Winkler

Die Deutsche Bibliothek – CIP-Einheitsaufnahme
Klauß, Jochen:
Weimar : Stadt der Dichter, Denker und Mäzene / Jochen Klauß. –
Düsseldorf ; Zürich : Artemis und Winkler, 1999
ISBN 3-538-07080-6

©1999 Artemis & Winkler Verlag, Düsseldorf / Zürich
Umschlagmotiv: Goethe- und Schiller-Denkmal von Ernst Rietschel,
Foto: Roland Dreßler
Umschlaggestaltung: Bachmann & Seidel
Satz: Josefine Urban – KompetenzCenter, Düsseldorf
Druck und Bindung: Pustet, Regensburg
ISBN 3-538-07080-6

Inhalt

6

»Es ist recht als ob Göthens Genius das alles von Jahrhunderten her so angelegt, gepflanzt und gepflegt hätte, damit ers einst in Weimar völlig und fertig fände und sich nur hineinzulegen brauchte.«

Wieland an Johann Heinrich Merck, 8. November 1777

Vorbemerkung: Über die Philosophie des Orts

> »Meine Ufer sind arm, doch höret die leisere Welle,
> Führt der Strom sie vorbei, manches unsterbliche Lied.«[1]

Goethes Ilm-Xenion von 1796 benennt mit wenigen Worten den ungeheuren Spannungsbogen, der auch im Namen Weimar mitschwingt: An den »armen Ufern« wurde »manches unsterbliche Lied« gedichtet. Doch die Ilm ist kein »Strom« – das ist poetische Legende –, sondern in ihrem Verlauf lange ein bescheidenes Bächlein, zum Teil im karstigen Boden wieder versickernd, nur wenig gespeist durch anderen Zulauf, schließlich nach 123 Kilometern unspektakulär in die Saale sich ergießend.

Weimar, etwa am Mittellauf der Ilm gelegen, ist die größte Stadt, die sie berührt zwischen Ilmenau im Thüringer Wald, wo sich mehrere Quellen befinden, und Großheringen, wo sie leise mündet – und sie bleibt immer mit Goethes Leben und Werk aufs engste verbunden. Der Dichter selbst hat es 1826 resümierend gesagt:

> »Großen Fluß hab' ich verlassen,
> Einem kleinen mich zu weihn;
> Sollte der doch eine Quelle
> Manches Guten, Schönen sein.«[2]

Seit den Zeiten, da sich die kleine thüringische Residenz an der Ilm anschickte, den Namen »klassisches Weimar« zu erwerben, bildete sich zugleich eine Tradition heraus, die bis zu unserer Gegenwart, da dem bescheidenen Ort der vielleicht unverdiente Titel einer »Europäischen Kulturstadt« aufgebürdet ist, verfolgt und belegt werden kann: Liebe und Haßliebe hielten sich abwechselnd letztlich doch die Waage. Dem war so, das ist so, und so wird es – hoffentlich – bleiben. Denn das ist eines von Weimars Geheimnissen: aus Nichts Gold zu machen. Manch moderner Kultur-Heilsbringer, der die »leidige« Provinzialität Weimars bejammert und sehnlichst durch Pariser Flair,

Lyoner Säulen und Venezianische Piazze verdrängt und ersetzt sehen möchte, zeigt, wenig von der Geschichte dieser Stadt, dem Geist dieses Ortes verstanden zu haben. Der immer unzufriedene Herder, 1776 aus der vergleichsweise ansehnlichen schaumburg-lippischen Haupt- und Residenzstadt Bückeburg gekommen, knurrte und murrte 1785 »in dem wüsten Weimar, dem unseligen Mitteldinge zwischen Hofstadt und Dorf«, über seine Existenz,[3] und Goethe hatte diese Polarisierung schon drei Jahre vorher, 1782 – immerhin auch bereits seit sieben Jahren Weimarer –, in die berühmten, vielzitierten Verse umgemünzt:

>»O Weimar! dir fiel ein besonder Los!
>Wie Bethlehem in Juda, klein und groß.
>Bald wegen Geist und Witz beruft dich weit
>Europens Mund, bald wegen Albernheit.
>Der stille Weise schaut und sieht geschwind,
>Wie zwei Extreme nah verschwistert sind.«[4]

Um die Wende vom 18. zum 19. Jahrhundert, als die Legendenbildung um das »klassische Weimar« einsetzte, tauchten die ersten Formulierungen auf, die fortan den geistigen Ruf Weimars einseitig hochstilisierten: Der berühmte Leibarzt der Herzogin Anna Amalia und spätere Direktor der Berliner Charité, Christoph Wilhelm Hufeland, feierte später verklärend Weimar, wo er von 1783 bis 1793 tätig war, als »Athen von Deutschland«[5]. Die Schriftstellerin Anne Louise Germaine de Staël-Holstein, die Tochter des Schweizer Bankiers und letzten Finanzministers des unglücklichen Louis XVI., Jacques Necker, hielt sich 1797, 1803/04 und 1807 in Weimar auf. Sie verarbeitete ihre Eindrücke und Gespräche in ihrem 1810 erschienenen Buch De l'Allemagne (»Über Deutschland«) und nannte Weimar darin »eine schöngeistige Hauptstadt« Deutschlands,[6] womit sie ein in Frankreich lange gültiges Weimar-Bild begründete und zementierte. August von Kotzebue, geborener Weimarer und erbitterter Gegner Goethes, nannte sie 1811 »Deutschlands Athen«, der Parkschöpfer Hermann Fürst von Pückler-Muskau siebzehn Jahre später »deutsches Athen«. Karl von Holtei, eng befreundet mit Goethes Sohn August und gern gesehener Gast am Frauenplan, prägte in Deutschland das weit verbreitete Begriffspaar »Ilm-Athen«.

Das blieb nicht ohne Widerwort der aufbegehrenden Jungdeutschen: Spitzzüngig kreierte der 1824 von Goethe kühl empfangene
Heinrich Heine 1836 den Begriff vom »Musenwitwensitz«,[7] dem
Publizisten Karl Ferdinand Gutzkow kam es bei seinem Besuch 1837
so vor, als »wollte nichts mehr von Weimar recht ausgehen, nichts
mehr zünden, die Stadt war als Deutschlands delphisches Orakel in
Verfall gekommen…«[8] Franz Dingelstedt gar, 1857/67 Generalin-
tendant und neben Franz Liszt am Weimarer Theater tätig, verglich
die Stadt mit einem »Sarkophag«. Weimar, von Wieland 1776 noch
mit der Hoffnung verknüpft, »der Berg Ararat [zu werden], wo die
guten Menschen Fuß fassen können«, erfüllte diese seine Hoffnung
nicht, es blieb »am Ende doch nur eine Grille«.[9] Konnte der Schriftsteller und Literaturkritiker Adolf Stahr, der im Kreise Liszts verkehrte, vom »Pompeji des deutschen Geistes« reden,[10] weil städtischer
Goethe-Kult und museale Traditionspflege das Aufkeimen neuer
Kunst erstickten, bestätigte noch 1927 Egon Erwin Kisch diesen
Trend mit seinem Wort vom »Naturschutzpark« der Geistigkeit.[11]
    Diese immer vorhandene Janusgesichtigkeit Weimars, mit Goethes
Worten als »Witz« und »Albernheit« beschrieben, erfuhr eine tragi-
sche Polarisierung in »Humanität« und »Barbarei«, als die Nationalsozialisten auf dem Ettersberg das Konzentrationslager einrichteten,
in dem bis 1945 Zehntausende Inhaftierter aus aller Welt einen
unmenschlichen Tod fanden. Die Pervertierung dieser häßlichen Seite
des Januskopfes zur Fratze setzte sich tragischerweise nach dem Ende
des Krieges fort, als die sowjetische Besatzungsmacht mit dem Spezial-
lager Nr. 2 die Geschichte des faschistischen KZ fast bruchlos fortsetzte, und wieder fanden Tausende den Tod. Seitdem ist Weimar –
nach den 1965 geäußerten Worten der Schriftstellerin Anna Seghers –
»in der deutschen Geschichte zugleich der beste und schlechteste«
Ort.[12] Nicht durch die monumentale Architektur der Gedenkstätte,
die groteskerweise derjenigen der Nazis – wiederum bruchlos – folgte,
hätte man die Toten ehren sollen, sondern »man möge das Lager der
langsamen Arbeit der Natur, des Waldes, der Wurzeln, des Regens,
der Erosion der Jahreszeiten überlassen«,[13] meinte 1997 Jorge Sem-
prun, der selber dort interniert gewesen war.
    Mit diesen Extremen – Klassik und Buchenwald – wird Weimar
leben müssen. Es ist der Spannungsbogen deutscher Geschichte der

letzten fünfhundert Jahre. Keine deutsche Stadt hat sie auf engstem Raum so komprimiert, so grausam ambivalent aufzuweisen. Weimar wird auch künftig niemanden gleichgültig lassen.

Die Vorgeschichte
bis zur Stadtgründung

DER »HEILIGE« BERG

Im Norden Weimars, das in einer Mulde liegt, erhebt sich der 478 m hohe Ettersberg; bis weit über die ersten südlichen Anstiege hat sich die Stadt schon auf ihn zu ausgebreitet. Er stellt in der hügeligen Umgebung die höchste Erhebung dar und liegt relativ isoliert. Steil im Westen und flach im Osten erstreckt er sich von »Hottelstedt bis Zottelstedt«, wie es der Volksmund formuliert. Er liegt in West-Ost-Richtung wie ein als Wasserscheide wirkender Kalksteinriegel. Von der »Hottelstedter Ecke«, einem westlichen Aussichtspunkt, hat man bei guter Fernsicht einen Rundblick auf fast 300 Ortschaften. Nach Eckermanns Worten war es »die weite Aussicht über das halbe Thüringen«, die Goethe an diesem Punkt faszinierte.[14]

Verschiedene Funde beweisen, daß Menschen bereits vor Tausenden von Jahren diesen Berg besiedelten. Kleine Feuersteingeräte wie Schaber, Pfeilspitzen und kurze Messerchen verraten die Anwesenheit von Menschen der mittleren Steinzeit von 8000 bis 4600 v. Chr., die solche Anhöhen bevorzugten, weil sie als Jäger von hier aus nach Jagdtieren Ausschau hielten.[15] Spätere Siedler nutzten den Berg zur Anlage befestigter Höhensiedlungen oder als Kultort. Germanen und Kelten haben auf seinem Plateau gestanden, sodann, zu Beginn der Zeitrechnung, Angehörige des Stammes der Hermunduren. Tacitus berichtet, daß im Jahre 58 n. Chr. dieser Stamm erfolgreich gegen einen anderen, wahrscheinlich die Chatten, um eine Salzquelle gekämpft hatte.[16]

Franken, schließlich Deutsche und Slawen blickten von diesem Berg ins weite Land, ehe im beginnenden 14. Jahrhundert die schriftliche Überlieferung einsetzte: 1301 hieß er »Etirsberg«, 1393 »Eytersberg«, 1600 »Öttersbergk«, endlich 1721 wie heute »Ettersberg«. Die Namensdeutung ist problematisch. Eine althochdeutsche Wurzel könnte auf Brennesseln hindeuten, die sich gern in der Nähe von Menschen ansiedelten; nach anderer Deutung liegt ein germanischer Name »Aithard« oder »Eitard« zugrunde. Um 1400 sind Weinberge und Schafweiden auf dem Ettersberg überliefert, vom 15. bis zum 19. Jahrhundert bedeckte ihn – wie heute – ausgedehnter Wald. Es war ein beliebtes Jagdgebiet der Weimarer Fürsten. Goethe hat im Dezember 1784 einen harten Kampf mit Herzog Carl August ausgefochten, der wegen seiner Jagdlust zusätzlich Wildschweine auf dem Berg aussetzen ließ.[17]

Nicht Carl Augusts Jagdstrecke, sondern das Schloß Ettersburg auf der Nordseite des Berges gehörte zu den »loci classici« des klassischen Weimar. Hier schlug Herzogin Anna Amalia ihren Sommersitz auf, hier spielte das Liebhabertheater, hier schrieb Goethe 1778 sein Lustspiel *Das Jahrmarktsfest zu Plundersweilern*, und Schiller vollendete hier sein Drama *Maria Stuart*. Nur wenige hundert Meter Luftlinie entfernt errichteten die Nationalsozialisten ab Mai 1936 das Konzentrationslager »Buchenwald«, womit auch dieser einst »heilige« Berg sein blutiges Schandmal erhielt.

Die Aussicht von dieser Stelle, in der klaren Morgenbeleuchtung der reinsten Herbstsonne, war in der Tat herrlich. Nach Süden und Südwesten hin übersah man die ganze Reihe des Thüringerwaldgebirges; nach Westen, über Erfurt hinaus, das hochliegende Schloß Gotha und den Inselsberg; weiter nördlich sodann die Berge hinter Langensalz und Mühlhausen, bis sich die Aussicht, nach Norden zu, durch die blauen Harzgebirge abschloß. Ich dachte an die Verse:

> *Weit, hoch, herrlich der Blick*
> *Rings ins Leben hinein!*
> *Von Gebirg zu Gebirg*
> *Schwebet der ewige Geist,*
> *Ewigen Lebens ahndevoll.*

Wir setzten uns mit dem Rücken nach den Eichen zu, so daß wir während dem Frühstück die weite Aussicht über das halbe Thüringen immer vor uns hatten. Wir verzehrten indes ein Paar gebratene Rebhühner mit frischem Weißbrot und tranken dazu eine Flasche sehr guten Wein, und zwar aus einer biegsamen feinen goldenen Schale, die Goethe in einem gelben Lederfutteral bei solchen Ausflügen gewöhnlich bei sich führt.

»Ich war sehr oft an dieser Stelle«, sagte er, »und dachte in späteren

Jahren sehr oft, es würde das letzte Mal sein, daß ich von hier aus die Reiche der Welt und ihre Herrlichkeiten überblickte. Allein es hält immer noch einmal zusammen, und ich hoffe, daß es auch heute nicht das letzte Mal ist, daß wir beide uns hier einen guten Tag machen. Wir wollen künftig öfter hieherkommen. Man verschrumpft in dem engen Hauswesen. Hier fühlt man sich groß und frei wie die große Natur, die man vor Augen hat, und wie man eigentlich immer sein sollte.«

Johann Peter Eckermann, S. 556

Goethe an Carl August, 26. Dezember 1784

»Auch die Jagdlust gönn ich Ihnen von Herzen und nähre die Hoffnung daß sie dagegen nach Ihrer Rückkunft die Ihrigen von der Sorge eines drohenden Übels befreyen werden. Ich meine die wühlenden Bewohner des Ettersberges. Ungern erwähn ich dieser Thiere weil ich gleich Anfangs gegen deren Einquartirung protestirt und es einer Rechthaberey ähnlich sehn könnte daß ich nun wieder gegen sie zu Felde ziehe. Nur die allgemeine Aufforderung kann mich bewegen ein fast gelobtes Stillschweigen zu brechen und ich schreibe lieber, denn es wird eine der ersten Sachen seyn die Ihnen bey Ihrer Rückkunft vorgebracht werden. Von dem Schaden selbst und dem Verhältniß einer solchen Heerde zu unsrer Gegend sag ich nichts, ich rede nur von dem Eindrucke den es auf die Menschen macht. Noch habe ich nichts so allgemein mißbilligen sehn, es ist darüber nur Eine Stimme. Gutsbesitzer, Pächter, Unterthanen, Dienerschafft, die Jägerey selbst alles vereinigt sich in dem Wunsche diese Gäste vertilgt zu sehn. Von der Regierung zu Erfurt ist ein Communicat deswegen an die unsrige gegangen.
Was mir dabey aufgefallen ist und was ich Ihnen gern sage, sind die Gesinnungen der Menschen gegen Sie die sich dabey offenbaren. Die meisten sind nur wie erstaunt als wenn die Thiere wie Hagel vom Himmel fielen, die Menge schreibt Ihnen nicht das Übel zu, andre gleichsam nur ungern und Alle vereinigen sich darinne daß die Schuld an denen liege die statt Vorstellungen dagegen zu machen, Sie durch gefälliges Vorspiegeln verhinderten das Unheil das dadurch angerichtet werde einzusehn. Niemand kann sich dencken daß Sie durch eine Leidenschafft in

einen solchen Irrthum geführt werden könnten um etwas zu beschliessen und vorzunehmen was Ihrer übrigen Denckens und Handlens Art, Ihren bekannten Absichten und Wünschen geradezu widerspricht. Der Landkommissair hat mir gerade in's Gesicht gesagt daß es unmöglich sey, und ich glaube er hätte mir die Existenz dieser Creaturen völlig geläugnet wenn sie ihm nicht bey Lützendorf eine Reihe frisch gesetzter Bäume gleich die Nacht drauf zusammt den Pfälen ausgehoben und umgelegt hätten.

Könnten meine Wünsche erfüllt werden; so würden diese Erbfeinde der Cultur, ohne Jagdgeräusch, in der Stille nach und nach der Tafel aufgeopfert, daß mit der zurückkehrenden Frühlingssonne die Umwohner des Ettersbergs wieder mit frohem Gemüth ihre Felder ansehen könnten.

Man beschreibt den Zustand des Landmanns kläglich und er ist's gewiß, mit welchen Übeln hat er zu kämpfen – Ich mag nichts hinzusetzen was Sie selbst wissen. Ich habe Sie so manchem entsagen sehn und hoffe Sie werden mit dieser Leidenschafft den Ihrigen ein Neujahrsgeschenck machen, und halte mir für die Beunruhigung des Gemüths, die mir die Colonie seit ihrer Entstehung verursacht, nur den Schädel der gemeinsamen Mutter des verhassten Geschlechts aus, um ihn in meinem Cabinete mit doppelter Freude aufzustellen.«

WA IV 6, S. 415 ff.

Wandrers Nachtlied

Der du von dem Himmel bist,
Alles Leid und Schmerzen stillest,
Den, der doppelt elend ist,
Doppelt mit Erquickung füllest,
Ach ich bin des Treibens müde!
Was soll all der Schmerz und Lust?
Süßer Friede,
Komm, ach komm in meine Brust!

Am Hang des Ettersberges, den 12. Februar [17]76

WA I 1, S. 98 und 392

Das »heilige« Wasser

Die Weimarer Mulde, wo sich die spätere Stadt entwickeln sollte, ist eine charakteristische Landschaft. Zahlreiche Bäche und Quellen entspringen an den Rändern dieser Mulde und boten so günstige Bedingungen für eine bereits ur- und frühgeschichtliche Besiedlung. Dieser Wasserreichtum erzeugte zwar versumpfte Niederungen, bei starken Niederschlägen sogar heftige Hochwasser der sonst eher friedfertigen Ilm, aber er sorgte auch für fruchtbare Auen, was der Viehzucht zugute kam. Das Gras auf den Muschelkalkhängen war immer noch für Schafhaltung geeignet, die wallartig die Mulde umschließenden Berge boten Witterungsschutz. Die Auenwälder lieferten Holz für den Hausbau und für die Geräte und die Feuerung.

Das nutzten bereits alt- und steinzeitliche Jäger und Sammler. Vermutlich vor ca. 200 000 bis 100 000 Jahren betraten erstmals Menschen den heutigen Weimarer Boden, das beweisen Knochenreste der späten Neandertaler im Travertin von Ehringsdorf. Frühe Feldbauern der Jungsteinzeit wurden einige tausend Jahre vor der Zeitrechnung hier zeitweise seßhaft. Ihnen folgten sogenannte Bandkeramiker, dann die Trichterbecherleute, anschließend die Schnurkeramiker. Bis etwa 800 v. Chr. lebten Glockenbecherleute in der Weimarer Mulde, ehe die Kelten mit ihrer hochentwickelten Technik wie Töpferscheibe, stehender Töpferofen, Glas-, Metall- und Edelmetallverarbeitung eindrangen und ihre Kenntnisse an die späteren germanischen Einwohner weitergaben. Vom 3. bis zum 1. Jahrhundert v. Chr. besiedelten germanische Stämme kontinuierlich das spätere Weimarer Stadtgebiet.[18]

Die zur römischen Kaiserzeit in der Weimarer Mulde siedelnden Menschen gehörten zum Stamme der Hermunduren. In dieser Zeit war die Prägung des späteren Namens »Weimar« abgeschlossen. Man vermutet das germanische Heiligtum »vimari« am heutigen Schwansee, der neueren Forschungen zufolge ein »heiliges« Gewässer gewesen sein könnte.[19]

Der Ortsname Vimari *muß in der Zeit der ersten germanischen Besiedlung, vom dritten Jahrhundert v. u. Z. bis zur römischen Kaiserzeit, geprägt worden sein. Er besteht aus dem germanischen Adjektiv* wiha = *heilig – im Altsächsischen hieß* wih = *Heiligtum –, und aus* mari *oder* meri, *einem Wort, das sich in der althochdeutschen Sprache erhalten hatte und soviel wie* stehendes Gewässer *bedeutete. Die germanische Bezeichnung einer Kultstelle wurde also auf die benachbarte Siedlung übertragen.*

Durch die Ausgrabung des hermundurischen Bauernheiligtums aus der La-Tène- und der römischen Kaiserzeit bei Oberdorla, Kreis Mühlhausen, wissen wir jetzt, daß auf eingehegten Idolplätzen am Ufer eines Kultsees sowie in einem benachbarten heiligen Hain ein Fruchtbarkeitskult mit Tier- und Menschenopfern geübt wurde. Wahrscheinlich befand sich das germanische Heiligtum »vimari« am heutigen Schwansee. Ob dort wie in Oberdorla ein Götterpaar verehrt wurde, ist noch ungewiß. Doch könnte der heilige Ort mit einer westlich von Weimar bei Utzberg liegenden Stätte in Beziehung gebracht werden, deren Name Wudemare *uns als Wüstung des neunten Jahrhunderts bekannt ist. Auch der Utzberg war ursprünglich ein Wodansberg; er wurde noch 1123 als Wothensberg erwähnt und hieß erst 1484 Utinsberg, woraus sich dann der heutige Name entwickelte. Wodan aber war der mit dem kriegerischen Gefolgschaftswesen der Germanen eng verbundene Gott, in dessen Namen und unter dessen Schutz der Adel mit seinem Gefolge Kriege führte und Plünderungszüge unternahm. Daß um Weimar mehrere Sakralnamen vorkommen, ist ein Zeichen für das große Ansehen dieses heiligen Bezirkes, das den alten Kultnamen* Vimari *Jahrhunderte hindurch vor einer Umbenennung schützte. Er wurde in der Völkerwanderungszeit beibehalten, als Familien aus thüringischem Adel, der sich zum arianischen Christentum bekannte, ihre Gehöfte im Jakobsviertel bewohnten, und sogar die katholischen Franken ließen ihn bestehen.*

Geschichte der Stadt Weimar, S. 33

Die Katastrophe von 531

Im späten 4. Jahrhundert bildete sich wahrscheinlich der Stamm der Thüringer heraus, dessen politische Hauptwirksamkeit sich in den folgenden 150 Jahren abspielte. Sie beteiligten sich als Verbündete Attilas an dessen Kampf um den Erwerb der Kaiserkrone Westroms und waren auch an der Schlacht auf den Katalaunischen Feldern im Jahre 451 dabei.

Die Entstehung dieses Stammes liegt im Dunkel der Geschichte. Die Hermunduren sind vermutlich der Kernstamm gewesen, aber es wurden wohl auch »wandermüde« Stammesteile oder -reste, z. B. der Warnen und Angeln, assimiliert. Ende des 4. Jahrhunderts hatten sich die Thüringer als Stamm konstituiert. Sie gerieten nach dem Ende des Gotenreichs (375), das die Hunnen zerschlagen hatten, in den Wirbel der Völkerwanderung. Ab Mitte des 5. Jahrhunderts, begünstigt durch die Niederlage der Hunnen und den Tod ihres Königs Attila, wurde das Thüringer Königreich schnell ein europäischer Machtfaktor. Einer der Machtschwerpunkte – darauf lassen Gräberfunde schließen – lag im Raum Erfurt – Arnstadt – Weimar. Auf dem Höhepunkt seiner Macht befand sich das Thüringer Reich unter seinem König Bisin (gestorben vor 510) um 500, wovon der fränkische Bischof und Geschichtsschreiber Gregor von Tours berichtet. Unter Bisins ältestem Sohn Hermenefred (vor 510–534) wies das Herrscherhaus verwandtschaftliche Bindungen mit fast allen germanischen Großreichen auf, was auf die Bedeutung der Thüringer Krone schließen läßt. Hermenefreds Gemahlin war seit etwa 510 Amalaberga, die Nichte des Ostgotenkönigs Theoderich. Thüringer und Ostgoten versuchten gemeinsam, dem erstarkenden Frankenreich zu widerstehen. Der Tod Theoderichs im Jahre 526 und die Aufteilung des Thüringer Königreichs unter den drei Söhnen Bisins läutete das politische Ende des Reiches ein. Ein erster fränkischer Angriff 529 konnte noch abgewehrt werden, die Entscheidungsschlacht 531 bei Riade an der Unstrut (vielleicht Burgscheidungen?) endete mit einer vernichtenden Niederlage der Thüringer.

Gregor von Tours berichtet über die Masse der getöteten thüringischen Krieger, daß das Flußbett der Unstrut von ihr zugedämmt wurde »und die Franken über sie, wie über eine Brücke, auf das jenseitige Ufer zogen«. König Hermenefred, zunächst geflohen, wurde 534 auf fränkisches Gebiet gelockt und ermordet, seine Brüder waren gefallen, der männliche Stamm des Hauses erloschen. Fast 500 Jahre lang hatten die Thüringer fortan einen jährlichen Tribut in Form von Schweinen zu entrichten, dieser »Schweinezins« galt als besonders demütigend.

Zum Zweck der Machtlegitimation verband sich der Frankenkönig Chlotaris mit Radegunde, einer Nichte Hermenefreds. Sie war 531 ins Frankenreich verschleppt und dann zur Heirat gezwungen worden, verließ den Merowinger König aber und trat 553 als Nonne in das von ihr gegründete Kloster Poitiers ein, »zweifellos eine Form des stillen Widerstands gegen die Vernichtung ihrer Familie und die Demütigung ihres Stammes«.[20] Radegunde galt als Heilige, der lateinische Dichter Venantius Fortunatus hat ihr Leben beschrieben. Es ist nicht ausgeschlossen, daß diese Tochter des Thüringer Königshauses zeitweilig in der Nähe des heutigen Weimar gelebt hat, denn hier lag – vielleicht auf dem heutigen Jakobshügel – eines der kulturellen und Machtzentren der Thüringer Könige.

Zumindest in großen Zügen sind diese historischen Ereignisse in Goethes Bewußtsein gewesen, Tacitus und Hermann der Etrusker waren Gegenstände der Klopstockschen Bardendichtung, Attilas Leben und Taten jedem Gebildeten vertraut. In der *Campagne in Frankreich 1792* schrieb Goethe, er habe am 27. September, also eine Woche nach der für die Alliierten verhängnisvollen Kanonade von Valmy und zwei Tage vor Beginn des dann zum Fiasko sich auswachsenden Rückzugs, zur Ablenkung einige historische Begebenheiten erzählt, um die Hoffnung der gedrückten Offiziere zu heben. Zum einen will er vom Schicksal Ludwigs des Heiligen bei seinem Kreuzzug, dann von dem gelungenen Rückzug Attilas nach der Schlacht auf den Katalaunischen Feldern erzählt haben.[21]

Die ältere Thüringer Geschichte studierte Goethe ausführlich im Jahre 1816, als er zur Kur in Tennstedt weilte, die geschichtsträchtige Unstrut vor sich und den heimatlichen Ettersberg hinter sich hatte.[22]

*Man lächelte, nahm das Omen gut auf, besprach sich über mögliche
Fälle, besonders hob man die Ursachen hervor, warum die Franzosen
uns eher schonen als verderben müßten: der lange ungetrübte Still-
stand, das bisherige zurückhaltende Betragen gaben einige Hoffnung.
Diese zu beleben wagte ich noch einen historischen Vortrag und erinnerte mit Vorzeigung der Specialkarten, daß zwei Meilen von uns nach
Westen das berüchtigte Teufelsfeld gelegen sei, bis wohin Attila König
der Hunnen mit seinen ungeheuren Heereshaufen, im Jahre Vierhundert zwei und funfzig, gelangte, dort aber von den burgundischen
Fürsten unter Beistand des römischen Feldherrn Aetius geschlagen
worden; daß, hätten sie ihren Sieg verfolgt, er in Person und mit allen
seinen Leuten umgekommen und vertilgt worden wäre. Der römische
General aber, der die Burgunder-Fürsten nicht von aller Furcht vor diesem gewaltigen Feind zu befreien gedachte, weil er sie alsdann sogleich
gegen die Römer gewendet gesehen hätte, beredete einen nach dem
andern nach Hause zu ziehen; und so entkam denn auch der Hunnen-
könig mit den Überresten eines unzählbaren Volkes.*

WA I 33, S. 91

Von Bonifatius bis zur Burg »Hornstein«

Nach den Wirren der Völkerwanderung und dem Ende des Thüringer
Königreichs verlor Weimar ständig weiter an Bedeutung. Da das ehemalige Kulturzentrum an keiner bedeutenden Straße lag, verzichteten
die Franken als die neuen Herren offenbar sogar auf die Anlage einer
Garnison, wie sie dies etwa mit dem Königshof »Mulinhuso« (Mühlhausen) taten, der das thüringische Görmar ausschaltete.

Die Siedlungskontinuität in der Weimarer Mulde scheint aber nicht
strittig zu sein, obwohl nur wenige archäologische Funde vorliegen,
die belegen, daß bereits im 7. und 8. Jahrhundert Slawen im späteren Stadtgebiet siedelten. Karl der Große, der die Saale als östliche

Reichsgrenze festgelegt hatte, reglementierte das Ansiedeln der Sorben. Die Ortsnamenforschung beweist, daß das Zusammenleben von
Frühdeutschen und Slawen zum weiteren Landesausbau beigetragen
hat. »Wendische« Gemeinden genossen noch bis ins 12. Jahrhundert
hinein Sonderrechte. Im späteren Weimar war das die Gegend der
Windischengasse an der Südspitze des Siedlungsgebiets. Wenngleich
gerade durch die Sorben der Anschluß an den Fernhandel unterstellt
wird, lag die Weimarer Mulde im Mittelalter doch selbst »im toten
Winkel des Hauptverkehrs«, was sich auch noch in späteren Jahrhunderten auf die Entwicklung auswirken sollte. Das wichtigste kulturelle Ereignis dieser Zeit war die eifrige Missionstätigkeit zu karolingischer Zeit, die 741/42 durch Bonifatius zur Gründung des Bistums
Erfurt führte. Da er dann die Diözese Mainz erhielt, kam es zu der
dauerhaften Bindung dieses thüringischen Kulturzentrums an die
Erzbischöfe und späteren Fürstbischöfe von Mainz. Ob die Siedlung
auf dem Gebiet des nachmaligen Weimar bei der etwa zehnjährigen
Missionstätigkeit des Bonifatius direkt berührt wurde, ist nicht nach-
weisbar. Sein Wirken konzentrierte sich offenbar auf den Raum Ohr-
druf – Arnstadt – Erfurt. Nach dem Tod des Missionars im Jahre 754
ging das Bistum Erfurt im Bistum Mainz auf.

In politischer Hinsicht war die Einführung der Grafschaftsverfas-
sung und die Gründung von Königshöfen und Pfalzen durch Karl den
Großen bedeutsam, denn dadurch festigte der Frankenherrscher seine
Macht in Thüringen.

Goethe verfügte über wenige Kenntnisse dieser Vorzeit, was sich
durch die damalige Forschungslücke erklärt, denn sein historisches
Interesse galt auch diesen Jahrhunderten. Bonifatius nannte er den
»Apostel von Deutschland«,[23] eine alte Kircheninschrift von Heilsberg, aus der Nähe von Rudolstadt, datierte er ins 9. Jahrhundert,[24]
entsprechende Funde studierte er sorgfältig.[25]

Bereits in karolingischer Zeit darf ein Graf als kaiserlicher Vertreter
angenommen werden, der auf dem Gelände des heutigen Stadtschlosses einen Adelshof besessen haben könnte. Im 9. oder 10. Jahrhundert
zum befestigten Grafenhof ausgebaut, entstand daraus schließlich die
Wasserburg, die Ende des 10. Jahrhunderts erstmals urkundlich
erwähnt wird. Unmittelbar am linken Ilmufer gelegen, umgab man sie
mit einer ovalen Ringmauer und einem Wassergraben. Aus dem

15. Jahrhundert ist der sicher ältere Name »Hornstein« überliefert. Trotz mehrerer Brände ist diese Wehranlage im wesentlichen bis 1800 erhalten geblieben. Die Burg Hornstein ist einer der Ausgangspunkte für die im Entstehen begriffene städtische Siedlung. Die auf ihrem Gelände gelegene Martinskirche ist die älteste frühchristliche Kirche.

899 wird der Ort »Vrigmara« in einer Urkunde Kaiser Arnulfs erwähnt; es ist die urkundliche Ersterwähnung Weimars.

Die Inschrift von Heilsberg

Zu den geheiligten Plätzen, wo St. Bonifacius selbst oder seine Gehülfen zuerst das Evangelium den Thüringern angekündigt, rechnen wir billig einen wohlgelegenen Hügel zwischen Rudolstadt und Remda, woselbst nicht fern von einer Heilquelle ein Gotteshäuslein entstand, woran sich nach und nach das Dorf ansiedelte, Heilsberg benams't, anzudeuten, wie mancher auf dieser Höhe sein Heil gesucht und gefunden.

Die erste Capelle ward nach und nach zur größeren Kirche; denn selbst die uralte Tafel, von der wir sprechen, zeugt von früherem Wohlstand und späterer Abänderung des Gebäudes. In einem Pfeiler der äußeren Mauer fand sich ein großer Sandstein eingefügt, bezeichnet mit wundersamen Quadratbuchstaben.

Mehrere Jahrhunderte mochte man die Inschrift staunend betrachten, bis Schilter dieselbe durch einen Kupferstich in dem Thesaurus antiquitatum, T. II., zuerst bekannt machte, ohne jedoch eine Deutung zu wagen. Nur die Worte Lodovic und Doring glaubte er zu sehen und vermutete, es sei der Theilungstractat, welchen König Ludwig der Erste im Jahre 817 unter seinen Söhnen gestiftet. Dabei blieb es: andere Gelehrte gedachten der Inschrift, ohne dieselbe zu entziffern. Indessen drohte die Zeit eine gänzliche Vernichtung des Denkmals.

Dieses ward aber durch Fürsorge Ihro Königlichen Hoheit des Großherzogs von Weimar mit so manchen anderen Alterthümern gerettet und im Frühjahr 1816 nach der Stadt geschafft, in dem Vorhause der Bibliothek aufgestellt und sogleich in der Zeitschrift Curiositäten im fünften Bande Seite 507 auf's neue bekannt gemacht, auch die Inschrift auf einer Kupfertafel mitgetheilt, daneben die Forscher des deutschen Sprachgebiets aufgerufen, Meinung und Gutachten über diese räthselhafte Schrift zu eröffnen. Niemand aber fand sich, der eine Erklärung derselben gewagt hätte.

Endlich gelangte durch höchste Vermittelung die Abbildung des Denkmals an Herrn von Hammer, welcher den durchdringenden Blick zu Erforschung älterer und neuerer Schrift- und Sprachgeheimnisse auch hier bethätigte und eine Auflösung bewirkte, die wir den Freunden geschichtlichen Alterthums in Hoffnung dankbarer Anerkennung hierdurch überliefern.

WA I 42/1, S. 75 f.

DIE STADTGRÜNDUNG UM 1250

Die meisten thüringischen Klein- und Landstädte sind im 13. und 14. Jahrhundert gegründet worden, und zwar in der Regel bei einer Burg. Als Markt und zusätzliche Befestigung erfüllten diese Stadtgründungen also eine doppelte Funktion, so wie die Vorburg bei den Königspfalzen des 10. Jahrhunderts.

Seit dem 12. Jahrhundert bildeten die Grafen von Weimar-Orlamünde eines der bedeutendsten thüringischen Geschlechter, die sich allerdings der bedrohlichen Macht des ludowingischen Landgrafenhauses und des mainzischen Erfurt gegenübersahen. Nach dem Aussterben des Landgrafenhauses 1247 versuchten die Wettiner, deren Erbe anzutreten. Offener Widerstand der thüringischen Grafen und Herren führte schließlich zu heftigen Kämpfen, die noch zusätzlich dadurch verschärft wurden, daß mit dem Tod Kaiser Friedrichs II. 1250 die staufische Zentralgewalt im Reich zusammenbrach.

Hermann III. und Otto III., Brüder und Grafen von Weimar-Orlamünde, wollten vor diesem historischen Hintergrund durch Stadtgründungen ihre Burgen zusätzlich verstärken, was um 1250 auch zur Stadtgründung von Weimar führte. Burg, Vorwerk und Mühle waren die Keimzelle der späteren Stadt, die von vornherein weitab von bedeutenden Fernhandelsstraßen lag: Im Norden, hinter dem Ettersberg, verlief die Via Regia, östlich befand sich die sogenannte Kupferstraße.

Der Markt war ein Nahmarkt, die Stadt landwirtschaftlich geprägt, der Orlamünder Graf der Stadtherr – bis in die Zeiten Carl Augusts und Goethes, also über 700 Jahre hinweg, blieb diese ökonomische und politische Struktur der Stadt im wesentlichen unverändert erhalten, etwa 25 aufeinanderfolgenden Geschlechtern ging sie in Fleisch und Blut über. Das prägte den Geist des Ortes ebenso nachdrücklich wie den Charakter seiner Bewohner. Weimar war jahrhundertelang ein abgeschiedenes Refugium landstädtischer Stille, wo alles nach »altem Herkommen« unverändert erhalten blieb. Das traditionell konservative Denken und Handeln alteingesessener Weimarer hat hier eine seiner Wurzeln, die Provinzialität, die Verschlossenheit der Stadt ihre vielleicht festeste Säule. Daß im 18. Jahrhundert ein zweites Gesicht Weimars hinzukam, jenes der Offenheit und Humanität, ist eben eine jener Besonderheiten, von denen die Stadt bis heute lebt.

Unter wettinischer Herrschaft

Die Stadtbrände von 1299 und 1424

Ende des 13. Jahrhunderts, vor dem Hintergrund der blutigen Auseinandersetzungen zwischen Orlamünder Grafen und den wettinischen Landgrafen, müssen in Thüringen chaotische Verhältnisse
geherrscht haben. Als sich König Rudolf I. von Habsburg 1289/90
fast ein Jahr lang in Erfurt aufhielt, mußte er 66 Raubritterburgen in
der Umgebung zerstören. Es ist die Zeit, da die Kyffhäusersage vom
mächtigen, aber schlafenden Rotbart entstand. Der Wunsch der
gemarterten Bevölkerung nach einem starken Kaiser, wie es Friedrich
I. Barbarossa und der letzte Staufer Friedrich II. waren, ergab sich aus
der Sehnsucht nach einem befriedeten Reich und Land.

Die Stadt Weimar war von diesen kriegerischen Wirren direkt
betroffen. Vermutlich durch Brandstiftung fiel sie am 31. Dezember
1299 einem gewaltigen Feuer zum Opfer. Begünstigt vom Wind, blieben außer der Burg nur wenige Gebäude verschont.[26] Da Weimar
bereits zehn Jahre später, 1309, erneut belagert wurde, muß wohl der
Wiederaufbau zügig vorangeschritten und die Wiederherstellung der
Stadtbefestigung bereits erfolgt sein. Dabei handelte es sich zwar noch
nicht um die späteren Mauern und Türme, sondern um palisadenbewehrte Erdwälle und Wassergräben, aber beim Wiedererrichten der
städtischen Gebäude und der Befestigungswerke erhielt der Ort jetzt
die räumliche Ausdehnung, die Weimar bis zum Ende des 18. Jahrhunderts, also bis weit in die Zeit Goethes hinein, unverändert beibehalten
hat. Die steinernen Tore standen vermutlich bereits gegen Ende des
14. Jahrhunderts, während noch mehrere Generationen von Stadtbewohnern mit der Vollendung der Mauern beschäftigt blieben; das zog
sich noch über das ganze 15. Jahrhundert hin. Selbst 1540 mußte noch
an der Stadtmauer gearbeitet werden. Der starke Zuzug von Neuansiedlern – meist aus den Dörfern der Umgebung – in der Zeit um 1400
deutet auf eine gewisse Sogwirkung der Stadt. Inwiefern dies mit einem
wirtschaftlichen Aspekt oder mit gewonnener Sicherheit durch die
Befestigungen zu erklären ist, bleibt ungewiß. Nach dem Thüringer
Grafenkrieg von 1342/46 setzten sich die wettinischen Landgrafen
endgültig im Kampf um die Landeshoheit durch. Mit dem Aussterben

des Geschlechts der Grafen von Orlamünde 1372 ging auch die Stadt Weimar in den Besitz der Markgrafen von Meißen und Landgrafen von Thüringen über, die aus dem Hause Wettin stammten. Ein gewaltiges Feuer, das am 3. Mai 1424 ausbrach, vernichtete erneut die halbe Stadt und diesmal auch die Burg, die Stadtkirche und das Rathaus. Jahrzehntelang konnte sich Weimar von diesem Schlag wirtschaftlich nicht mehr erholen, der Aufbau zog sich fast bis zum Ende des 15. Jahrhunderts hin. Die Schloßbauten waren fünfzehn Jahre später erneuert, so daß Herzog Wilhelm III. der Tapfere ab 1445 Weimar als seine bevorzugte Residenz erwählen konnte; Mitte des Jahrhunderts ließ er den Franziskanern ein eigenes Kloster errichten. Die dem Deutschen Ritterorden zugehörende, nur notdürftig reparierte Stadtkirche, 1487 erneut als baufällig bezeichnet, wurde 1498/1500 endlich als dreischiffige Hallenkirche im spätgotischen Stil neu errichtet. Mit Kloster und Kirche sind die architektonischen Rahmen und Räume für das nachfolgende Auftreten und Wirken von Martin Luther, Lucas Cranach, Johann Sebastian Bach und Johann Gottfried Herder abgesteckt und gegeben, wird dem Phänomen »Weimarer Klassik« auch dadurch still und leise und unmerklich der Boden bereitet. Die Katastrophe zweier Stadtbrände hat dazu den äußeren Anlaß geliefert, Kehrseite der Geschichte, deren Wunderwürdiges »den Mitlebenden sowie den Nachkommen alsdann erst heilsam und ersprießlich« gedeiht, »wenn man sie erkennen läßt«, meinte Goethe 1829 gegenüber dem Grafen Reinhard, »wie das Merkwürdigste und Größte von bedeutenden Menschen unter den sonderbarsten Zuständen und Zufälligkeiten geleistet worden«.[27]

Goethe an Charlotte von Stein, 26. Juni 1780

... die Nachricht von Feuer in Gros Brembach iagte mich fort, und ich war geschwind in den Flammen. Nach so lang trocknem Wetter, bey einem unglücklichen Wind war die Gewalt des Feuers unbändig. Man fühlt da recht wie einzeln man ist, und wie die Menschen doch so viel guten und schicklichen Begriff haben, etwas anzugreifen. Die fatalsten sind dabey, wie immer, die nur sehen was nicht geschieht, und darüber die aufs nothwendige Gerichteten Menschen irre

*machen. Ich habe ermahnt, gebeten, getröstet, beruhigt, und meine
ganze Sorgfalt auf die Kirche gewendet, die noch in Gefahr stund als
ich kam und wo ausser dem Gebäude noch viel Frucht die dem Herrn
gehört, auf dem Boden zu Grunde gegangen wäre. Voreilige Flucht
ist der größte Schaden bey diesen Gelegenheiten, wenn man sich
anstatt zu retten widersezte, man könnte das unglaublige thun. Aber
der Mensch ist Mensch und die Flamme ein Ungeheuer. Ich bin noch
zu keinem Feuer in seiner ganzen Acktivität gekommen als zu diesem.
Nach der Bauart unsrer Dörfer müssen wirs täglich erwarten. Es ist
als wenn der Mensch genötigt wäre, einen zierlich und künstlich
zusammengebauten Holzstos zu bewohnen, der recht, das Feuer
schnell aufzunehmen, zusammen getragen wäre.
Aus dem Teich wollte niemand schöpfen denn vom Winde getrieben
schlug die Flamme der nächsten Häuser wirblend hinein. Ich trat
dazu und rief es geht es geht ihr Kinder, und gleich waren ihrer wieder
da die schöpften, aber bald musste ich meinen Plaz verlassen, weils
allenfalls nur wenig Augenblicke auszuhalten war. Meine Augbrauen
sind versengt, und das Wasser in meinen Schuhen siedend hat mir die
Zehen gebrüht, ein wenig zu ruhen legt ich mich nach Mitternacht, da
alles noch brannte und knisterte im Wirthshaus aufs Bett, und ward
von Wanzen heimgesucht und versuchte also manch menschlich
Elend und unbequemlichkeit. Der Herzog und der Prinz kamen später, und thaten das ihrige. Einige ganz gewöhnliche und immer uner-
kanndte Fehler bey solchen Gelegenheiten hab ich bemerckt.*

WA IV 4, S. 239 f.

DIE STADTBEFESTIGUNG BIS INS 16. JAHRHUNDERT

Die von mittelalterlichen Türmen und Mauern umgürtete Stadt prägt
etwa 200 Jahre das äußere Bild Weimars. Anna Amalia, die am 24.
März 1756, von Norden über den Ettersberg anreisend, erstmals

Stadtbefestigung, Frauentor.
Zeichnung von W. Friedrich

nach Weimar kam, sah die Stadt derart mittelalterlich gerüstet noch vor und unter sich, und Wieland, der 1772 von Westen her, von Erfurt aus, Weimar betrat, sah sie, zumindest in großen Teilen, so vor sich. Die Stadtbefestigung, die die Burg und die Ilm als Verteidigungselemente einschloß, umfaßte nach ihrer Vollendung im 16. Jahrhundert vier Tore und zehn Türme, die durch die äußere Stadtmauer verbunden waren. Acht bis zehn Meter hinter diesem äußeren Ring erstreckte sich die innere Mauer, dazwischen befanden sich Wasserläufe, Wassergräben und Teiche, woran noch heute Namen wie Graben, Teichplatz oder Teichgasse erinnern.

Die alte Stadt besaß ursprünglich nur drei Tore: das Jakobstor im Norden, das Kegeltor im Osten und das im Süden gelegene Frauentor. Erst nach dem Brand von 1299 und der Neugliederung der Stadt entstand im Westen das Neue Tor, das seit dem 16. Jahrhundert das Erfurter Tor genannt wurde.

Wenig befestigt waren das innere und äußere Kegeltor vor der Kegelbrücke, weil sie durch die dahinter liegende Burg geschützt wur-

den, und das nach der davor liegenden Jakobsvorstadt benannte
Jakobstor (später auch Trödel- oder Gerbertor), das lediglich aus
einem massiven, viereckigen Turm bestand. Das Neue Tor dagegen
und das Frauentor, dieses nach einer 1336 gegründeten Marienkapelle benannt, stellten wuchtige Verteidigungsbauten dar: zwei spitzhel-
mige Türme in der äußeren Mauer, sodann Zugbrücken über Wassergräben und weitere zwei Türme in der inneren Stadtmauer.

Lebten innerhalb dieser Türme und Mauern um 1540 etwa 1500
Menschen, so hatte sich zweihundert Jahre später die Bevölkerung mit
ca. 6000 Menschen fast vervierfacht. Die Folge war eine schon im
beginnenden 18. Jahrhundert einsetzende Bebauung vor den Toren, da
die mittelalterlichen Mauern mit der Einführung des Schießpulvers in
die Militärtechnik auch ihre Verteidigungsfunktion verloren. Vor dem
mächtigen Frauentor, am Frauenplan, dem kleinen, nach Süden leicht
ansteigenden Terrain an der alten Marienkapelle, durfte 1709 der Sachsen-weimarische Kammerkommissarius Georg Kaspar Helmershausen
sein barockes Wohn- und Bürgerhaus errichten. Der stolz-demütige
lateinische Spruch über dem Portal wird heute nur von wenigen wahr-
genommen, geschweige denn verstanden, aber das Haus ist weltbe-
kannt und wurde bereits von Millionen durchschritten, denn hier
wohnte ein halbes Jahrhundert lang Johann Wolfgang von Goethe.

Auch dieser Ort hat somit seinen eigenen, alten Genius besessen,
lange bevor der Dichter ihn erstmals betrat. Fromme, biedere Bauern
und Bürger haben an dieser Stelle oder in der Marienkapelle fast 200
Jahre lang bis zur Reformation ihr stilles Gebet gesprochen, hier
besaß die kleine Residenz fast ebenso lange ihr martialisches und
wehrhaftes Angesicht, und hier, auch das kein Zufall, begann die Ent-
festigung der Stadt und eine auch äußerlich sichtbare neue Epoche.

Herzogin Anna Amalia, dazu veranlaßt durch die Enge innerhalb
der Mauern, durch den entsetzlichen Zustand der städtischen Straßen
und der hygienischen Verhältnisse, ordnete ab 1757/58 den Abriß des
inneren Frauentors an. Die Steine wurden zur Straßenpflasterung verwendet, ebenso nach dem Abriß des alten Kegeltors und der anderen
inneren Toranlagen. Bis zum Beginn des 19. Jahrhunderts wurden alle
Anlagen der Stadtbefestigung abgerissen, nur der heutige »Kasse-
turm«, der »Bibliotheksturm« und ein kleiner Mauerrest am Graben
blieben erhalten.

Die Stahlarmbrust-Schützengesellschaft um 1430

Die Stadt war im 14. Jahrhundert bereits in vier Viertel unterteilt, denen Viertelsmeister vorstanden, die zugleich als Lottenmeister Polizeifunktionen wahrnahmen, z. B. darauf achteten, daß der Lottenbach, der in mehreren offenen Armen durch einige Gassen floß, nicht verunreinigt wurde. Über den Viertelsmeistern saßen die acht Ratsmannen und der Schultheiß, der die Geschicke des Gemeinwesens, natürlich in Abhängigkeit von den wettinischen Landesherren, leitete und die Grundsteuern, das »Geschoß«, eintrieb. Alle Bürger und Nichtbürger waren zu Wachdiensten verpflichtet, denn ohne wehrhafte Bürgerschaft hätten die Türme und Mauern nicht verteidigt werden können. Damit Weimar eine wehrhafte Stadt würde, waren darum die Wettiner bestrebt, die Bürger zum Wehrdienst mit eigenen Waffen heranzuziehen.

Vor diesem Hintergrund vollzog sich um 1430 die Gründung der Weimarer Stahlarmbrust-Schützengesellschaft, die als eine der ältesten Gesellschaften Mitteldeutschlands gilt. Ob sich dabei neben den landesherrlichen Wünschen, die bei der Gründung gewiß eine Rolle spielten, auch gewachsenes bürgerliches Selbstbewußtsein äußerte, läßt sich nicht mit Bestimmtheit sagen, wohl aber, daß diese Vereinigung in den folgenden Jahrhunderten fortbestand, allerdings in sich wandelnden Formen. Seit etwa 1650 gab sich die Weimarer Stahlarmbrust-Schützengesellschaft den Sinnspruch »Eingedenk der alten Zeit«, was spätestens jetzt den aufbrechenden Stolz auf eine bereits über zweihundertjährige bürgerliche Tradition erkennen läßt. Die vielfältigen Formen der weit verbreiteten Geselligkeit in den Jahren und Jahrzehnten des klassischen Weimar, wiewohl zumeist sorgsam geschieden in adelige und bürgerliche Kreise – Dienstagsgesellschaft, Cour d'amour, Frauenverein, Freitagsgesellschaft, Liebhabertheater, Freimaurerloge »Anna Amalia zu den drei Rosen«, Mittwochgesellschaft –, besaß damit in der Geschichte der Stadt eigene Wurzeln, die bis ins 15. Jahrhundert zurückreichten. Das »Schießhaus«, 1803 neu errichtet, hatte sich vom Schützenplatz zum Ort des allgemeinen bürgerlichen Vergnügens gewandelt, ebenso die damalige Schießmauer

im Park, die zur künstlichen Ruine, zum architektonischen Park-
schmuck wurde.

*Das ältere Schießhaus vor dem Frauenthor war schon längst von den
Parkanlagen überflügelt, der Raum den es einnahm bereits zwischen
Gärten und Spaziergängen eingeschlossen, die Übungen nach der
Scheibe, besonders aber das eigentliche Vogelschießen, nach und
nach unbequem und gefährlich.*

*Zum Tausch nahm der Stadtrath mit mehrfachem Gewinn einen gro-
ßen schön gelegenen Bezirk vor dem Kegelthor, die weit verbreiteten
Äcker sollten in Gärten, Gartenländer verwendet und an dem schick-
lichsten Platz ein neues Schießhaus gebaut werden.*

*Die eigentliche Lage eines Gebäudes, sobald dem Architekten Frei-
heit gegeben ist, bleibt immer desselben Hauptaugenmerk: ein ländliches Gebäude soll die Gegend zieren und wird von ihr geziert; und so
war die sorgfältigste Berathung zwischen den Berliner Architekten
und den Weimarischen Kunstfreunden nicht weniger dem Stadtrath
und der Schützengesellschaft eine geraume Zeit im Schwange.*

*Bei einem neuen Lustgebäude mit seinen Umgebungen, zur Aufnah-
me einer großen Menge bestimmt, ist das Haupterforderniß Schatten, welcher nicht sogleich herbeigebannt werden kann. Hier war
also ein angenehmes Hölzchen der nothwendige Punct einen Flügel
daran zu lehnen, für die Hauptrichtung entschied sodann eine oberhalb jenes Buschwerks hergehende uralte vierfache Lindenallee; man
mußte den Flügel und also das ganze Gebäude rechtwinkelig darauf
richten.*

*Ein mäßiger Plan, den Bedürfnissen allenfalls hinreichend, erweiterte
sich nach und nach; die Schützengesellschaft, das Publicum, als die
Tanzenden, die Genießenden, alle wollten bedacht sein, alle verlang-
ten ein schickliches und bequemes Local.*

WA I 35, S. 159 f.

13. September [1827] Donnerstag. Die Exzellenzen, der Wirkliche Geheimrat und Staatsminister von Goethe und der Kanzler von Müller, sind beide als Mitglieder in die Stahl- und Armbrustschützen-Gesellschaft eingetreten und eingeführt worden. Sie haben auch an dem Tage mit der Gesellschaft gespeist.

Franz David Gesky, S. 146

Politik und Kultur
bis zu den Landesteilungen

Die Neuerrichtung der Stadtkirche St. Peter und Paul

Die beiden ältesten Kirchen der Stadt sind die Burgkirche St. Martin, die wohl ins 8. Jahrhundert, also in fränkische Zeit, zurückzudatieren, und die Kirche St. Jakob, die spätestens seit dem 12. Jahrhundert bezeugt ist. Erst hundert Jahre später, mit der Stadtgründung Weimars, kam die Kirche St. Peter hinzu. Sie stand nahezu in der Mitte der ersten, ein Viereck bildenden Stadt. Weder Bauliches noch Bildliches und Schriftliches hat sich von diesem ersten Gotteshaus an dieser Stelle erhalten, lediglich ein »Cunradus plebanus de Weimar«, ein »Pfarrer Konrad von Weimar« kündet von ihrer Existenz. Die Orlamünder Grafen hatten sie errichten lassen und übergaben 1284 das Patronat an den deutschen Ritterorden, der dieses Recht bis zur Reformation wahrnahm.

Diese Pfarrkirche ging beim Stadtbrand von 1299 verloren, auch der Neubau fiel der Feuersbrunst von 1424 zum Opfer. Erst 1434 begann der Deutsche Ritterorden wieder mit dem Aufbau, zunächst des Turmes. Die schlechten Finanzverhältnisse des Ordens und der Stadtbevölkerung scheinen diesem dritten Kirchenbau zum Verhängnis geworden zu sein, denn bereits 1487 war er erneut baufällig.

Die Konkurrenz der Kirche St. Martin in der Burg und des 1453 gegründeten Franziskanerklosters dürfte den Bau der Stadtkirche zusätzlich gebremst haben, brachte die Seelsorge doch bares Geld. Erst in der Bauphase von 1498/1500 wurde der heutige Bau geschaffen, der den älteren Turm mit seinem 60 m hohen gotischen Spitzhelm einbezog. Das Kirchenschiff, neu geostet, wurde als spätgotische dreischiffige Hallenkirche mit polygonal geschlossenem Chor errichtet. Ein Stein mit Jahreszahl und Ordenswappen, dem Kreuz, erinnert an das Fertigstellungsjahr der Stadtkirche 1500.[28]

Für den Deutschen Ritterorden, während der Kreuzzüge in Palästina als Orden der »Dienstleute von Sankt Marien vom deutschen Hause« gegründet, war Thüringen die älteste deutsche Ordensprovinz. Die Deutschordensritter besaßen neben dem Kirchenpatronat in Weimar noch umfänglichen Grundbesitz, woran heute noch die »Ritter-

Die Stadtkirche St. Peter und Paul in Weimar.
Kupferstich von A. Glaeser, um 1830

gasse« erinnert. Das ehemalige Komturhaus, das 1712 dem Barock-
bau des Alten Gymnasiums weichen mußte, stand wohl östlich von
der Kirche.

1525 hielt die evangelisch-lutherische Glaubenslehre Einzug in das
Kircheninnere; der letzte Ordensgeistliche verließ 1533 die Stadt.
Mitte des 16. Jahrhunderts wurde die Stadtkirche Grablege der Weimarer Fürsten; die Tumben des ehemaligen Kurfürsten Johann Friedrich des Großmütigen und seiner Frau Sibylle schmücken seit 1554
den Chorraum, das Altarbild Lucas Cranachs d. Ä., 1552/55 von seinem Sohn vollendet, gehört zu den bedeutendsten Kunstwerken der
deutschen Reformationsmalerei. Die Stadtkirche war ab 1776 der
unmittelbarste Wirkungsort des Generalsuperintendenten Johann
Gottfried Herder. Seine Antrittspredigt hielt er am 20. Oktober 1776
über das Gleichnis vom königlichen Gastmahl. 26 Jahre hat er von
dieser Kanzel herab gepredigt. In dieser Kirche wurde er am 21.
Dezember 1803 beigesetzt. Über seinem Grab liegt eine gußeiserne
Grabplatte mit der kreisbildenden Schlange als Symbol der Ewigkeit
mit Herders Wahlspruch »Licht, Liebe, Leben«. Nicht »Stadtkirche

St. Peter und Paul«, sondern schlicht »Herderkirche« nennt der Volksmund das geschichtsträchtige Gotteshaus.

Herder an Johann Georg Hamann, 13. Januar 1777

Sonst ist hier alles noch recht Lutherischpapistisch dem Äußern nach, wie im Innern kein Schatte von Luther gefühlt wird. Ich freute mich auf diese Gegenden wie ein Kind, glaubte die Grundlage alter Anstalten wenigstens so tüchtig u. gut zu finden, daß man mit Freuden darauf stehn u. bauen könnte, bin aber sehr betrogen. Ewige Vormundschaften, schwache Tyrannen- u. Weiberregierungen haben alles so hinsinken lassen, durch ein ander gemengt u. geworfen, daß Alles weicht, wornach man fasset: Kirchen u. Kirchengebäude verfallen: Kirchenaerarien erschöpft, daß an den wenigsten Orten kaum mehr Visitation in loco gehalten werden kann: schlechte Prediger- u. Schuldienerstellen u. Subjekte, die ihren Stellen oft gleich sind. Dazu meine Arbeiten u. mein Sprengel so ohne Maas, daß gerade so viel Geistliche u. Kirchen unter meine Specialaufsicht gehören, als Tage im Jahr sind, die andre Superintendenturen zur Generalaufsicht, Konsistoriengeschäfte, 2.Predigtämter, da ich wieder thun soll, was sonst 2. thun würden, als Oberhofprediger u. Oberpfarrer der Stadtkirche – das Ephorat des Gymnasii u. aller Schulen des Landes – das Alles zusammengenommen, u. im Ganzen noch immer keine Personen, durch die man würken kann, zusammt Allem, was vorgegangen war u. unnennbar vor mir, auf mir liegt u. drückt, ohne daß man den Alp fassen kann, das Alles macht mein Hieseyn noch bisher zum Traume, zu einem Traume, wo man nichts absieht u. also auch wenig denkt u. desto mehr röchelt u. fühlet. Die ersten Zeiten habe ich ordentlich nach Luft geschnappt u. sie auf den sonderbaren Bergen rings um den Kessel, der Weimar heißt, auch nicht gefunden: selbst des unsäglichen Beifalls, Theilnehmens etc. habe ich noch nicht froh werden können, eben weil er so ungemessen u. rasch ist. Meiner Hausehre gehts deßgleichen. Unser grosses, unbequemes Haus drückt uns ebenfalls u. hat uns, als vornehme Leute, zu sehr gesondert, das denn auch nicht gut thut. Kurz die erste Zeit ist mir mein Altlutherscher Chorrock und der Hochwürdige MagnificenzTitel ziemlich unbehaglich gewe-

sen, hoffen aber, daß es in der Zukunft beßer seyn wird, weil im Gan-
zen mir doch Arbeiten u. Geschäfte selbst gefallen u. für die Adiuncta,
die wir nicht ändern können, immer doch ein Höherer sorgte. Dies ist
eben die Ursache, warum ich vom Hofe nichts schreibe. Ich geniesse
so viel Zuvorkommenheit u. Auszeichnung, als ich nur verlangen
kann, schränke mich aber sehr ein, daher Sie keiner Lügensage trauen
müßen, die nach der jetzigen Mode über Weimar u. also auch über
mich ergehet. Der Herzog, ein guter Naturvoller Mensch, der manch-
mal Blicke thut, daß man erstaunet, ist mir gut, besucht mich zuwei-
len, wir haben aber weiter keine Gemeinschaft zusammen, als bei
Concerten, oder der Tafel, wenn ich zu ihr geladen werde. Meine Frau
ist der jungen Herzogin, zu der sie manchmal gehet, mit Leib u. Seele
zugethan u. ich nicht minder: sonst aber u. im Ganzen leben wir hier
einsamer u. zurückgezogener als in Bückeburg selbst, weil ich bei so
vielen Menschen, die einem im Anfange durch die Hände gehen, noch
nicht den wahren Schatz, einen Freund, habe. Der uns am meisten
besucht, ist Wieland wir berühren uns aber nur am Rande – – –

Herders Briefe, 4, S. 26 f.

Schiller an Christian Gottfried Körner, 12. [u. 13.] August 1787

Am vorigen Sonntag hört ich Herdern zum ersten Mal predigen. Der
Text war der ungerechte Haushalter, den er mit sehr viel Verstand
und Feinheit auseinandersetzte, Du kennst das Equivoque in diesem
Evangelium. Die ganze Predigt glich einem Diskurs, den ein Mensch
allein führt, äußerst plan, volksmäßig, natürlich. Es war weniger eine
Rede als ein vernünftiges Gespräch. Ein Satz aus der praktischen Phi-
losophie, angewandt auf gewisse Details des bürgerlichen Lebens –
Lehre, die man ebensogut in einer Moschee als in einer christlichen
Kirche erwarten könnte. Einfach wie sein Inhalt ist auch der Vortrag,
keine Gebärdensprache, kein Spiel mit der Stimme, ein ernster und
nüchterner Ausdruck. Es ist nicht zu verkennen, daß er sich seiner
Würde bewußt ist. Die Voraussetzung dieses allgemeinen Ansehens
gibt ihm Sicherheit und gleichsam Bequemlichkeit, das ist augen-
scheinlich. Er fühlt sich als einen überlegenen Kopf, von lauter unter-

geordneten Geschöpfen umgeben. Herders Predigt hat mir besser als jede andre, die ich in meinem Leben zu hören bekommen habe, gefallen – aber ich muß Dir aufrichtig gestehen, daß mir überhaupt keine Predigt gefällt. Das Publikum, zu welchem ein Prediger spricht, ist viel zu bunt und zu ungleich, als daß seine Manier eine allgemein befriedigende Einheit haben könnte, und er darf den schwächlichen Teil nicht ignorieren wie der Schriftsteller (...) Die Kirche war gedrängt voll, und die Predigt hatte das große Verdienst, nicht lange zu dauern.

SNA 24, S. 128 f.

Nebenresidenz im Kurfürstentum Sachsen

Entgegen den Festlegungen der »Goldenen Bulle« Kaiser Karls IV. von 1356, die u. a. die Teilung der sieben Kurfürstentümer untersagt, vollzogen die beiden zerstrittenen Brüder Ernst und Albrecht (Albert) am 26. August 1485 in Leipzig die Teilung des Kurfürstentums Sachsen, ein gewichtiger politischer Fehler. Ernst, der ältere, bestimmte die Landesportionen, Albrecht, der jüngere, wählte. Ernst erhielt die Kurwürde mit dem Kurland und Thüringen, Albrecht erkor sich die sächsische Hälfte; die gemeinsame Nutzung aller erzgebirgischen Bergwerke bildete eine der bestehenbleibenden Gemeinsamkeiten. Ein dynamisches, wirtschaftlich prosperierendes Staatsgebilde wurde damit wider alle Vernunft auseinandergerissen, der wettinische Staat auf dem Höhepunkt seiner Machtentfaltung unwiderruflich zerstört. Die Leipziger Teilung von 1485 wurde damit zu einem Eckpunkt thüringischer Geschichte, denn bis 1918, dem Ende der dynastischen Herrschaft, verblieb dieses Land unter der Herrschaft der Ernestiner, die in der Folge zweihundert Jahre lang das Land immer wieder teilten. Thüringen wurde nicht nur zum »Musterland« kleinstaatlicher deutscher Zersplitterung, es wurde zugleich zu der deutschen Landschaft mit den meisten Residenzen. Davon sollte die Kultur Thüringens unendlich profitieren. Auch Weimar erfuhr nach der Teilung von 1485 eine Standeserhöhung. Neben den Städten Wittenberg, wo sich die Landesuniversität befand, und Torgau war Weimar Nebenresidenz. Nachdem Kurfürst Ernst bereits ein Jahr nach der Leipziger Teilung an den Folgen eines Sturzes vom Pferd gestorben war, übernahm der 23jährige Sohn Friedrich (III.) der Weise die Herrschaft, dem als Mitregent sein jüngerer Bruder Johann der Beständige zur Seite stand. Dieser heiratete 1513 in zweiter Ehe Margaretha von Anhalt; er führte in Weimar eine eigene Hofhaltung und verwaltete von hier aus u. a. den thüringischen Teil des ernestinischen Besitzes. Weimar wurde somit politisch langfristig auf seine Rolle als bedeutende Residenz vorbereitet, ungeachtet der weiter fortbestehenden baulichen Dürftigkeit und Schäbigkeit der Stadt.

In allen drei ernestinischen Residenzen entstanden im 16. Jahrhundert repräsentative Renaissancebauten, um das äußere Stadtbild zu verbessern. Schloß Hartenfels im sächsischen Torgau stand am Anfang, während sich der neue Baustil in Thüringen erst später durchsetzte. Der bedeutendste Renaissance-Baumeister hier wurde der Torgauer Nicol (Nikolaus) Gromann, der rund 40 Jahre im mitteldeutschen Raum baute. Der Torbau des Weimarer Schlosses, im 19. Jahrhundert dann »Bastille« genannt, entstand 1545, 1547 das Stadthaus, das Wohnhaus des aus Wittenberg kommenden Kanzlers Brück, eines Schwiegersohns Cranachs, wurde 1549 am Weimarer Markt vollendet. Hier sollte der greise Maler sein letztes Lebensjahr verbringen und das berühmte Altartryptichon beginnen, das später die Stadtkirche schmückte.

Nickol Gromann baute 1553 bis 1558 die Veste Coburg aus, er wirkte 1560 bis 1562 an der Veste Heldburg mit und errichtete 1562/64 das Rathaus in Altenburg, sein Hauptwerk.[29] Unter seiner Mitwirkung entstand 1562/65 das Grüne oder Französische Schloß, in dem Herzogin Anna Amalia etwa 200 Jahre später die Bibliothek einrichtete, der Goethe lange Jahre als Direktor vorstand. Für seine großen Verdienste erhielt Nickol Gromann bereits am 5. Februar 1548 das Beichthaus am früheren Franziskanerkloster zum Geschenk; sein Wohnhaus in der Geleitstraße 1, 1568 erbaut, wurde im Zweiten Weltkrieg zerstört. Gromann, der mit der Torgauer Schloßkapelle

1543/44 die erste protestantische Kirche Deutschlands überhaupt errichtet hatte, starb vielleicht nach 1574 in Weimar; das genaue Todesjahr und der Ort der Grabstätte sind unbekannt. Im von Gromann errichteten Stadthaus, das gleichfalls im Zweiten Weltkrieg zerbombt wurde, fanden einige der von Goethe inszenierten Maskenzüge statt, so z. B. zum Geburtstag der Herzogin Louise am 30. Januar 1810 der Maskenzug »Die Romantische Poesie«, wo Allegorien des »Rechts«, der »Ehre«, der »Treue« und der »Liebe« vor den fürstlichen »Herrschaften« ihre Stanzen aufsagten. Dieses Lokal des »klassischen« Weimar hatte somit bereits eine über 250jährige Tradition kultureller Veranstaltungen hinter sich, ehe es durch Goethe nochmals geadelt wurde.

Die Kurfürsten Friedrich der Weise, Johann der Beständige und Johann Friedrich der Grossmütige

Das ernestinische Kursachsen und sein südlichster Teil, Thüringen, wurden im Verlauf der ersten Hälfte des 16. Jahrhunderts zum Kernland der Reformation. Zugleich vollzog sich – bittere Ironie der Geschichte – innerhalb von einem halben Jahrhundert, von 1519 bis 1572, der politische Absturz des ernestinischen Herrscherhauses, was wiederum für Weimar und Jena die weitreichendsten Folgen zeitigte.

Friedrich der Weise, eine herausragende Herrschergestalt und Kurfürst von Sachsen, war beim Tod des habsburgischen Kaisers Maximilian I. 1519 einer der aussichtsreichsten Aspiranten auf die römisch-deutsche Kaiserkrone. Dreimal hatte er zuvor bereits als kaiserlicher Stellvertreter im Reichshofrat fungiert. Die Kaiserkrone allerdings lehnte der vorsichtige und bedächtige Kurfürst klugerweise ab. Zwar verfügte das sächsische Gebiet mit den reichen erzgebirgischen Silbervorkommen und der florierenden Tuchproduktion von Zwickau über genügend Geldquellen, aber die notwendigen Finanzen

Kurfürst Friedrich der
Weise. Kupferstich von
Albrecht Dürer, 1524

Kurfürst Johann Friedrich
der Großmütige. Holz-
schnitt von Lucas Cranach
d. Ä., um 1533/35

zur Bestechung der übrigen sechs Kurfürsten bei der Kaiserwahl hätte Friedrich kaum aufbringen können. Auch waren den Wettinern zwei wichtige Reichsämter verlorengegangen: 1510 starb Herzog Friedrich, ein Albertiner, der das Hochmeisteramt des Deutschen Ritterordens bekleidet hatte, und 1513 verstarb Erzbischof Ernst von Magdeburg, ein Bruder Friedrichs des Weisen. Beide Ämter übernahmen übrigens die aufstrebenden Hohenzollern.

Die wichtigste Leistung Friedrichs des Weisen war die Förderung und der Schutz Martin Luthers. Obwohl er dem alten katholischen Glauben formal treu blieb, ließ er den Reformator, über den die Reichsacht verhängt werden sollte, durch den Ritter Hund von Wenckheim und dessen Knechte am 4. Mai 1521 zwischen den Burgen Altenstein und Liebenstein gefangennehmen und auf die Wartburg in Sicherheit bringen. Dort begann Luther mit der Verdeutschung der Bibel.

Herzog Johann der Beständige, nach dem Tod seines Bruders 1525 selbst Kurfürst, setzte die reformatorische Politik Friedrichs fort. Dessen Sohn Johann Friedrich, von Vater und Onkel gleichermaßen protegiert, hatte frühzeitig ein intensives Vertrauensverhältnis zu Luther entwickelt, der sein »gaystlicher Vater« wurde. 1532 selbst Kurfürst geworden, verschlechterte sich zunehmend sein Verhältnis zum katholischen Kaiser. Der 1531 unter Führung Kursachsens und der Landgrafschaft Hessen gegründete Schmalkaldische Bund unterlag in der Schlacht bei Mühlberg am 19. Mai 1547 den überlegenen kaiserlichen Truppen. Johann Friedrich verbrachte die folgenden fünf Jahre in der Gefangenschaft Karls V.; er verlor die Kurwürde an seinen albertinischen Vetter Moritz sowie die Kurlande um Wittenberg und damit auch die Wittenberger Universität. So wurde bereits am 19. März 1548 als Ersatz die Hohe Schule in Jena gegründet, die zehn Jahre später, 1558, zur Universität, der »Salana«, aufstieg. Das politische Unglück des Herrscherhauses brachte somit eine Wissenschaftsinstitution hervor, die über 200 Jahre später zu einem der wichtigsten kulturellen Ruhmesblätter des Phänomens »Klassik« werden sollte – die Universität zu Jena.

Nach geduldig ertragener kaiserlicher Gefangenschaft, zuletzt begleitet von seinem Hofmaler Lucas Cranach d. Ä., kehrte Johann Friedrich, der »geborene Kurfürst«, 1552 nach Thüringen zurück.

Weimar war ihm verblieben, hier schlug er für die ihm verbleibenden zwei Lebensjahre seine Hauptresidenz auf. Das endgültige politische Desaster führte sein Sohn Herzog Johann Friedrich II. herbei. Eine gefährliche und abenteuerliche Revisionspolitik verfolgend, ließ sich dieser unglückliche Ernestiner mit dem fränkischen Ritter Grumbach ein, der eine persönliche Fehde, mit Wegelagerei und Meuchelmord, gegen den würzburgischen Bischof verfolgte. Verstrickt in diese Grumbachschen Händel und einem geistesgestörten Bauernjungen namens Hans Müller, genannt Tausendschön, vertrauend, der vom neuen Aufstieg der Ernestiner faselte, verfiel der Weimarer Herzog der Reichsexekution. Der Grimmenstein und Gotha, wo sich die Weimarer verschanzt hatten, fielen den Reichstruppen nach vierteljährlicher Belagerung 1567 in die Hände. Grumbach und seine engsten Vertrauten wurden auf dem Markt der Stadt grausam verstümmelt und hingerichtet, Johann Friedrich II. kam in kaiserliche Gefangenschaft, aus der er sich bis zu seinem Tod 1595 nicht mehr befreien konnte. Der Grimmenstein wurde geschleift (womit die Voraussetzung für den Bau des Schlosses »Friedenstein« geschaffen wurde), Gotha mußte hohe Kontributionszahlungen entrichten. Politisch sanktioniert wurde dieser Niedergang der Ernestiner mit der Erfurter Teilung von 1572, derzufolge sich die minderjährigen Söhne des gefangenen Herzogs Johann Friedrich mit dem Bruder Johann Wilhelm drei Landesportionen teilen mußten. Ab 1573 existierte somit das zunächst unter kursächsischer Vorherrschaft stehende Herzogtum Sachsen-Weimar. Der politische Rahmen für die spätere Zeit der Weimarer Klassik war damit im wesentlichen vorgegeben.[30]

Leipzig, bei Sommer: Johann Friedrich, Churfürst zu Sachsen, ein Trauerspiel. 1804. 8.

(...) Ein solches Werk wie das gegenwärtige könnte man daher wohl fulgur e pelvi *nennen, indem die Wallensteinische Sonne hier aus einem nicht eben ganz reinen Gefäß zurückleuchtet und kaum eine augenblickliche Blendung bewirkt. Hier ist auch ein unschlüssiger Held, der sich aber doch, gestärkt durch seinen Beichtvater, mehr auf*

den protestantischen Gott als jener auf die Planeten verläßt. Hier ist
auch ein Verräther, der mit mehreren Regimentern zum Feind über-
geht, eine Art von Max, eine Sorte von Thekla, die uns aber doch,
anfangs durch Bauernkleidung, dann durch Heldenrüstung, an eine
geringere Abkunft, an den Stamm der Bayardischen Miranden, der
Johannen von Montfaucon erinnert. Nicht weniger treten Bürger und
Soldaten auf, die ganz unmittelbar aus Wallensteins Lager kommen.
Ferner gibt es einige tückische Spanier, wie man sie schon mehr auf
dem deutschen Theater zu sehen gewohnt ist, und Karl der Fünfte
zeigt sich als ein ganz leidlicher Kartenkönig. Die Zweideutigkeit des
nachherigen Churfürsten Moritz kann gar kein Interesse erregen.
Ungeachtet aller dieser fremden Elemente lies't man das Stück mit
einigem Gefallen, das wohl daher kommen mag, daß wirkliche Cha-
raktere und Thatsachen, auf die der Verfasser in der Vorrede so gro-
ßen Werth legt, etwas Unverwüstliches und Unverpfuschbares
haben. Nicht weniger bringt die Phantasie aus der bekannten
Geschichte eine Menge Bilder und Verhältnisse hinzu, welche das
Stück, wie es dasteht, nicht erregen noch hervorbringen würde.

WA I 40, S. 324 f.

Martin Luther in Weimar

In der Nähe von Stotternheim, unweit von Erfurt, schlug neben dem
Studenten Martin Luther der Blitz ein und warf ihn zur Erde. »Heilige
Anna, hilf, ich will ein Mönch werden!« So trat der junge Mann am
15. Juni 1505 in das Erfurter Augustinerkloster ein. Die Stadt besaß
80 Dörfer und zählte 16 000 bis 19 000 Einwohner; sie war reich und
mächtig, gehörte aber dem Kurfürsten von Mainz, und sie war umgeben vom kursächsischen Thüringen. Zumindest dem Namen nach
war Weimar als Residenz für Luther ein Begriff, als er am 29. September 1518, auf der Reise nach Augsburg, im Franziskanerkloster

abstieg und übernachtete. Durch seinen Thesenanschlag vom Vorjahr bereits eine gefahrumwitterte öffentliche Person, hielt er eine Frühmesse im Kloster und predigte in der Schloßkirche.

Als Martin Luther am 5. April 1521, in Begleitung des Reichsherolds Kaspar Sturm, amtlich genannt »Deutschland«, der das kaiserliche Geleit sicherte, erneut nach Weimar kam, galt er als ein dem Tod geweihter Mann.

Seit dem 3. Januar 1521 lastete auf ihm der päpstliche Bann, der eigentlich die Reichsacht nach sich gezogen und Luther für vogelfrei erklärt hätte. Diplomatische Zwistigkeiten zwischen Vatikan und Karl V., zwischen Kurfürsten und Kaiser verhinderten jedoch, daß der Habsburger vorschnell handelte, vielmehr den ketzerischen Mönch auf Anraten Friedrichs des Weisen vor die Schranken von Kaiser und Reich forderte. Das Schicksal Hus' vor Augen, war Luther nach wochenlangem Wormser Tauziehen am 2. April 1521 in Wittenberg aufgebrochen, drei Tage später passierte der Rollwagen das Weimarer Stadttor, ritt der Zug der Begleiter in die Residenzstadt ein. Anders als dann in Erfurt, wo ihm zu Ehren ein Festessen gegeben wurde und Luther eine Predigt in der Augustinerkirche hielt, war der Weimarer Aufenthalt nur kurz. Auch in Gotha und Eisenach predigte er, ehe er am 14. April in Frankfurt eintraf, wo der Geächtete vor Angst Magenkrämpfe bekam, dennoch seinen Weg tapfer fortsetzte und am 16. April 1521 im menschenwimmelnden Worms eintraf. Tags darauf mußte er das erste Verhör vor dem Kaiser und den Reichsständen über sich ergehen lassen. Aufgefordert, seine Lehren zu widerrufen, bat Luther sich Bedenkzeit aus, die ihm gewährt wurde. Der entscheidende Tag war der 18. April. Nach kurzem, scharfem Wortwechsel sprach der Mönch die weltgeschichtlichen Worte: »kann und will ich nicht widerrufen, weil weder sicher noch geraten ist, etwas wider das Gewissen zu tun. Ich kann nicht anders, hier stehe ich, Gott helf mir, Amen.«[31] Unter dem drohenden »Al fuego« (»Ins Feuer«) verließ er den überfüllten Saal der Pfalz. Am 4. Mai, auf der Rückreise, wurde er durch seinen Kurfürsten Friedrich den Weisen sicherheitshalber gefangengesetzt und auf die Wartburg gebracht.

Martin Luther als Junker Jörg. Gemälde von Lucas Cranach d. Ä., um 1521/22

Als Luther erneut in Weimar weilte – im Oktober 1522 –, hatte er den Wartburg-Aufenthalt schon hinter sich; im Februar war er nach Wittenberg zurückgekehrt. In Weimar wohnte der Reformator nun nicht mehr bei den Franziskanern, sondern beim herzoglichen Kammerschreiber Sebastian Schade; er predigte in der Stadt und in der Schloßkirche. Im Jahr darauf wirkte mit Johann Grau der erste evangelische Geistliche in Weimar, 1525 legte der katholische Pfarrer der Stadtkirche, Johannes Plack, sein Amt nieder und verließ die Stadt, wenig später wurde der fürstliche Befehl verkündet, das »rain Evangelion on menschliche zusatzunge« zu predigen. Zugleich wurde das Kirchengut der städtischen Verwaltung unterstellt, die auch Pfarrer, Prediger, Kapellan und Schulmeister zu besolden hatte. 1533 verließen die Franziskaner nach kurfürstlichem Ausweisungsbefehl die Stadt; die Reformation in Weimar war vollzogen, das Kloster wurde Kornhaus.

Luthers Besuche in Weimar sind in die großen historischen Ereignisse einzuordnen, die sich zwischen 1519 und 1525 in Deutschland abspielten. Weimar gewann in der Folge große Bedeutung für das evangelische Kirchenlied. Hier galt von Anfang an besonders Luthers Kirchenliedschaffen. »Er ließ das Volk seine Lehre singen und sang sich so in das Volk hinein.«[32]

Luther *hat an diesem Tage [31. Oktober] gleichsam die unwiderrufliche Kriegserklärung gegen das Papstthum gethan; allein sowohl vorher als besonders nachher finden sich wichtige Tage, die man eben so gut hätte wählen können. Die Schlacht bei Leipzig ist dagegen ein entschiedenes Tagesfest. Genug, das ganze Jahr 1817 wie das folgende kann als feierlich von den Protestanten angesehen werden. Wenn ich nun also behaupte, daß das Reformationsfest ein bewegliches Fest sei, an den 31. October nur zufällig geknüpft, so will ich nunmehr die Gründe anführen, welche mich zu gedachtem Vorschlag, das Fest zu verlegen, antreiben.*
(...)
Drittens: Und dann läßt sich in keinem Sinne ein höheres Fest finden als das aller Deutschen. Es wird von allen Glaubensgenossen gefeiert und ist in diesem Sinne noch mehr als Nationalfest: ein Fest der rein-

sten Humanität. Niemand fragt, von welcher Confession der Mann des Landsturms sei, alle ziehen vereiniget zur Kirche und werden von demselben Gottesdienst erbaut; alle bilden Einen Kreis um's Feuer und werden von Einer Flamme erleuchtet. Alle erheben den Geist, an jenen Tag gedenkend, der seine Glorie nicht etwa nur Christen, sondern auch Juden, Mahometanern und Heiden zu danken hat. Man denke sich nun den Geist von diesem großen Weltfeste zurück auf ein speciales Kirchenfest gelenkt, an welchem ein reines Gemüth oft keine vollkommene Freude haben kann, weil man an Zwiespalt und Unfrieden, ein ungeheures Unglück einiger Jahrhunderte erinnert wird, ja was noch schlimmer ist, daß er sich sagen muß, daß er sich von denjenigen, mit denen er sich vor vierzehn Tagen auf's innigste und kräftigste verbunden gefühlt, trennen und sie durch diese Trennung kränken muß. Und gerade die Freude einer liebevollen Eintracht wird man hier mehr vermissen als die Feuerfackeln und Erleuchtungen aller Art, welche freilich leicht zu wiederholen sind. Kein protestantischer Staat, in welchem nicht bedeutende Katholiken sind; diese werden sich in ihre Häuser verschließen, so wie umgekehrt in katholischen Staaten der geringern Anzahl von Protestanten nur in aller Stille ihr Fest zu feiern vergönnt sein würde.

WA I 42/2, S. 32 ff.

Luther arbeitete uns von der geistlichen Knechtschaft zu befreien, möchten doch alle seine Nachfolger so viel Abscheu vor der Hierarchie behalten haben, als der große Mann empfand.
Er arbeitete sich durch verjährte Vorurtheile durch, und schied das Göttliche vom Menschlichen, so viel ein Mensch scheiden kann, und was noch mehr war, er gab dem Herzen seine Freiheit wieder, und machte es der Liebe fähiger; aber man lasse sich nicht blenden als hätte er das Reich erworben davon er einen andern herunter warf, man bilde sich nicht ein, die alte Kirche sei deßwegen ein Gegenstand des Abscheus und der Verachtung; hat sie doch wenige menschliche Satzungen die nicht auf etwas göttlich Wahres gegründet wären, laßt sie, leidet sie, und segnet sie.

WA I 37, S. 163

Das dritte Jubiläum protestantischer Glaubensfreiheit bewog die Gemeinde zu Udestedt, dem Begründer derselben, dem heldenmüthigen Luther, ein Denkmal zu stiften, und Jagemann bekam den Auftrag, einen bedeutenden Moment aus Luthers Leben zu mahlen; er wählte den Wendepunct des ganzen großen Ereignisses, wo Luther vor Kaiser und Reich seine Lehre vertheidigt. Das Bild wurde mit großer Feierlichkeit in des Künstlers Gegenwart in der Kirche genannten Ortes aufgestellt.

WA I 36, S. 358

Ein lutherischer Geistlicher spricht:

Heiliger, lieber Luther,
Du schabtest die Butter
Deinen Collegen vom Brot!
Das verzeihe dir Gott!

WA I 5/1, S. 136

THOMAS MÜNTZER IM VERHÖR

Seit 1513 verwalteten Herzog Johann und sein Sohn Johann Friedrich von Weimar aus die thüringischen, vogtländischen und fränkischen Landesteile des ernestinischen Kurfürstentums, indes Kurfürst Friedrich der Weise von seiner Hauptresidenz Torgau aus agierte. Da bei der Radikalisierung der politischen Meinungen, danach beim ausbrechenden Bauernkrieg Thüringen das mitteldeutsche Zentrum der Empörung wurde, bildete Weimar den Ausgangspunkt für die fürstlichen Gegen- und Strafaktionen.

Harte Maßnahmen leiteten die Fürsten vor allem gegen bürgerlich-radikale Prediger ein wie Andreas Bodenstein, genannt Karlstadt, seit

1504 Professor, den Luther 1522 in seinem Wittenberger Wirkungs-
kreis eingeschränkt und dann vertrieben hatte und der nun von Orlamünde aus, wie ein Bauer gekleidet und lebend, seine sozialen,
urchristlichen Ziele zu verwirklichen suchte. Verfolgt von Luthers
Haß, wurde Karlstadt im Sommer 1524 des Landes verwiesen.

Als weit gefährlicher für die Obrigkeit stellte sich bald Thomas
Müntzer heraus, der noch 1520 auf Luthers Empfehlung eine Stelle in
Zwickau erhalten hatte und der nun seine Allstedter Anhänger immer
radikaler auf einen kompromißlosen Kampf gegen die feudalen
Gewalten einschwor. Mit seiner Schmähschrift *Brief an die Fürsten zu
Sachsen von dem aufrührerischen Geist* forderte Luther zum entschiedenen Handeln gegen diesen »Schwarmgeist« auf. Am 13. Juli 1524
hatte Müntzer in der Schloßkapelle von Allstedt vor dem Herzog
Johann und Kurprinz Johann Friedrich sowie ihrer Weimarer Gefolg-
schaft seine berühmte »Fürstenpredigt« gehalten, in der er – allerdings vergeblich – versuchte, die Herren für seine revolutionären Ide-
en zu gewinnen, die eine grundlegende Veränderung der sozialen und
politischen Gegebenheiten in Deutschland anstrebten. Johann erkannte dabei deutlich, daß Müntzer eine bewaffnete Volkserhebung
vorbereitete und zitierte ihn am 1. August 1524 zu einem strengen
Verhör auf das Weimarer Schloß Hornstein. Dieses wiederum trieb
Müntzer zu der Überzeugung, daß der offene Kampf gegen die Feu-
dalgewalten nunmehr unumgänglich geworden sei. Am 7. August
verließ er Allstedt, das als Exklave der ernestinischen Kurfürsten
inmitten albertinischen und mansfeldischen Gebiets lag, wo reformatorische Bestrebungen streng unterdrückt wurden, weshalb Müntzer
in Allstedt einen besonders starken, gefährlichen Zulauf von Bauern
und Bergleuten der Umgebung erlebt hatte. Er wandte sich nach der
Reichsstadt Mühlhausen, in der er Anfang 1525 die Militanz des Bauernkriegs schürte. Die folgende blutige Schlacht von Frankenhausen
am 15. Mai 1525, die zum Abschlachten der Bauern pervertierte,
beendete in Thüringen die Erhebung, Müntzer wurde am 27. Mai vor
den Toren Mühlhausens hingerichtet, eine Strafwelle größten Ausmaßes schwappte über die einzelnen feudalen Territorien hinweg.

»Es ist wahr, ich konnte kein Freund der Französischen Revolution sein, denn ihre Greuel standen mir zu nahe und empörten mich täglich und stündlich, während ihre wohltätigen Folgen damals noch nicht zu ersehen waren. Auch konnte ich nicht gleichgültig dabei sein, daß man in Deutschland künstlicherweise ähnliche Szenen herbeizuführen trachtete, die in Frankreich Folge einer großen Notwendigkeit waren.

Ebensowenig aber war ich ein Freund herrischer Willkür. Auch war ich vollkommen überzeugt, daß irgendeine große Revolution nie Schuld des Volkes ist, sondern der Regierung. Revolutionen sind ganz unmöglich, sobald die Regierungen fortwährend gerecht und fortwährend wach sind, so daß sie ihnen durch zeitgemäße Verbesserungen entgegenkommen und sich nicht so lange sträuben, bis das Notwendige von unten her erzwungen wird.

Weil ich nun aber die Revolutionen haßte, so nannte man mich einen Freund des Bestehenden. Das ist aber ein sehr zweideutiger Titel, den ich mir verbitten möchte. Wenn das Bestehende alles vortrefflich, gut und gerecht wäre, so hätte ich gar nichts dawider. Da aber neben vielem Guten zugleich viel Schlechtes, Ungerechtes und Unvollkommenes besteht, so heißt ein Freund des Bestehenden oft nicht viel weniger als ein Freund des Veralteten und Schlechten.

Die Zeit aber ist in ewigem Fortschreiten begriffen, und die menschlichen Dinge haben alle fünfzig Jahre eine andere Gestalt, so daß eine Einrichtung, die im Jahre 1800 eine Vollkommenheit war, schon im Jahre 1850 vielleicht ein Gebrechen ist.

Und wiederum ist für eine Nation nur das gut, was aus ihrem eigenen Kern und ihrem eigenen allgemeinen Bedürfnis hervorgegangen, ohne Nachäffung einer anderen. Denn was dem einen Volk auf einer gewissen Altersstufe eine wohltätige Nahrung sein kann, erweist sich vielleicht für ein anderes als Gift. Alle Versuche, irgendeine ausländische Neuerung einzuführen, wozu das Bedürfnis nicht im tiefen Kern der eigenen Nation wurzelt, sind daher töricht und alle beabsichtigten Revolutionen solcher Art ohne Erfolg; denn sie sind ohne Gott, der sich von solchen Pfuschereien zurückhält. Ist aber ein wirkliches Bedürfnis zu einer großen Reform in einem Volke vorhanden, so ist Gott mit ihm und sie gelingt. Er war sichtbar mit Christus und seinen ersten Anhängern, denn die Erscheinung der neuen Lehre der Liebe

> *war den Völkern ein Bedürfnis; er war ebenso sichtbar mit Luthern,*
> *denn die Reinigung jener durch Pfaffenwesen verunstalteten Lehre*
> *war es nicht weniger. Beide genannten großen Kräfte aber waren*
> *nicht Freunde des Bestehenden; vielmehr waren beide lebhaft durch-*
> *drungen, daß der alte Sauerteig ausgekehrt werden müsse und daß es*
> *nicht ferner im Unwahren, Ungerechten und Mangelhaften so fortge-*
> *hen und bleiben könne.«*
>
> Johann Peter Eckermann, S. 472 f.

REFORMATION UND BAUERNKRIEG

Als Luther im Oktober 1522 erneut in Weimar weilte, wohnte er schon nicht mehr bei den Franziskanern, sondern ostentativ bei dem bürgerlichen Kammerschreiber Sebastian Schade. In der Schloß- und Stadtkirche predigte er über seine Staatsauffassung; im März 1523 erschien seine diesbezügliche Schrift *Von weltlicher Obrigkeit, wie weit man ihr Gehorsam schuldig sei*. Zwei Reiche, das göttliche, wo Gott, und das weltliche, wo die Obrigkeit nach ihren Gesetzen herrscht, seien in der Welt, und beiden habe der Christ zu gehorchen. Diese Lehre von den zwei Reichen oder zwei Regimentern vertrat Luther bis an sein Lebensende. In Weimar fiel sie auf fruchtbaren Boden. Hier gab es, bis auf geringfügige Ausnahmen – Pfaffen wurden öffentlich der Unzucht bezichtigt, Nonnen auf dem Markt beschimpft – keine Radikalisierungen in der Bevölkerung. Der Rat als vollstrek-kender Arm der Kurfürsten unterband derlei Ausschreitungen so-fort,[33] die Residenz und ihre Umgebung blieben in den Wochen des Bauernkriegs völlig ruhig. Im Gegenteil, im Lager von Oberweimar sammelte Kurfürst Johann (Friedrich der Weise war am 4. Mai 1525 gestorben) seine Truppen, um am 20. Mai gegen die revolutionären Zentren Frankenhausen und Mühlhausen zu ziehen.

Nach ihrer Rückkehr im August vollendeten die Fürsten in Weimar

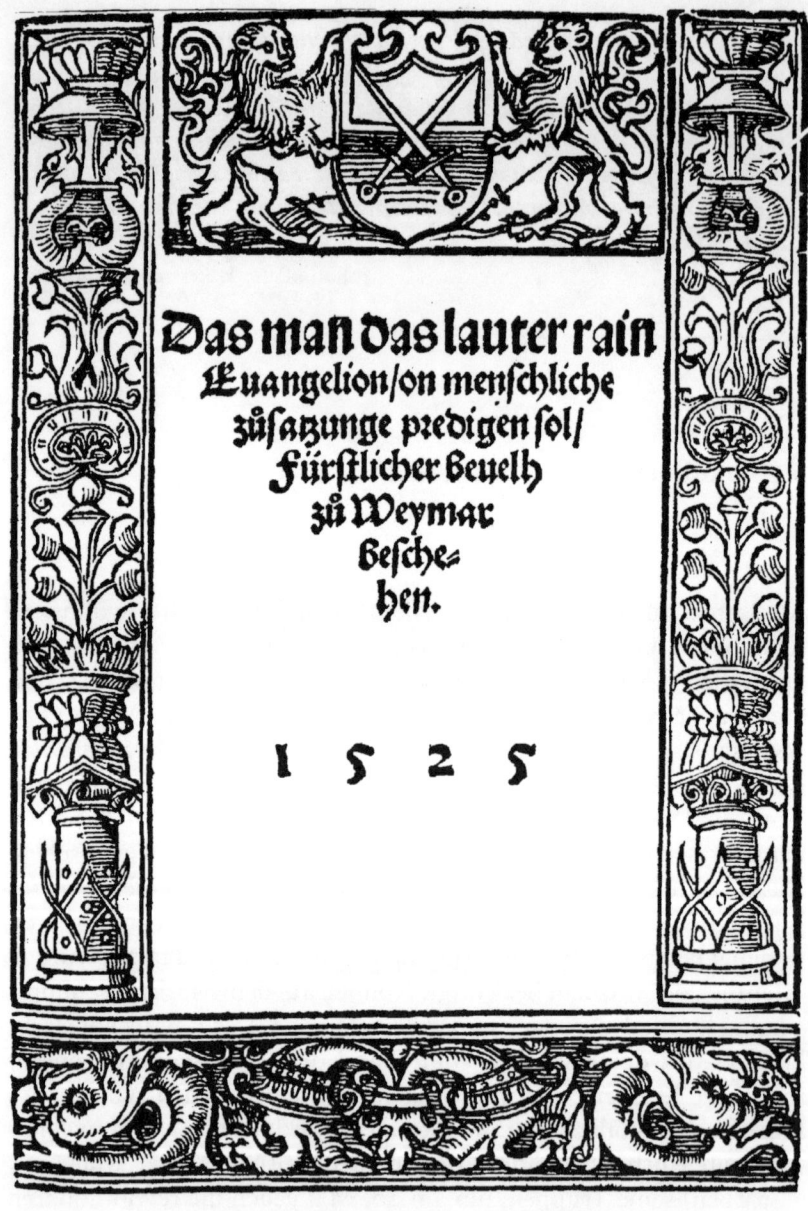

Das man das lauter rain
Euangelion/on menschliche
züsatzunge predigen sol/
Fürstlicher Beuelh
zü Weymar
Besche-
hen.

1 5 2 5

Befehl zur Einführung der Reformation

die Reformation, indem sie die alleinige Praxis des neuen Gottes-
dienstes dekretierten, den Kirchenbesitz der städtischen Verwaltung
unterstellten und somit die rechtlichen und wirtschaftlichen Grund-
lagen für evangelische Kirche, Schule und Gemeindewesen errichteten. Nach 1533 war Weimar eine rein protestantische Stadt. Säkula-
risierungen der umliegenden Klöster Kapellendorf, Haindorf, Ettersburg und Oberweimar schlossen den Prozeß ab; deren reicher Land-
besitz wurde der landesherrlichen Grundherrschaft ein- und ange-
gliedert.

*»Es ist gar viel Dummes in den Satzungen der Kirche. Aber sie will
herrschen, und da muß sie eine borniere Masse haben, die sich duckt
und die geneigt ist, sich beherrschen zu lassen. Die hohe reichdotierte
Geistlichkeit fürchtet nichts mehr als die Aufklärung der untern Massen. Sie hat ihnen auch die Bibel lange genug vorenthalten, so lange
als irgend möglich. Was sollte auch ein armes christliches Gemeinde-
glied von der fürstlichen Pracht eines reichdotierten Bischofes denken, wenn er dagegen in den Evangelien die Armut und Dürftigkeit
Christi sieht, der mit seinen Jüngern in Demut zu Fuße ging, während
der fürstliche Bischof in einer von sechs Pferden gezogenen Karosse
einherbrauset! –
Wir wissen gar nicht«, fuhr Goethe fort, »was wir Luther und der
Reformation im allgemeinen alles zu danken haben. Wir sind frei
geworden von den Fesseln geistiger Borniertheit, wir sind infolge
unserer fortwachsenden Kultur fähig geworden, zur Quelle zurückzukehren und das Christentum in seiner Reinheit zu fassen. Wir
haben wieder den Mut, mit festen Füßen auf Gottes Erde zu stehen
und uns in unserer gottbegabten Menschennatur zu fühlen. Mag die
geistige Kultur nun immer fortschreiten, mögen die Naturwissen-
schaften in immer breiterer Ausdehnung und Tiefe wachsen und der
menschliche Geist sich erweitern, wie er will – über die Hoheit und
sittliche Kultur des Christentums, wie es in den Evangelien schim-
mert und leuchtet, wird er nicht hinauskommen!
Je tüchtiger aber wir Protestanten in edler Entwickelung voranschrei-
ten, desto schneller werden die Katholiken folgen. Sobald sie sich von
der immer weiter um sich greifenden großen Aufklärung der Zeit*

ergriffen fühlen, müssen sie nach, sie mögen sich stellen, wie sie wollen, und es wird dahin kommen, daß endlich alles nur eins ist.

Auch das leidige protestantische Sektenwesen wird aufhören und mit ihm Haß und feindliches Ansehen zwischen Vater und Sohn, zwischen Bruder und Schwester. Denn sobald man die reine Lehre und Liebe Christi, wie sie ist, wird begriffen und in sich eingelebt haben, so wird man sich als Mensch groß und frei fühlen und auf ein bißchen so oder so im äußeren Kultus nicht mehr sonderlichen Wert legen. Auch werden wir alle nach und nach aus einem Christentum des Wortes und Glaubens immer mehr zu einem Christentum der Gesinnung und Tat kommen.«

Johann Peter Eckermann, S. 665 f.

PHILIPP MELANCHTHONS RETTUNG

Wegen der sich gefährlich zuspitzenden Konfrontation zwischen katholischen und protestantischen Reichsständen trafen sich im Frühjahr 1528 der sächsische Kurfürst Johann und der hessische Landgraf Philipp in Weimar. Als Berater wurden Martin Luther und Philipp Melanchthon herangezogen, die die Fürsten dringend zum Erhalt des Landfriedens mahnten und zur Suche nach Verständigungswegen aufforderten. Die den Hintergrund bildenden »Packschen Händel« stellten sich dann auch als ein großes Betrugsmanöver heraus.[34]

Philipp Melanchthon, Luthers enger Freund, weilte in den folgenden Jahren mehrfach in Weimar, zumeist in Angelegenheiten der Kirchenvisitationen, durch die das Kirchenvermögen gesichert, vor Entfremdung geschützt und die Kirchenorganisation neu geregelt werden sollte, wozu auch das Schulwesen und die Armenfürsorge gehörten. Zudem erhielten die Geistlichen praktischen »Unterricht« zur Durchführung der evangelischen Lehre.

Philipp Melanchthon. Gemälde von Lucas Cranach d. Ä. (Werkstatt), 1532

1537 und 1540 weilte Luther letztmalig in Weimar. Der letzte Besuch vom 23. Juni bis 4. Juli 1540 galt dem hier erkrankten Freund Melanchthon, der scheinbar im Sterben lag. Die Doppelehe des hessischen Landgrafen, die der protestantischen Sache im ganzen Reich schweren Schaden tat und die von Luther und Melanchthon toleriert worden war, belastete letzteren psychisch und physisch so schwer, daß sein Gesundheitszustand darunter stark litt, in Weimar erfolgte ein Zusammenbruch Melanchthons. Es ist vielleicht eine der Luther-Legenden, daß dem Kranken, den die Ärzte schon aufgegeben hatten, nur noch das Gebet des berühmten Freundes helfen konnte. Jedenfalls genas Melanchthon 1540 in Weimar wieder und konnte seine Reise nach Eisenach fortsetzen. Das Ereignis ist noch vom romantischen 19. Jahrhundert verbildlicht worden.

DIE FOLGEN DES SCHMALKALDISCHEN KRIEGS

Durch kurfürstliche Hofordnung von 1531 wurde Weimar im gleichen Jahr neben Torgau und Coburg zur Hauptresidenz erhoben. Damit vollzog sich eine Statuserhöhung der Stadt, die, ungewollt und scheinbar schicksalhaft, dem politischen Geschehen im Lande um zwei Dezennien vorauseilte.

Nach der gemeinsamen Unterdrückung des Bauernaufstands brachen die konfessionellen Konflikte zwischen den reformatorischen und den altkirchlichen Fürsten schnell wieder auf. Dem Versuch der katholischen Reichsstände auf dem Reichstag zu Speyer 1529, einen drei Jahre vorher gefaßten Kompromißbeschluß zuungunsten der Lutheraner aufzuheben, begegneten diese mit einer »Protestation«, seither bürgerte sich der Name »Protestanten« ein. Deren »Augsburgischem Bekenntnis« von 1530, im wesentlichen von Philipp Melanchthon erarbeitet, folgte das militärische Schutzbündnis. Am 27. Februar 1531 unterzeichneten in Schmalkalden Kurfürst Johann von Sachsen und Landgraf Philipp von Hessen ein entsprechendes

Abkommen. Diesem »Schmalkaldischen Bund« der Lutheraner stand seit 1538 der »Nürnberger Bund« um den katholischen Kaiser gegenüber.

1541 eskalierten die Spannungen, als der 20jährige, ehrgeizige und skrupellose Herzog Moritz im albertinischen Sachsen zur Macht gelangte. Obwohl selbst Lutheraner, verfolgte er eisern das Ziel, seinem ernestinischen Vetter Johann Friedrich die Kurwürde abzujagen und die wettinischen Lande in seiner Hand wieder zu vereinen. Johann Friedrich der Großmütige, bedächtig, zögerlich, stets des theologischen Rats bedürfend, trinkfreudig und trinkfest, war seinem entschlossenen Verwandten nicht gewachsen. 1546 ergab sich für Kaiser Karl V., zu der Zeit außenpolitisch entlastet, die Möglichkeit zu militärischem Eingreifen. Über Johann Friedrich und Philipp wurde im Sommer 1546 die Reichsacht verhängt, im Winter begannen die Kriegshandlungen. Der »Schmalkaldische Krieg« endete am 24. April 1547, als ein zusätzliches kaiserliches Heer, das vor allem aus spanischen Söldnern bestand, bei Mühlberg an der Elbe, südöstlich von Torgau, die Protestanten vernichtend schlug. Johann Friedrich und Philipp gerieten in kaiserliche Gefangenschaft.

Weimar erlebte keine Kampfhandlungen. Am 18. Dezember 1546 wurde die Hauptresidenz des protestantischen Kurfürsten von Hans Georg Graf von Mansfeld und den für den Kaiser streitenden Truppen Herzog Moritz' von Sachsen friedlich besetzt. Mit der »Wittenberger Kapitulation« war der politische Untergang der Ernestiner besiegelt: Verlust der Kurwürde an Moritz von Sachsen, Verlust der Kurlande mit der Universität Wittenberg an Moritz von Sachsen, Verlust der erzgebirgischen Bergbauanteile an Moritz von Sachsen, Verlust des Landstreifens von Torgau über Grimma, Altenburg und Zwickau an Moritz von Sachsen, Verlust der Gebiete um Plauen an die Krone Böhmens.

Was den Ernestinern verblieb, war katastrophal wenig: ein Gebiet um Eisenach und Gotha, ein zweites um Weimar, Jena und Saalfeld einschließlich der Pflege Coburg. Für Weimar als die nunmehr alleinige Residenz des restlichen Herzogtums Sachsen ergab sich aber gerade daraus die vorher ungeahnte Chance, seine wirtschaftliche und kulturelle Bedeutung zu erhöhen. Die Kanzleien und Archive der Ernestiner kamen aus Wittenberg und Torgau nach Weimar. Der Hof-

GREGORII FACIEM PONTANI HÆC MONSTRAT IMAGO
CONSILIO PRÆSTANS QVI FVIT ATQVE FIDE,
HVIVS ERAT NOSTRO FACVNDIA TEMPORE, QVANTA
OLIM SEV PYLII SIVE PERICLIS ERAT.
SED MELIOR CAVSA EST HÆC QVAM PONTANVS AGEBAT
DE GNATO SOLITVS DICERE VERA DEI.

NAM QVIA CREDE BAT SE LOTVM SANGVINE CHRISTI
IVSTIFICA COLVIT TE DEVS ALME FIDE,
NEC VIRTVTVM VMBRAS HABVIT, SED PECTORA REXIT
IPSE SIBI VIVENS ASSIMILATA ΛΟΓΟΣ
ÆTATIS SVÆ LXXIII ·
ANNO 1557 ·

Dr. Gregor Brück, Gemälde von Lucas Cranach d. J., 1557

rat und kurfürstliche Beamte, so z. B. der ernestinische Kanzler Christian Brück und dessen Ehefrau Barbara, Tochter des Malers Lucas Cranach, kamen aus Wittenberg und ließen sich in Weimar nieder. Mit dem Sekretär Antonius Pestel bezogen sie ein Doppelhaus am Markt, das von Nicol Gromann errichtet wurde. Hier schlug auch der alte Künstler selbst sein letztes Mal- und Wohndomizil auf. Damit entstand in Weimar, lange vor der Klassik, eine Mal- und Zeichentradition, die zunächst zur Blüte der deutschen Reformationskunst kräftig beitrug. Es sollte allerdings noch ein gutes halbes Jahrhundert dauern, bis diese kulturelle Chance erstmals in ganzer Breite ergriffen wurde und Weimars Ruf sich in Deutschland zu verbreiten begann – knapp zweihundert Jahre vor Goethe.

Die Gründung der »Salana«

Schon sehr früh scheint Johann Friedrich der Großmütige, nach 1547 nur mehr »geborener« Kurfürst, erkannt zu haben, daß sich sein Haus mit der Katastrophe von Mühlberg abzufinden habe. Darauf deutet jedenfalls die Tatsache, daß er bereits im Folgejahre 1548 anregte, den Verlust der Wittenberger Universität durch die Gründung einer neuen Hohen Schule in Jena zu kompensieren. Im dortigen ehemaligen Dominikanerkloster erfolgte zunächst die Gründung eines Akademischen Gymnasiums, in dem Theologen ausgebildet wurden. Kaiser Ferdinand I. erhob diese Bildungseinrichtung 1557 zur Universität. Als »Alma Mater Salana« nahm sie im Folgejahr offiziell ihren Lehrbetrieb auf. Die Matrikel der Jenenser Akademie verzeichnete in diesem Jahr 37 Studenten aus Weimar.[35]
   Die neue Landesuniversität, von Johann Friedrich gedacht als geistiger Hort des Luthertums, entwickelte sich in den folgenden Jahrzehnten und Jahrhunderten allerdings zu einem Zentrum protestantischer Orthodoxie; vor dem Theologengezänk der Jenenser Professoren schreckte über zweihundert Jahre später noch Goethe zurück. Die

Studenten der »Salana« galten im 17. und 18. Jahrhundert als die rohesten und wildesten aller deutschen Universitäten, und entsprechend niedrig war die Zahl der hier Studierenden sowie das wissenschaftliche Niveau der Ausbildung. Aber mit der Universitätsgründung von 1557 war dennoch diejenige Wissenschaftsinstitution ins Leben gerufen worden, die sich nach 1790 zur zweiten Säule der sogenannten Weimarer Klassik und Romantik entwickeln sollte. Galt die Residenz Weimar als der Sammelpunkt der Künstler und Dichter um den liberalen Hof, so stellte das Pendant Jena das Sammelbecken der Forscher und Wissenschaftler dar. Goethe, der von Weimar – Jena als der »Doppelstadt« sprach, pendelte selbst zwischen beiden Städten; ohne die Universität zu Jena wäre seine Existenz in Weimar nach der Italienischen Reise 1786/88 nicht vorstellbar, ja wohl nicht möglich gewesen.

Lucas Cranach und Sohn

Der 1472 im fränkischen Kronach geborene Zeichner, Kupferstecher und Maler stand seit 1505 als Hofmaler in den Diensten der Kurfürsten von Sachsen. Seit seinen Wittenberger Jahren avancierte er zum Hauptvertreter der Sächsischen Malerschule, dessen Werkstatt die Kunstentwicklung im gesamten nordöstlichen Reichsgebiet beeinflußte. Mehrfach Bürgermeister von Wittenberg, betrieb Cranach geschäftstüchtig nicht nur eine manufakturähnliche Werkstatt, sondern auch einen Buchhandel und eine Apotheke. Nach Friedrich dem Weisen und Johann dem Beständigen auch Johann Friedrich dem Großmütigen treu ergeben, folgte er seinem geschlagenen Kurfürsten zwei Jahre lang in die kaiserliche Gefangenschaft. Dieser Ernestiner ist von Cranach zeit seines Lebens durch wichtige und eindrucksvolle Porträts festgehalten worden, eine Reihe, an deren Anfang 1526 die Bildnisse des Kurprinzen und der Prinzessin Sibylle von Cleve als Brautleute stehen,[36] während das große Alterstryptichon in der Weimarer Stadtkirche den Abschluß bildet, dessen Seitentafeln die fürstlichen Eheleute sowie deren drei Söhne zeigen.

Lucas Cranach d. Ä. kehrte mit seinem fürstlichen Herrn 1552 aus der Gefangenschaft zurück. Von Innsbruck über Nürnberg, Coburg, Saalfeld und Jena nach Weimar führte sie die Reise, wo Cranach im Haus seines Schwiegersohns, des Kanzlers Christian Brück, unterkam. Dort richtete sich der achtzigjährige Künstler seine letzte Malerstube ein und begann an jenem Bild zu arbeiten, das sein Sohn Lucas Cranach d. J. 1555 vollenden sollte. Der alte Künstler und seine zwei Lehrlinge wurden aus dem Schloßhaushalt des dankbaren Johann Friedrich versorgt. Sündenfall und Erlösung, seit 1529 immer wieder Bildthemen Cranachs, faßte er nun, am Ende seines Lebens, noch einmal zusammen und vollbrachte, »was Adam nicht zustande brachte: Er besiegt Tod und Teufel und bricht deren Bann für immer!«[37] Cranach d. Ä. starb, 81jährig, am 16. Oktober 1553 und wurde auf dem Weimarer Jakobsfriedhof, in der sogenannten Malergruft, beigesetzt. Sein Sohn, Lucas Cranach d. J., fügte auf dem begonnenen Altarbild zwischen Johannes dem Täufer und Luther, kompositorisch gewagt, die Figur des betenden Vaters ein, dem bedeutenden Renaissancemaler und Lutherfreund damit ein würdiges Denkmal setzend.

Kurprinz Johann Friedrich und Prinzessin Sibylle von Cleve

als Brautleute. Gemälde von Lucas Cranach d. Ä., 1526

Weimarisches Wochenblatt.

Nummer 4. Den 15. Januar 1830.

Allerhand Bekanntmachungen.

1) Subscriptions = Anzeige. Unterzeichneter ladet zur gefälligen Unterzeichnung auf das

Altar = Gemälde

von Lucas Cranach in der Stadtkirche zu Weimar höflichst ein. Es ist ein Fuß 10 Zoll hoch und 1 Fuß 6 Zoll breit, treu nach dem Original gezeichnet und von C. Müller radirt. Dieses Blatt auf superfeines Engl. Elephantpapier erscheint in 14 Tagen. Liebhaber, welche sich bis dahin unterzeichnen, erhalten ein fein ausgemaltes Exemplar für 3 thlr. conv. und ein braunes für 1 thlr. 12 gr. conv., und sehen sich so Weimars gebildete Bewohner in den Stand gesetzt, die Zierde ihrer Kirche zu einer ihrer schönsten Zimmerzierungen über zu tragen.

Eine nähere Zergliederung dieses reichhaltigen Bildes würde zu weit führen. Schließlich bemerke ich nur noch, daß unter den einigen 50 Figuren, welche das Bild enthält, sich die im Vordergrund stehenden 5 Figuren: der Heiland am Kreuz, dessen Auferstehung, D. Luther, Lucas Cranach und Johannes, welche einen Fuß Höhe messen, durch ganz treue Portraits auszeichnen.

Weimar den 15. Januar 1830.

Eduard Lobe, wohnhaft in der Ackerwand.

Weimarisches Wochenblatt.

Nummer 8. Den 29. Januar 1830.

Altar = Gemälde

von Lucas Cranach in der Stadtkirche zu Weimar, 1 Fuß 10 Zoll Höhe und 1 Fuß 6 Zoll Breite, zur Ansicht bereit. Es können sich Liebhaber noch bis Ende Februar, wo die Blätter ausgegeben werden, unterzeichnen und erhalten dieselben das fein ausgemalte Exemplar für 3 thlr. Conv., das braune für 1 thlr. 12 gr. Conv., nach dieser Zeit wird der Preis um 1/3 erhöht.

Weimar den 29. Januar 1830.

Eduard Lobe, wohnhaft in der Ackerwand.

Mitteltafel des Altarwerks in der Stadtkirche St. Peter und Paul
(»Sündenfall und Erlösung«). Gemälde von Lucas Cranach d. J., 1555

Bilder des ältern Cranach

1. Die Verklärung. Christus ist eine wahre Vergötterung des Menschen. Die erhabenen Gestalten des Himmels umgeben ihn; auf dem Hügel ruhen die Jünger im wachen Traume. Eine herrliche Aussicht eröffnet sich dem Auge weit über das Meer und über ein reichbebautes Vorgebirge. Das Bild ist ein Moment, ein Guß des Gedankens, vielleicht der höchste gunstreichste Augenblick in Cranachs Leben. 2. Die Samariterin. Christus, voll hoher männlicher Würde, Weisheit und Huld, spricht wohlwollend und ernst zu dem jugendlich sorglosen Weibe, welches ohne Beschauung das Leben genußreich auf sich einwirken ließ und es heiter hinnahm. Von den gehaltvollen Worten ergriffen, kehrt ihr Blick zum erstenmal sich in ihr Inneres. 3. Die Kreuzigung. Auf der einen Seite stehen, in tiefen Schmerz versunken, die Freunde des Heilands, auf der andern in unerschütterlich roher Kraft die Kriegsknechte. Der Hauptmann allein blickt gedankenvoll zu dem Gekreuzigten empor, sowie auch einer von den Priestern. Diese drei Bilder sind von beträchtlicher Größe.

(...)

Bilder des jüngern Cranach

a) Allegorisches Bild. Auf die Erlösung deutend. – Es hat dasselbe im Allgemeinen der Anordnung, in den Gruppen und in der einnehmenden Idee große Ähnlichkeit mit dem Altargemählde in Weimar, das wir durch Kupferstich und Beschreibung kennen; es ist jedoch kleiner.
Im Vordergrunde der Heiland am Kreuze, diesem zur Linken der aufgestandne Heiland und der mit der Gottheit versöhnte Mensch. Christus deutet mit seiner rechten Hand nach seiner Leidensgestalt, und der Mann an seiner Seite faltet verehrend die Hände. Beide sind überaus edle schöne Köpfe, das Nackende besser als gewöhnlich gezeichnet, und das Colorit zart und warm. Die Gruppe der Hirten, die Erhöhung der Schlange, das Lager, Moses und die Propheten sind fast ganz so wie zu Weimar. Unter dem Kreuze ist das Lamm; doch

steht ein wunderschönes Kind daneben mit der Siegesfahne. Zur Rechten des Gekreuzigten sehen wir im Hintergrunde das erste Menschenpaar in Eintracht mit der Natur; das scheue Wild weidet noch vertraulich neben den Menschen.
Weiter vorn wird ein Mann von Tod und Teufel verfolgt. Im Vorgrunde steht der Heiland zum drittenmal. Unter seinen Füßen bricht das Gerippe des Todes zusammen, und ohne Haß, ohne Zorn, ohne Anstrengung stößt Christus dem gekrönten Ungeheuer den krystallnen Speer, auf welchem die Fahne des Sieges weht, in den Rachen. Unzählige Verdammte, worunter wir größtentheils Mönche, Nonnen und Geistliche vom höchsten Rang erblicken, gehen befreit hervor und preisen den Herrn und Retter. Dieser Christus ist jenem auf dem Bilde in Weimar sehr ähnlich, nur in entgegengesetzter Richtung gezeichnet. Den untern Theil der Tafel füllt ein zahlreiches Familiengemählde. Auf dem Stamme des Kreuzes ist Cranachs Monogramm und die Jahrzahl 1557, woraus zu folgen scheint, da Cranach 1553 gestorben, dieses Bild sowie das folgende seien von seinem Sohne gemahlt.

WA I 48, S. 158 ff.

DIE GRABLEGE DER WEIMARER FÜRSTEN

Die im 13. Jahrhundert errichtete Stadtkirche St. Peter und Paul wurde nach dem Tod des »geborenen« Kurfürsten Johann Friedrich für fast hundertfünfzig Jahre die Grablege der Weimarer Fürsten. Am 3. März 1554, nur 16 Monate nach seiner Rückkehr aus der Innsbrucker kaiserlichen Haft, starb der unglückliche Fürst, auch im Tod gefolgt von seiner Frau Sibylle, geb. Prinzessin von Jülich-Cleve-Berg. In der Mitte des Chores der Stadtkirche, über den Gräbern beider Herrscher, befinden sich seit 1555 die wappengeschmückten Tumben. Wuchtige, aber schlichte, von dem Maler Peter Roddelstedt, genannt von Gothland, entworfene und in Eisleben gegossene Bronzeplatten bedecken die Gräber, dahinter, im Chor, erhebt sich das berühmte Cranach-Tryptichon, mit dem meisterlichen Gesprenge, mehr eine Bildpredigt denn ein Andachtsbild. Weitere sechs Renaissance- bzw. Barock-Epitaphien aus Alabaster, Marmor und Schiefer schmücken den Chor und die Taufkapelle. Bereits die sterblichen Überreste Herzog Wilhelms III. des Tapferen (gest. 1482) und der Herzogin Margaretha (gest. 1521) hatte man aus dem aufgelösten Franziskanerkloster hierher überführt, ehe dann Mitglieder des Fürstenhauses im Verlauf des 16. und 17. Jahrhunderts beigesetzt wurden. Neben reichgeschmückten Renaissancegrabmälern, u. a. von Sebastian Gromann, einem der Söhne des fürstlich-kursächsischen Baumeisters, aus Heldburger Alabaster geschaffen, sind herrliche gegossene Gedenk- bzw. Grabtafeln zu erwähnen, z. B. die Bildnistafeln für Herzog Wilhelm den Tapferen und Herzogin Margaretha, neben gotischen Elementen auch schon auf die Renaissance verweisend. Auch die sterblichen Überreste von Herzog Bernhard, dem großen, bedeutenden Feldherrn im Dreißigjährigen Krieg, wurden 1655 aus Breisach in die Weimarer Kirche überführt und beigesetzt.

Nach dem Wiederaufbau des 1618 abgebrannten Schlosses um 1660 und der Schloßkirche um 1630 fanden dort die Fürsten ihre letzte Ruhe. Die beim Schloßbrand von 1774 geretteten Särge kamen in die 1825 von Clemens Wenzeslaus Coudray fertiggestellte Fürstengruft. Herzogin Anna Amalia, 1807 gestorben, fand als letzte aus dem Weimarer Fürstenhaus in der geschichtsträchtigen Stadtkirche ihre ewige Ruhe. Ein schlichtes Lindenholzrelief erinnert an die Fürstin, die durch ihr Wesen und Wirken ganz entscheidend zum »klassischen« Weimar beigetragen hatte.[38]

Die Anfänge der Weimarer Theatertradition

Man vermutet, daß Schüler der weimarischen Stadtschule sowie Studenten der gerade gegründeten Landesuniversität in Jena Mitte des 16. Jahrhunderts einfache Stücke einstudiert und aufgeführt haben. »Im Aufwind der Reformation war bald kein Pfarrer zu finden, der nicht ein oder zwei Lieder, kein Schulmeister, der nicht eine Komödie gemacht hätte.« Eine Singschule führte kurzweilige Stücke auf, wozu der herzogliche Hof sogar Kleider, Tafelgeschirr und Jagdutensilien auslieh. Überliefert ist, daß am 15. Mai 1589 im Schloß das Schauspiel *Cunnitz von Kauffungen* des »Altenburgers« Nicolaus Roth aufgeführt wurde, das den Altenburger Prinzenraub zum Gegenstand hatte und in deutschen Reimpaaren vorgetragen wurde.[39] So spärlich die ersten Überlieferungen auch sein mögen, es sind die Anfänge der Weimarer Theatertradition, die zweihundert Jahre vor dem Wirken Goethes einsetzt. Wenn auch in der Folge das Gedeihen einer Bühne stets vom Wechselspiel der jeweiligen herrschenden Fürsten, von deren jeweiligen Launen und den vorhandenen Finanzen abhing, so waren doch Anna Amalias und Ernst August Constantins Neuanfänge auf theatralischem Gebiet um 1756 nicht voraussetzungslos. 1696 errichtete Herzog Wilhelm Ernst ein Opernhaus, und seit 1730 ließ Herzog Ernst August das Theaterspiel vom Gymnasium wieder pflegen.[40]

Die Stadt um 1570

Der Rang einer Haupt- und Residenzstadt seit 1547 bescherte Weimar schon bald einen spürbaren Bevölkerungszuwachs. Waren es 1542 noch knapp 2300 Einwohner, so verfügte Weimar 1557 über fast 3000. Das ständige Anwachsen des Hof- und Verwaltungspersonals, z. T. aus Torgau und Wittenberg zugezogen, ist eine Ursache

Plan der Stadt Weimar, kolorierter Stich von Johannes Wolf, 1569

dafür, eine zweite die Zunahme von dienstleistendem Handwerk, das vor allem die Wünsche des Hofes befriedigte. Rund 100 Berufe waren vertreten. Etwa 230 Häuser standen innerhalb der Stadtmauern, ungefähr 210 vor den Toren. Weimar, fernab großer Handelsstraßen, war Mitte des 16. Jahrhunderts eine ausgeprägte Ackerbürgerstadt und kannte eigentlich nur den Eigenbedarf deckenden Kleinhandel. Handwerk und Landwirtschaft prägten auch das äußere Stadtbild, entsprechend bodenständig war die Bevölkerung. Die Sauberkeit der Gassen, Straßen und Plätze ließ durch herumlaufendes Vieh sehr zu wünschen übrig. Misthaufen und Unrat aller Art verunreinigten die offen durch die Stadt laufenden Gewässer.[41] Die 250 Jahre von Luther bis zu Goethe sind ein immerwährender Kampf der Stadträte gegen diese Mißstände, ohne daß eine entscheidende Verbesserung erreicht werden konnte. Erst gegen Ende des 18. Jahrhunderts, in der Regierungszeit Carl Augusts, wurden die hygienischen Verhältnisse verbessert. Der Dualismus von Residenz und Landeszentralverwaltung auf der einen Seite und dörflichem Charakter und Antlitz der Stadt auf der anderen hat jahrhundertelang den Geist des Ortes mitbestimmt, der sich als Widerspruch zwischen bäuerlicher Schollenoptik und bürgerlich-beamtenhafter und höfischer Weltläufigkeit, als Gegensatz von Enge und Weite, undeutlich genug beschreiben ließe. Der bis in die Gegenwart spürbare Spannungsbogen zwische Provinzialität und Weltsichtigkeit ist historisch lange vor 1775 angelegt und vorhanden; er wurde durch die zugereisten »Klassiker« Wieland, Goethe, Herder und Schiller nur extrem verschärft und deutlich sichtbar gemacht.

Bei den Rats- und Bürgermeisterbesetzungen konnte sich keine Weimarer Familie dauerhaft etablieren. Von der Mitte des 16. bis zur Mitte des 17. Jahrhunderts fanden sich dort die vermögendsten Stadtbürger, so z. B. der Tuch-, Woll- und Waidhändler Jakob Schröter, dessen zweite Frau Barbara Brück eine Enkelin Lucas Cranachs war. Schröter, bis 1602 regierender Bürgermeister Weimars und von 1570 bis 1608 zugleich herzoglicher Land- und Tranksteuereinnehmer, gehört damit zu Goethes Vorfahren mütterlicherseits.

Ab der Mitte des 17. Jahrhunderts verstärkte sich der Druck des anwesenden Landesherrn auf die Vergabe der städtischen Ämter; auch in das Rechtsleben der Stadt griffen die Territorialherren immer mehr ein, so daß sich allmählich, über mehrere Generationen hinweg, eine verbreitete Servilität des Stadtbürgertums gegenüber dem Hof festsetzte; Luthers Lehre von den zwei Regimentern tat das ihrige. Die Verstärkung des Residenzcharakters, die einhergehende zunehmende Untertänigkeit und die wirtschaftliche Anpassung an die Bedürfnisse des Hofes charakterisierten die Stadt von der Mitte des 16. Jahrhunderts an.

Herder an Carl Ludwig von Knebel, 28./29. August 1785

*Der Hof ist seit 8. Tagen wieder hier u. die Tafel an demselben abge-
schafft. Die Hrn. Miteßer bekommen Kostgeld: die Damen speisen
mit dem Fürstlichen Ehepaar auf des Herzogs Zimmer u. jedesmal
wird ein Fremder dazu gebeten. Sie können denken, was die Hofda-*

men dazu sagen u. es ist unbegreiflich daß sie nicht schon aus Furcht für zukünftiger langer Weile zum voraus verschmachten. Die Herzogin Mutter ist etwas gedrückt u. friert in Tiefurt.
So stehets hier in dem wüsten Weimar, dem unseligen Mitteldinge zwischen Hofstadt u. Dorf: alles schleppt sich oder kauzt auf den Fersen; eine sonderbare Empfindung wenn man auch nur einige Wochen andre u. mehr Menschen gesehen hat.

Herders Briefe, 5, S. 135

24. November 1794

Komische Schilderung seiner [Wielands] Schlafkammer; wo er auf der einen Seite das Hungergeschrei von 6 Schweinen, die nur höchstkärglich gefüttert werden, und auf der andern das Stampfen der Pferde im Stalle des benachbarten Gasthofes die ganze Nacht durch hört. Jetzt sey er daran gewohnt, u. mache ihm dieß thierische Conzert, zudem noch das Enten- und Hahnengeschrei beym Anbruch des Morgens käme, so gar Vergnügen.

Karl August Böttiger, S. 137

Das 17. Jahrhundert als Vorbereiter der Klassik

Die Stadtstatuten von 1590

Im Jahre 1530 hatte Weimar eine neue Stadtordnung erhalten, die gegen Ende des Jahrhunderts wegen der inzwischen stattgefundenen gravierenden Veränderungen erneuerungsbedürftig war. Die Stadt trug mittlerweile den gehobenen Status einer alleinigen Hauptresidenz, prosperierte in baulicher und wirtschaftlicher Hinsicht, verzeichnete eine gewachsene Bevölkerung, deren rechtliche und sonstige Verhältnisse juristisch neu zu definieren waren.

Deshalb verliehen ihr die Herzöge Friedrich Wilhelm I. und Johann am 3. August 1590 neue »Statuta der fürstlich-sächsischen Residenz-Stadt Weimar«, die, im wesentlichen unverändert, bis zur Einführung der Stein-Hardenbergschen Reformen Anfang des 19. Jahrhunderts gültig blieben. Die Statuten regelten das Erb- und Vormundschaftsrecht, den Erwerb des Bürgerrechts, den Handel, das Bauwesen, die Feuerordnung, den Harnisch- und Waffenbesitz der brauberechtigten Bürger, die Sauberhaltung der Stadt, die Meldepflicht der Fremden, die Sicherung der Stadttore, aber auch Vorschriften für Goldschmiede und Kannengießer. Darüber hinaus reglementierten sie Wirtschafts- und Polizeisachen, rechtliche und religiöse Angelegenheiten, waren folglich auch Ausdruck der landesfürstlichen Herrschaftsausübung. Insofern bedeuteten die Stadtstatuten eine Einschränkung städtischer Freiheit und Selbständigkeit. Die Tatsache, daß die Statuten über 300 Jahre keine wesentliche Neufassung, Ergänzung oder Korrektur erfuhren, belegt deutlich die verfassungsmäßige und rechtliche Erstarrung, die Ende des 18. Jahrhunderts in Weimar zu konstatieren war.[42] Was für die thüringische Residenz im kleinen galt, betraf das Heilige Römische Reich Deutscher Nation im großen. Es handelte sich inzwischen um anachronistische, längst marode gewordene Stadt-, Staats- und Gesellschaftsstrukturen, die über keine Widerstandskraft mehr verfügten. Die deutsche Beute fiel Napoleon wie eine überreife Frucht in den Schoß.

Das dreihundertjährige unveränderte Fortbestehen einer städtischen Ordnung in Weimar trug zur Ausprägung einer bestimmten Mentalität der Bürger bei. Einerseits verfestigten die Statuten bei über zehn aufeinander folgenden Generationen die Überzeugung von unveränderlichem alten Recht und Herkommen, andererseits erzeugte die Gewöhnung, das Hineinwachsen in bestehende Verhältnisse eine gewisse Abstumpfung. Die von Goethe 1776 in Weimar bewirkte »Revolution« wird nur vor diesem Hintergrund verständlich: Es grenzte für die biederen Weimarer an Blasphemie, ihren Herzog mit einem dahergereisten Fremden auf dem Marktplatz stehen zu sehen, wo die beiden stundenlang mit einer großen Karbatsche um die Wette knallten – was nach der Stadtordnung von 1590 streng verboten war und mit mehreren Talern Strafe hätte geahndet werden müssen. Man scherte sich darum nicht, indes hielt sich der Herzog Carl August in einem anderen Fall exakt an die Vorschriften. Am 22. April 1776 schenkte er seinem Freund Goethe Haus und Garten am »Stern«, der damit Grundbesitzer in der Stadt geworden war und deshalb am 26. April 1776 das Bürgerrecht zuerkannt bekam, die Voraussetzung für die nachfolgende Beamtenlaufbahn.

Als der Doctor und Exadvocat Göthe als Favorit des Herzogs hier eintrat, fand ihn auch die verwitwete Herzogin äuserst liebenswürdig und witzig. Seine Geniestreiche u. Feuerwerke spielte er nirgends ungescheuter, als bei ihr. Er hat ihr sehr mit Undank gelohnt. – Alle Welt mußte damals im Wertherfrack gehn, in welchem sich auch der Herzog kleidete, und wer sich keinen schaffen konnte, dem ließ der Herzog einen machen. Nur Wielanden nahm der H[erzog] selbst aus, weil er zu alt zu diesen Mummereien wäre. Damals war noch ein Hof in Weimar. Nur Görz hielt es mit der regierenden Herzogin. Sonst zog die verwitwete alles an sich. Offt stellte sich der Herzog mit Göthen stundenlang auf dem Markt und knallte mit ihm um die Wette mit einer abscheulich großen Parforce karbatsche. Nieman[d] kann diese Periode besser beschreiben, als Bertuch, der dabei abscheulich mysticirt und einmal so geärgert wurde, daß er bald an einem Gallenfieber gestorben wäre.

Karl August Böttiger, S. 217

Zimmermann an Charlotte von Stein, 29. Dezember 1775

Kritisieren wir diese großen Männer nicht! Wenn ein Zug fehlte an dem, was sie getan, so würde sogleich alles zerstört sein, was wir am meisten an ihnen bewundern.
Die Freundschaft, die Herr Wieland dem Herrn Goethe entgegenbringt, ist sehr lieblich...
Ich wünsche Herrn Goethe alles mögliche Ansehen an Ihrem Hofe. Höflinge (entschuldigen Sie die unwürdige Bezeichnung!) dieser Art können neben einem so weisen, scharfsichtigen und aufgeklärten Fürsten, wie der Herzog ist, bei Ihnen ein Goldenes Zeitalter hervorrufen, das in der Geschichte Epoche machen und bei der Nachwelt die sogenannten großen Taten der großen Höfe und großen Nationen auslöschen wird...
Lavater – o Gott, wenn Sie diesen Mann gesehen hätten und wenn Sie wüßten, wie sehr er Goethe liebt und wie sehr er ihn achtet! »Insgemein hat man nur eine Seele«, sagt Lavater, »aber Goethe hat hundert«...

Wilhelm Bode, I, S. 153

Charlotte von Stein an Zimmermann, 6.–8. März 1776

...Ich war den Abend im Konzert, Goethe nicht. Vor einigen Stunden war er bei mir... und war toll über Ihren Brief... Ich verteidigte Sie, gestund ihm, ich wünschte selbst, er möchte etwas von seinen wilden Wesen, darum ihn die Leute hier so schief beurteilen, ablegen, das im Grund zwar nichts ist, als daß er jagt, scharf reit't, mit der großen Peitsche klatscht, alles in Gesellschaft des Herzogs. Gewiß sind dies seine Neigungen nicht; aber eine Weile muß er's so treiben, um den Herzog zu gewinnen und dann Gutes zu stiften. So denk ich davon; (...)
Ich habe erstaunlich viel auf meinem Herzen, das ich den Unmenschen sagen muß. Es ist nicht möglich, mit seinen Betragen kömmt er nicht durch die Welt! Wenn unser sanfter Sittenlehrer gekreuz'get wurde, so wird dieser bittere zerhackt! Warum sein beständiges Pas-

quillieren? Es sind ja alles Geschöpfe des großen Wesens, das duldet sie ja! Und nun sein unanständ'ges Betragen mit Fluchen, mit pöbelhaften, niedern Ausdrücken. Auf sein moralisches, sobald es aufs Handeln ankommt, wird's vielleicht keinen Einfluß haben: aber er verdirbt andre. Der Herzog hat sich wunderbar geändert. Gestern war er bei mir, behauptete, daß alle Leute mit Anstand, mit Manieren nicht den Namen eines ehrlichen Mannes tragen könnten! Wohl gab ich ihn zu, daß man in den rauhen Wesen oft den ehrlichen Mann fände, aber doch wohl ebensooft in den gesitteten! Daher er auch niemanden mehr leiden mag, der nicht etwas Ungeschliffenes an sich hat.

Wilhelm Bode, I, S. 166–169

GÖCHHAUSEN AN BERTUCH
Eisenach, 27. März 1776

…was Goethe anbetrifft, der ist hier ohngefähr so der Gegenstand allgemeiner Unterredung, als ehedem die Hyäne von Frankreich es unterm deutschen Landvolke war. Sie wissen nicht, was sie aus dem Dinge machen sollen, und grade weil sie's nicht wissen, machen sie sich ein Ideal von dem Dinge, das genau so paßt als eine Faust in Venus' Auge.

Wilhelm Bode, I, S. 173

DIE GEISSEL DER PEST

Die auch im Weimar des 16. Jahrhunderts katastrophalen hygienischen Bedingungen begünstigten das Auftreten der Pestbakterien, die durch Rattenflöhe übertragen wurden. Vor allem die Schwarze oder Beulenpest, der etwa die Hälfte aller daran erkrankten Menschen zum Opfer fielen, grassierte in der Stadt. Enges Zusammenwohnen, mangelnde Körperhygiene, schlechte Trinkwasserqualität und bedenkliche Lebensmittel beförderten das Auftreten der Pest, die im Dreißigjährigen Krieg viele Opfer forderte.

Gegenmaßnahmen erfolgten meist zu spät, eine sinnvolle Vorbeugung gab es wegen fehlender Kenntnis der Ursachen kaum. Seit 1530 hatte der Rat die Wochenmärkte wegen der Pest vor die Stadttore, auch den Friedhof aus der Stadtmitte an die Jakobskirche verlegt. Die Badestube blieb beim Auftreten der Seuche geschlossen, Feste wurden abgesagt, die Kranken nach scharfen Vorschriften isoliert; der Hof und die Regierung flohen in der Regel. Zwei Hospitäler betreuten die Kranken, ein spezieller Pestprediger, der die Toten auch bestatten mußte, obwaltete seines Amtes. Besonders schwere Pestepidemien löschten große Teile der Stadtbevölkerung aus; 1566 fielen ihr 1000 Menschen zum Opfer, 1635 waren es sogar über 1000. 1607 erschien eine gedruckte Verhaltensordnung *Wie man sich jetziger Zeit der Pestilentz verhalten soll*, in der u. a. gefordert wurde, die Häuser mit »Pestilenzwurzel« und anderen Kräutern auszuräuchern, »Pestilenzpillen« einzunehmen, sich zur Ader zu lassen, »Citron Morseln« oder »Nußlatwerg« zu verzehren bzw. »Theriak« früh mit einer Haselnuß einzunehmen. Zur »Cura« empfahl man zunächst »neben warer Bus / und Anruffung des Allmechtigen Gottes« verschiedene Heilkräuter und »Artzeneyen«, die das »Gifft« aus dem Körper treiben sollten. Sehr armen Leuten riet man, »ein frisch Brunwasser mit scharffem Essig sawer gemacht« zu trinken.[43] Erst mit dem Ende des Dreißigjährigen Krieges verschwand in Weimar das Auftreten der Pest. Noch zur Zeit Goethes galt die Pest als Geißel der Menschheit, der man – Ausdruck der Hilflosigkeit jener Zeit – u. a. durch Unerschrockenheit trotzen könne, wie der Dichter am Beispiel Napoleons beweisen zu können glaubte.

Die Pestkranken aber hat er [Napoleon] wirklich besucht, und zwar um ein Beispiel zu geben, daß man die Pest überwinden könne, wenn man die Furcht zu überwinden fähig sei. Und er hat recht! – Ich kann aus meinem eigenen Leben ein Faktum erzählen, wo ich bei einem

Faulfieber der Ansteckung unvermeidlich ausgesetzt war und wo ich bloß durch einen entschiedenen Willen die Krankheit von mir abwehrte. Es ist unglaublich, was in solchen Fällen der moralische Wille vermag! Er durchdringt gleichsam den Körper und setzt ihn in einen aktiven Zustand, der alle schädlichen Einflüsse zurückschlägt. Die Furcht dagegen ist ein Zustand träger Schwäche und Empfänglichkeit, wo es jedem Feinde leicht wird, von uns Besitz zu nehmen. Das kannte Napoleon zu gut, und er wußte, daß er nichts wagte, seiner Armee ein imposantes Beispiel zu geben.

Johann Peter Eckermann, S. 300

DIE THÜRINGER SINTFLUT

Neben den Schloß- und Stadtbränden sowie den Pestjahren hat sich keine Katastrophe so in das Gedächtnis der Nachwelt eingeprägt wie die Thüringer Sintflut. Am 29. Mai 1613 führten wolkenbruchartiger Regen und Hagelschauer zu einer Naturkatastrophe, bei welcher der Wasserspiegel der Ilm auf über acht Meter, d. h. auf das Drei- bis Vierfache, stieg. In dem teils engen Ilmtal verwandelte sich das friedliche Flüßchen in einen reißenden Strom, der innerhalb kürzester Zeit gewaltige Zerstörungen anrichtete und ein Chaos hinterließ. Im mittleren Ilmtal, wo sich das Gewässer mäanderartig durch eine idyllische Landschaft windet, riß das Hochwasser ganze Dörfer mit sich fort, ähnlich auch am Unterlauf, wo sich das Tal erneut verengt. In Weimar, das etwa in der Mitte des Flusses liegt, trug das brausende Wasser hölzerne Brücken mit sich fort. 44 Wohnhäuser, zumeist in Ufernähe, stürzten durch die Wassermassen zusammen, fast alle Mühlen wurden zerstört. 65 Stadtbewohner ertranken in den Fluten, rund 200 Stück Vieh waren zu beklagen. Selbst die steinerne Brücke von Ehringsdorf oberhalb von Weimar konnte nicht standhalten. An der erst 1720 von Christian II Richter neuerrichteten Kalksteinbrücke wurde eine Gedenktafel angebracht, die das schreckliche Geschehen von 1613 an die Nachwelt überlieferte.

Die Luft war sommerartig, angenehm; es wehte ein sehr linder Südwestwind. Einzelne kleine Gewitterwolken zogen am heitern Himmel herüber; sehr hoch bemerkte man sich auflösende Cirrusstreifen. Wir betrachteten die Wolken genau und sahen, daß sich die ziehenden geballten der untern Region gleichfalls auflösten, woraus Goethe schloß, daß das Barometer im Steigen begriffen sein müsse.
Goethe sprach darauf sehr viel über das Steigen und Fallen des Barometers, welches er die Wasserbejahung und Wasserverneinung nannte. Er sprach über das Ein- und Ausatmen der Erde nach ewigen Gesetzen, über eine mögliche Sündflut bei fortwährender Wasserbejahung. Ferner: daß jeder Ort seine eigene Atmosphäre habe, daß jedoch in den Barometerständen von Europa eine große Gleichheit stattfinde. Die Natur sei inkommensurabel, und bei den großen Irregularitäten sei es sehr schwer, das Gesetzliche zu finden.
Johann Peter Eckermann, S. 88 f.

DIE SCHLOSSBAUTEN BIS 1603

Während das Bauen mit Holz und Lehm für die Stadtbevölkerung am kostengünstigsten war, gab der Hof in der zweiten Hälfte des 16. Jahrhunderts Anweisung, einige repräsentative Renaissanceschlösser zu bauen. Herzog Johann Wilhelm ließ sich 1562/65 südlich vom Schloß Hornstein ein Schlößchen errichten, das als »Grünes Schloß«, als »Neuer Bau« oder auch »Französisches Schlößchen« bezeichnet wurde und einen zugehörigen Lustgarten aufwies. Anna Amalia veranlaßte den Umbau dieses Renaissancebaus 1760 im Barockstil, um die herzogliche Büchersammlung dort unterzubringen. Goethe war jahrzehntelang für diese Bibliothek verantwortlich. Der mauerumgürtete

Weimar um 1600 mit Blick auf das »Grüne Schloß« Herzog Johann Wilhelms.
Kupferstich von Matthäus Merian, um 1600

Lustgarten war u. a. durch ein turmartiges Gebäude mit Brunnen
geschmückt. Mit dem sich jenseits der Ilm anschließenden fürstlichen
Baumgarten bildete der Lustgarten das Kernareal, aus dem sich die
Weimarer Parkanlagen entwickeln sollten. Eine Pulver- und Polier-
mühle sowie eine Getreidemühle, die im Bereich des Baumgartens
lagen, hatte die Thüringer Sintflut von 1613 weggerissen, so daß sich
das Tal mit Fluß für spätere landschaftsgestalterische Maßnahmen
geradezu anbot.

Das Rote Schloß, ein zweiter Renaissancebau, entstand 1574/76
als Witwensitz der Herzogin Dorothea Susanna, einer geborenen
Pfalzgräfin. Gemeinsam mit der im Renaissancestil umgebauten Burg
Hornstein bildeten diese Schlösser fortan den in die Stadt integrierten
Schloßbereich, gewissermaßen das scheinbar abgeschirmte Areal des
Hofes. Die bauliche Einheit von Burg und Stadt, historisch angelegt,
wurde damit fortgesetzt, und das war eine der Voraussetzungen der
Weimarer Klassik.

WOLFGANG RATKE UND DAS SCHULWESEN

Wolfgang Ratke, latinisiert Ratichius, der als bedeutender Vorläufer des großen Comenius gilt, ist gleichwohl eine der umstrittensten Persönlichkeiten in der deutschen Schulgeschichte. Der 1571 geborene Holsteiner, der seine »neue Lehrart« konsequent und unbeugsam, ja teilweise aggressiv und unflexibel verfocht, hatte sich sieben Jahre, bis 1610, in dem damals fortschrittlichen Amsterdam aufgehalten, wo seine Reformideen Gestalt annahmen. In Frankfurt am Main als einer der größten Reichsstädte suchte er zunächst seine national intendierten Schulneuerungen durchzusetzen, scheiterte aber am konservativen Geist der Reichsstadt. 1612 übergab er dem dort versammelten Reichstag ein »Memorial«, in dem er seine Ziele darlegte: Pflege der Muttersprache, Deutsch als Unterrichtssprache und Sprache der Wissenschaften und Künste, Deutsch als Grundlage des Fremdsprachenunterrichts, anschaulicher Erstleseunterricht, gleichzeitiges Erlernen von Lesen und Schreiben, methodischer Wechsel von geistiger Anspannung und körperlicher Erholung. Diese »neue Lehrart« stellte einen Angriff auf die Vorherrschaft des Lateinischen, in der Konsequenz auf das feudalkirchliche Bildungsmonopol insgesamt dar. Da Ratkes Reformabsichten zudem politisch untermauert waren, mußte er auf Widerstand stoßen. Artikel 3 seines »Frankfurter Memorials« lautet: »Wie im ganzen Reich, ein einträchtige Sprach, ein einträchtige Regierung und endlich auch ein einträchtige Religion bequemlich einzuführen und friedlich zu erhalten sei.«[44] Angefeindet und persönlich diffamiert, fand Ratke andererseits auch breite Unterstützung bei Bürgern, Gelehrten und sogar Fürsten.

Die aufgeschlossene Weimarer Herzogin Dorothea Maria, unzufrieden mit dem Ausbildungsniveau der Kinder, zog Ratke 1612 nach Weimar. Hier erprobte der Reformer erstmals praktisch seine neue Lehrart; erfolgreich wurden am Weimarer Hof Kinder und Erwachsene in der griechischen und hebräischen Sprache unterrichtet. Überlegungen, die Weimarer Schulen auf Ratkes Lehrmethoden umzustellen, scheiterten am Widerstand der Kirche, die Ratichius mit dem Verdacht des Ketzertums diffamierte. 1613 verließ er deshalb Wei-

Herzog Johann von Sachsen-Weimar

Herzogin Dorothea Maria von Sachsen-Weimar.
Gemälde von Georg Gesecke, 1592

mar, auch weil seine Einflußmöglichkeiten auf das Reichsgebiet aus dem kleinen Herzogtum Sachsen-Weimar sehr begrenzt geblieben wären. Nach rastlosen Wanderjahren fand er 1618/19 in Köthen beim Fürsten Ludwig I. von Anhalt einen neuen, hoffnungsvollen Reformansatz. Eine »teutsche Schule« konnte begründet werden, die deutsche Sprache stand im Mittelpunkt, ein großes Programm neuer, daraufhin abgefaßter Lehrbücher wurde in eigener Druckerei aufgelegt, es gab Gemeinsamkeiten mit dem ein Jahr zuvor gegründeten »Palmenorden«.

Orthodoxe Geistliche in Köthen bewirkten auch hier das Scheitern der »neuen Lehrart«, Ratke wurde sogar wegen »Beleidigung« des Fürsten monatelang arretiert. Magdeburger, Rudolstädter, Kelbraer, Jenaer, Kranichfelder, zuletzt Erfurter Aufenthalte folgten. Im April 1635 wurde Ratke unter großer Anteilnahme der Jenaer Universität in Erfurt beigesetzt.[45]

Ratkes Einfluß in Weimar hinterließ deutliche Spuren, nicht nur bei der Herzogin Dorothea Maria und ihrer Schwester Anna Sophia, der Herzogin von Anhalt-Dessau. Der weimarische Hofprediger Johannes Kromayer führte die Ratkesche Lehrart, wenngleich reduziert, fort. 1619 erhielt die Stadt Weimar durch Kromayer eine »Schulordnung«, die mit allgemeiner Schulpflicht und der deutschen Muttersprache als Unterrichtssprache wichtige Grundsätze der »neuen Lehrart« realisierte, auch wenn Religion weiterhin das Hauptfach bildete. Somit sind rund 150 Jahre vor Herders gleichartigen Bemühungen in Weimar bereits Schulreformpläne in Angriff genommen worden, die, höchst fortschrittlich, nationale Entwicklungen des 19. Jahrhunderts vorwegnahmen. Auch dieser Herdersche Beitrag zur Weimarer Klassik – Reform des Schulwesens und der Landlehrerausbildung – besaß durch Ratke bereits eine Weimarer Tradition.

Die »Fruchtbringende Gesellschaft«

Herzogin Dorothea Maria von Sachsen-Weimar, geborene Prinzessin von Anhalt-Köthen, hatte nach dem Tod ihres Gatten, des Herzogs Johann, 1605 die Regentschaft des Landes übernommen. Ihre elf Söhne erzog sie ebenso energisch wie pflichtbewußt, der Schule insgesamt galt das besondere Interesse der streng lutherischen Fürstin. Ein Kutschenunfall vor dem Schloß im Juli 1617 zog ihren frühen Tod nach sich. Beim Trauermahl am 24. August 1617 im Schloß Hornstein, so die Überlieferung, kam das Gespräch auf europäische Akademien, deren damals größte italienische die 1582 in Florenz gegründete »Accademia della Crusca« war. Der weitgereiste, auch lange in Italien herumgekommene weimarische Hofmarschall Caspar von Teutleben soll vorgeschlagen haben, nach diesem italienischen Vorbild die »Fruchtbringende Gesellschaft« ins Leben zu rufen.

Die rechtlich gleichgestellten Mitglieder – Adlige und Nichtadlige – erhielten einen Gesellschaftsnamen, der aus der Pflanzenwelt gezogen wurde, ein Sinnbild, die »Imprese«, und einen Wahlspruch, die »Devise«. Die Mitglieder verpflichteten sich zu »fruchtbringender« Tätigkeit, vorzüglich zu tugendhaftem gesellschaftlichen Umgang, einer einträchtigen Religion und vor allem zur Pflege und Reinhaltung der deutschen Muttersprache. Die Sprachpflege war mit einer allgemein verstandenen Humanisierung der Gesellschaft verknüpft, was besonderen Wert im kurz darauf ausbrechenden Dreißigjährigen Krieg erhielt. Zum Wahlspruch »Alles zum Nutzen« erkor sich die Gesellschaft einen »Indianischen Palmen- oder Nussbaum« als Sinnbild der Nützlichkeit, was später den Kurznamen »Palmenorden« hervorrief. Zum ersten Oberhaupt der Gesellschaft wählte die Gründungsversammlung den kunstsinnigen Fürsten Ludwig I. von Anhalt-Köthen, in Köthen befand sich bis 1650 auch der Sitz. Zweites Oberhaupt wurde nach Ludwigs Tod der Weimarer Herzog Wilhelm IV., mit Gesellschaftsnamen »Der Schmackhafte«, ab 1662 stand ihr der Herzog August von Sachsen-Weißenfels vor. Als der »Palmenorden« 1680 erlosch, zählte er 890 Mitglieder und war damit die größte Akademie Europas. Die wirksamste Epoche erlebte sie um die Jahrhundertmitte

Caspar von Teutleben
(»Der Mehlreiche«).
Kupferstich in:
Georg Neumark,
Der Neusprossende
Teutsche Palmbaum.
Nürnberg 1668,
S. 17

unter Ludwig I. Neben Fürsten und hohen Militärs traten Dichter und
Denker bei, konfessionelle Bindungen und Stand sollten keine Rolle
spielen, ein wichtiges Toleranzprinzip in Zeiten blutiger Glaubenskämp-
fe. 1629 wurde Martin Opitz eingeschrieben, 1652 Georg Neumark,
zugleich Wilhelms IV. Bibliothekar, Registrator und Hofdichter. Als Mitglieder wurden bereits in den vierziger Jahren solche Poeten wie Buch-
ner, Harsdörffer, Schottelius, Moscherosch, Rist, Zesen und Friedrich
von Logau aufgenommen.[46] Wenn der »Palmenorden« auch keine Voll-
versammlungen abhielt, sondern nur Teilzusammenkünfte – was einer
seiner Schwachpunkte war –, so stellte er doch einen national verbinden-
den Faktor dar, auch wenn dies nur im geistigen Bereich zutraf. Der »Palmenorden« war somit durchaus als bedeutsamer Vorgriff auf die deutsche Gelehrtenrepublik des 18. Jahrhunderts anzusehen, die für die Zeit
der »Klassik« so wichtig war. Weimar kam in diesem kulturgeschichtli-
chen Kontext bis zum Tod des herausragenden Herzogs Wilhelm IV.
1662 eine herausgehobene Stellung in Thüringen, sogar im Reichsgebiet
zu, auch dies eine ahnungsvolle Vorwegnahme seiner Rolle im 18. und
19. Jahrhundert. Das »wilhelminische Zeitalter« Weimars – mit Unter-
brechungen etwa die Jahre von 1617 bis 1662 – bringt, mehr als ein Jahrhundert vor der »Klassik«, bereits eine kulturelle Blütezeit der Stadt hervor. Dieser Gesichtspunkt ist bislang viel zu wenig dargestellt und
gewürdigt worden. Der Tod Wilhelms IV. ließ diese Entwicklung allerdings abbrechen; erst mit Bachs Wirken setzte eine neue Epoche ein.

*Daß in Italien jene Cultur, die sich von den alten Sprachen und den
darin verfaßten unnachahmlichen Werken herschreibt, in großer Verehrung stehe, läßt sich gar wohl denken, ja daß man auf diesem
Grunde, worauf man sich erbaut, nun auch allein und ausschließlich
zu ruhen wünscht, ist der Sache ganz gemäß; daß diese Anhänglich-
keit zuletzt in eine Art Starrsinn und Pedanterie auslaufe, möchte
man als natürliche Folge gar wohl entschuldigen. Haben doch die Ita-
liäner in ihrer eigenen Sprache einen solchen Widerstreit, wo eine Par-
tei an Dante und den früheren, von der Crusca citirten Florentinern
festhält, neuere Worte und Wendungen aber, wie sie Leben und Welt-
bewegung jüngern Geistern aufdringt, keineswegs gelten läßt.*

WA I 41/1, S. 134

Die Tradition der Stadtpfeifer

Herzog Johann, der Gatte von Dorothea Maria von Anhalt-Zerbst, ließ 1602 elf »Capelisten« aus Altenburg nach Weimar kommen, um seine Hofkultur zu bereichern.[47] Die Musiker – Kapellmeister, »Fidelist«, Bassist, zwei Tenoristen, zwei Altisten und vier Discantisten – verdienten ihr Salär aber auch durch Auftritte bei vermögenden Bürgern sowie durch »Informationen«, also Instrumenten- und Notenunterricht. Eine höfische Maßnahme kam somit der Stadt zugute, ein wichtiger Gesichtspunkt bei der kulturellen Entwicklung von Residenzen.[48]

»Hofkapellen« stellten dabei musikalische Glanzlichter dar; sie waren Luxus und hingen stark von den finanziellen Möglichkeiten des Souveräns ab. Wesentlich billiger, im Unterschied zur Kapelle, zugleich auch stärker auf die bürgerlichen Bedürfnisse ausgerichtet, waren die Stadtpfeifer, die allerdings auch in die »Kapelle« integriert wurden. Das Musikleben verfügte von Anfang an über die Tendenzen, Standesgrenzen zu überbrücken. Die Weimarer Stadtpfeiferei wurde 1618, dem ersten Jahr des großen Krieges, gegründet[49] und erfreute sich auch in schweren Jahren der herzoglichen Unterstützung.

Die Stadtpfeifer übernahmen genau festgelegte städtische Aufgaben. Sie spielten, wo »Musici gebrauchet« wurden, und mußten auch nach festen Sätzen entlohnt werden, wenn etwa ein »Hochzeiter« fremde Musiker bestellte. Dorfleute hatten sich grundsätzlich ihrer eigenen Spielleute zu bedienen, bei Hochzeiten durfte nicht trompetet werden, wie die Trompete überhaupt ein privilegiertes, d. h. dem Adel vorbehaltenes Instrument darstellte.

Die Stadtpfeifer waren weiter gehalten, alle kirchlichen Anlässe mit Musik zu begleiten sowie sich vom Rat »gebrauchen« zu lassen. Um die Rechte und Pflichten der Stadtmusiker wurde immer wieder von allen Seiten entschlossen gestritten, woran die Musiker, der Stadtrat und der Hof beteiligt waren. In der Musica sacra vereinigten sich zur Ehre Gottes alle musikalischen Potenzen einer Stadt. Organist, Kantor, Sänger und Stadtpfeifer verkörperten die Einheit von Kirche,

Schule, Gemeinde und Hofhaltung und bildeten insofern eine wichtige Ebene des Geisteslebens in der Residenz. Die Kirchenordnung schrieb die Pflege des lutherischen Liedgutes fest, und in Weimar wurde dies eine besonders gute Tradition. Der Gambist und Hofdichter Georg Neumark, Mitglied der »Fruchtbringenden Gesellschaft« unter Herzog Wilhelms IV. Leitung, wurde der Schöpfer des weitverbreiteten »teutschen« Liedes »Wer nur den lieben Gott läßt walten«; zu Goethes Zeit kannte nicht nur in Weimar jeder Text und Melodie. Die Schulen brachten, in Verbindung mit Musik, Schauspiele zur Aufführung, denen biblische Stoffe zugrunde lagen. Die Stadtpfeifer pflegten zugleich die weltliche Musik, indem sie in Wirtshäusern, auf der Kirmes und bei Kirchweihen aufspielten. Das Weimarer Musikleben am Anfang des 17. Jahrhunderts wird als festverwurzelt und reichhaltig eingeschätzt, so daß schon Bach eine entsprechende Tradition in der Stadt vorfand. Es war durchaus nicht ungewöhnlich, daß der mit seinem Namen verbundene Höhenflug musikalischer Tradition in der Zeit Goethes durch das Medium der Dichtkunst abgelöst wurde, ehe im 19. Jahrhundert durch Franz Liszt die Musik erneut die Priorität im Ensemble der Kunstrichtungen erhielt. Die Stadtpfeiferei stand am Anfang dieser Weimarer Kunstprozesse.[50]

Der Brand der Burg Hornstein

Brände gehörten in mittelalterlichen Siedlungen und Städten zu den größten denkbaren Katastrophen. Sowohl die Weimarer Stadtstatuten von 1590 als auch nachfolgende spezielle Feuerordnungen versuchten, die Gefahren von Bränden einzudämmen. Flachs- und Hanfrösten in der Stadt waren verboten, die Lagerung von Holz, Stroh und Heu in den Wohnhäusern wurde nur in kleinsten Mengen gestattet, die Feuerstätten und Essen waren streng kontrolliert, damit regelmäßige Kehrungen und rechtzeitige Reparaturen stattfinden konnten. Das Blockieren von Gassen durch abgestellte Wagen oder Schutthau-

fen wurde, bei hoher Strafe, verfolgt, um schnell an Brandherde her-
anzukommen. Die Brandbekämpfung war nach genauem Reglement
auf die Schultern der städtischen Handwerker verteilt.

Alle diese Vorkehrungen konnten nicht verhindern, daß große Teile
der Burg Hornstein am 2. August 1618 durch einen verheerenden
Brand zerstört wurden, darunter die Schloßkirche und der dazugehörige Kirchturm. Nur der untere Teil des Hausmannsturms und die von
Nicol Gromann geschaffenen Torbauten blieben damals und sind heute noch von der ursprünglichen Burg erhalten. Auslöser des Brandes
war ein Goldmacher, dessen chemische Experimente im Schloßkeller
den vernichtenden Großbrand ausgelöst hatten.[51] Samuel Kluge aus
dem böhmischen Kuttenberg, seit den Zeiten des alchemiegläubigen
Kaisers Rudolf ein Zentrum der Goldmacherei, war, bezeichnenderweise, als Assistent des Weimarer Münzmeisters angestellt worden.
Der etwa 30jährige, von »welschem« Aussehen, sollte die Edelmetall-
not, ewige Sorge des sachsen-weimarischen Geldwesens, beseitigen
helfen, wozu eine Rezeptur aus Kuttenberg diente, deren entscheidender Mangel darin bestand, daß sie bislang aus »Ermangelung eines
genügend großen Laboratoriums« nicht ausprobiert worden war. Das
Weimarer Schloß Hornstein bot nun unglücklicherweise entsprechend
große Kellerräume – und das wurde zum Verhängnis. Es ist nur zu verständlich, daß es eine beflissene Hofhistoriographie tunlichst vermied,
die näheren Hintergründe des katastrophalen Geschehens, die für die
Weimarer Fürsten sehr peinlich waren, auszumalen und zu überliefern;
lediglich von »Verwahrlosung« des Goldmachers war die Rede.[52] Es ist
zumindest als Marginalie zu erwähnen, daß es in Weimar seit dem
16. Jahrhundert eine Tradition gab, zugereisten Scharlatanen auf den
Leim zu gehen. Goldmacher und Münzfälscher trieben bereits zu
Luthers Zeiten im Weimarischen ihr Unwesen,[53] und nach den üblen
Erfahrungen mit Kluge hätten die Weimarer Fürsten gewarnt sein müssen, doch noch Herzog Wilhelm Ernst ließ sich Anfang des 18. Jahrhunderts von den Versprechungen eines vorgeblichen Goldmachers
namens Freiherr von Wildeck alias Johann Hector von Klettenberg
blenden und räumte ihm Raum und Geld zum Experimentieren ein,
zum Glück unter scharfer Aufsicht, was den Postalchemisten bald wieder vertrieb; 1720 fiel sein Haupt unter einem kursächsischen Richt-
schwert.[54]

Die Herzöge Wilhelm IV., Ernst der Fromme und Bernhard von Sachsen-Weimar

Herzog Wilhelm IV., der Stifter des Hauses Weimar, wurde 1598 geboren; sein Zwillingsbruder starb bei der Geburt. Wilhelm war der fünfte von elf Brüdern, unter denen noch der neunte, Ernst der Fromme, als Begründer der Gothaer Linie und der jüngste Bruder, Bernhard, als berühmter Feldherr des Dreißigjährigen Kriegs hervorzuheben sind. Der achte Bruder namens Johann Friedrich – ein Unglücksname, der an den letzten ernestinischen Kurfürsten erinnerte – ist durch sein tragisches Schicksal, vermutlich eine religiöse Schizophrenie, gepaart mit aggressiver Gewalttätigkeit, in die Hausannalen unrühmlich genug eingegangen.[55] Ganz anders die genannten drei Herzöge: Wilhelm, der auf der Seite der Protestanten stand, diente zunächst dem Kurfürsten Friedrich von der Pfalz, König von Böhmen, und focht 1620 in der blutigen Schlacht bei Prag mit. Sein Mut war sprichwörtlich: Nur 26 Mann zählte sein ehemals 2000 Söldner starkes Regiment am Ende des Treffens, in dem er verwundet wurde. Nach der Schlacht von Wimpfen 1622 nahm er auch an dem Treffen von Stadtlohn 1623 teil, wo er in kaiserliche Gefangenschaft geriet, aus der er 1625 – nach seinem Fußfall vor Kaiser Ferdinand II. – freikam. Erst 1631, mit dem Eintritt Schwedens in den Krieg, sah man ihn wieder militärisch aktiv. Verbunden mit Gustav Adolf, eroberte er für die Protestanten Erfurt und das Eichsfeld und war auch bei den Truppen zu finden, die München einnahmen und schließlich mit blutiger Hand das Lager Wallensteins bei Nürnberg erstürmten. Ab da übernahm er die schwedische Statthalterwürde in Erfurt, trat aber nach der Nördlinger Schlacht 1634 im Folgejahr dem Frieden von Prag bei, womit er sich und sein Land aus dem Krieg herausführte. Damit verlor er auch das Eichsfeld wieder an Kurmainz. Im Westfälischen Frieden ging Weimar sodann leer aus.

Wilhelms IV. Verdienste in seiner zweiten Lebenshälfte lagen auf kulturellem Gebiet, was seiner Residenz Weimar zugute kam. Er wurde 1650 das zweite Haupt der »Fruchtbringenden Gesellschaft«, er, der selbst mathematisch gebildet und als Architekt begabt war, ließ

Herzog Wilhelm IV. mit seinen Kindern.
Kupferstich von Johann Dürr nach Christian I Richter

Hochzeitsbild des Herzogs Ernst von Sachsen-Gotha und seiner Frau.
Gemälde von Christian I Richter, 1636

das abgebrannte Weimarer Schloß wieder aufbauen, er war beteiligt am Bau der Schlösser von Weißenfels und Zeitz. Er berief Georg Neumark nach Weimar und sorgte dafür, daß seine Residenz zum erstenmal in ihrer Geschichte deutschlandweit ein Begriff wurde.

Ernst der Fromme war eine lichtvolle Ausnahmeerscheinung unter den europäischen Regenten des 17. Jahrhunderts. Streng lutherisch und mit dem Ziel fürstlicher Rechtschaffenheit von seiner ebenso gesinnten Mutter Dorothea Maria erzogen, übernahm er, 39jährig, 1640 anläßlich einer neuerlichen Landesteilung das Herzogtum Sachsen-Gotha, dessen Stammvater er wurde. Ernst, 1601 in Altenburg geboren, erhielt seine Ausbildung in Weimar, hier prägte sich auch sein Charakter aus. Wenn vom Geist Weimars die Rede ist, darf füglich hinzugerechnet werden, daß ein Herrscher wie Ernst, von diesem Geist geprägt, in der Ilmresidenz seine geistigen Wurzeln hat. Mehr als die anderen Brüder wurde er von seiner Mutter geformt, zu seinen Lehrern zählte der Historiker Friedrich Hartleder, der u. a. 1609 in Jena eine *Geschichte des Schmalkaldischen Krieges* veröffentlicht hatte. Mitglieder des »Palmenordens«, Friedrich von Cospoth und Caspar von Teutleben, akademisch gebildet und weit gereist, wurden zu Hofmeistern Ernsts bestellt.

Das geistige Milieu des damaligen Weimar prägte den heranwachsenden Prinzen. Neben der charakterstarken Mutter wirkten in der Residenz – die nur ca. 2500 Einwohner besaß – solche bedeutenden Musiker wie Johann Hermann Schein und Melchior Vulpius, schließlich der bekannte Kirchenlieddichter Martin Rutilius. Mit der Volljährigkeit im Jahre 1619 erfolgte die Aufnahme Ernsts in den »Palmenorden« unter dem Namen »der Bittersüße«. Bei der kriegsbedingten Abwesenheit der Brüder oblag dem in Weimar bleibenden Ernst die Erledigung der Regierungsgeschäfte, wobei er vom Kanzler Samuel Göchhausen, einem Vorfahren jener aus dem Goethekreis bekannten Hofdame, unterstützt wurde.

Ernsts Kriegsdienste, wiewohl Teilnehmer u. a. an der Schlacht von Lützen, blieben Episode, als Verwalter der seinem Bruder Bernhard zugefallenen Besitztümer Würzburg und Bamberg zeigte sich des Herzogs edler Sinn viel nachhaltiger, indem er die kriegsgeschundenen Territorien geschickt reorganisierte und tolerant-klug verwaltete.

Mit der Teilung von 1640/41 erhielt Ernst ein eigenes Herzogtum

Sachsen-Gotha, das schon zu Lebzeiten des Herrschers als ein vorbildliches Staatswesen galt. Als Regent strebte der Gothaer Herzog einem hohen Ideal nach, das auf Luthers politischer Ethik von weltlicher Obrigkeit beruhte. Herzogswürde sei Berufung für politische Tatverantwortung und zugleich Vorbild für die Untertanen, deren Wohl und Wehe das Handeln leiten müsse. Im Testament formulierte es Ernst: »Und bestehet das Fürstenamt nicht in großem Pomp und äußerlicher Anstalt, sondern vielmehr in ordentlicher Führung des Regiments und fleißiger guter Aufsicht, daß es im Land allenthalben, sowohl in geist- als weltlichen Sachen, richtig daher gehe, Gottes Ehre befördert, jedermann gleich und unparteyisch Recht ertheilet, das Gute belohnet, das Böse gestrafet, und was sonst versprochen, Fürstlich gehalten werde.«[56] Ernst der Fromme erhielt diesen Beinamen nicht wegen seiner Gottesfürchtigkeit – da nannte man ihn »Bet-Ernst«, sondern weil er eben dieses hohe Ethos nicht nur predigte, sondern so lebte und herrschte. Anders als heute war im Sinne Luthers »fromm« auch noch mit dem Inhalt »mutig« und »rechtschaffen« verbunden.[57]

Herzog Bernhard, elfter und jüngster Sohn der Anhaltinerin Dorothea Maria und Johanns von Sachsen-Weimar, wurde am 16. August 1604 geboren. Der Name, erstmals vergeben, kam aus dem mütterlichen Hause, dem der Askanier. Am 8. Juli 1639 erlag der inzwischen berühmte Feldherr einer Vergiftung oder einem typhösen Fieber. Ebenso wie seine Brüder sorgsam erzogen und vielseitig gebildet, ergriff Bernhard bereits mit siebzehn Jahren das Schwert. An der Seite seines Bruders Wilhelm focht er in den Schlachten bei Wisloch und Wimpfen gegen Tilly. Nach der Niederlage der Protestanten im böhmisch-pfälzischen Krieg (1618–1623) trat er in die Dienste des Prinzen Heinrich von Oranien, schließlich während des dänisch-niedersächsischen Kriegs (1625–1629) in die Dienste des Dänenkönigs Christian IV., der als Herzog von Holstein zugleich deutscher Reichsfürst war.

1629 schienen die Protestanten vernichtend geschlagen, und der katholische Kaiser Ferdinand II. verkündete das Restitutionsedikt, das die Rückgabe aller eingezogenen Kirchengüter durch die protestantischen Reichsstände verfügte. Das war der äußere Vorwand für den schwedischen König Gustav Adolph, auf dem deutschen Kriegsschauplatz zu erscheinen: der schwedische Krieg begann (1630–1635).

SERENISSIMI ET ILLUSTRISS PRINCIPIS AC DNI DNI BERNHARDI SAXONIA. IUL. CLIV. ET MONT. DUCIS
LANDGRAVII THURING: MARCHION: MISNIA: BURGRAVII MAGDEB: COMITIS MARCH ET RAVENSPERG: DOM. IN RAVENSTEIN, REGIÆ MAI: REGNO SUECORUM, UT ET
PRINCIP: AC STATUUM EVANGELICORUM SUPREMI MILITIÆ DUCTORIS Effigies.

Herzog Bernhard von Sachsen-Weimar.
Kupferstich von Jacob van der Heyden, 1632

Bernhard, kurzfristig nach Weimar zurückgekehrt, schloß sich dem König an. Als Gustav Adolph schon zu Beginn der Schlacht von Lützen fiel, übernahm General Herzog Bernhard den Oberbefehl und errang einen bedeutsamen Sieg über die kaiserlichen Truppen. Die nachfolgende Eroberung der Bistümer Würzburg und Bamberg führte zur Bildung des Herzogtums Franken, das der Weimarer als schwedisches Lehen erhielt. Alle schwedisch-protestantischen Erfolge vernichtete der Sieg der Kaiserlichen in der Schlacht von Nördlingen 1634, aus der sich Bernhard leicht verletzt retten konnte. Mit dem Prager Frieden beteiligten sich auch die Weimarer Herzöge nicht mehr am Krieg, jedoch nicht Bernhard. Als Generalissimus, d. h. Oberbefehlshaber aller protestantischen Truppen, verbündete er sich mit dem katholischen Frankreich gegen den katholischen Habsburgerkaiser. 1638 eroberte er die Hochrheinstädte Säckingen, Laufenburg, Waldshut und Rheinfelden, belagerte schließlich die Festung Breisach, die sich ihm nach über viermonatiger Hungerblockade ergeben mußte. Der Weimarer Historienmaler Friedrich Wilhelm Martersteig hat »Herzog Bernhards des Großen Einzug in Breisach 1638« auf einem großen Gemälde festgehalten. Auf dem Höhepunkt seiner Macht raffte ihn der Tod hinweg. Der Leichnam wurde im Breisacher Münster beigesetzt; erst sechzehn Jahre später, 1655, konnten die sterblichen Überreste des Feldherrn feierlich nach Weimar überführt und in der Stadtkirche zur letzten Ruhe gebettet werden. Um das Erbe Bernhards, sowohl sein Land als auch den sonstigen Besitz, führten die übrigen Weimarer Brüder einen jahrelangen, vergeblichen Streit: Die »Breisacher Erbschaft« war und blieb verloren. Mit Bernhard trat der letzte wirklich bedeutende Feldherr der Weimarer Wettiner von der Bühne des historischen Geschehens ab. Fortan erwarben sich die Weimarer Fürsten ihren Ruhm fast ausschließlich auf den Feldern der Kultur und vergrößerten ihren Besitz über eine friedliche Heiratspolitik. Der Nachruhm Bernhards lebte fort; Goethes nicht verwirklichte Absicht, eine Lebensgeschichte dieses Herzogs zu verfassen, entsprang dieser Überlieferung, die eine Medaille in einem Satz zusammenfaßte: BRISACH FORTIS, SED FORTIOR DEVS FVIT ET WEIMARIVS (Breisach war stark, aber stärker waren Gott und der Weimarer).[58]

Medaille auf die Einnahme von Breisach, von Johann Blum, 1638

Grabplatte für Herzog Bernhard in der Stadtkirche St. Peter und Paul, Weimar

Goethe an Ernst II., Herzog zu Sachsen-Gotha und Altenburg.
28. Februar 1780

Durchlauchtigster Herzog,
Gnädigster Herr
Die funfzehn Bände Herzoglich Bernhard'scher Papiere habe ich am
vorigen Freitage erhalten und übersende sogleich den schuldigen
Empfangschein mit unterthänigstem Danke. Sie sind durch Ew.
Durchl. gnädige Vorsorge zum leichteren Gebrauche so bequem ein-
gerichtet, daß sie ganz appetitlich aussehen, und ich wünschte mit
meinen Vorarbeiten so weit zu sein, daß ich gleich dran gehen und sie
nach einander durchsehen dürfte. Um aber nicht das Hinterste zu
vorderst und unnöthige Arbeit zu thun, muß ich mich davon zurück-
halten. Sie sind, wie ich beim flüchtigen Durchsehen finde, insge-
sammt von den letzten Jahren des Herzogs, und nun bedaure ich erst,
aus eignem Antheile, den Verlust der Schlacht bei Nördlingen, die
nun auch mir nach so langer Zeit schädlich wird. Dagegen habe ich
aus dem Diarium des von Grün, das mir Ew. Durchl. anvertraut,
schon manches Merkwürdige ausgezeichnet, es wird mir, so viel ich
noch übersehen kann, wohl die wichtigste Quelle bleiben, woraus ich
meine Anlagen wässern kann. Der Antheil, den Ew. Durchl. an mei-
ner Arbeit gnädigst nehmen wollen, macht mir sie doppelt werth, und
ich wünschte auf die würdigste Weise dem Hause Sachsen, dem ich
mich gewidmet habe, in einem seiner größten Männer meine Vereh-
rung bezeugen zu können, ob ich gleich mir nicht mehr zutraue, als
daß vielleicht meine Bemühung einen Andern, der diesem Geschäfte
mehr gewachsen ist, aufweckt und reizt.

WA IV 4, S. 183 f.

Goethe an Johann Heinrich Merck, 7. April 1780

Zur Geschichte Herzog Bernhard's habe ich viel Documente und Collectaneen zusammengebracht. Kann sie schon ziemlich erzählen, und will, wenn ich erstlich, den Scheiterhaufen gedruckter und ungedruckter Nachrichten, Urkunden und Anekdoten recht zierlich zusammengelegt, ausgeschmückt und eine Menge schönes Rauchwerks und Wohlgeruchs drauf herumgestreut habe, ihn einmal bei schöner, trockner Nachtzeit anzünden und auch dieses Kunst- und Lustfeuer zum Vergnügen des Publici brennen lassen.

WA IV 4, S. 202

Goethe an Johann Kaspar Lavater, 5. Juni 1780

Vielleicht schik ich dir ehstens ein Portrait von dem Herzog Bernhardt aus dem hiesigen Haus um mir's von Lipsen stechen zu lassen. Wenn er aber, wie du schreibst balde verreist, so muss ich damit einen andern Weeg nehmen. Ich scharre nach meiner Art Vorrath zu einer Lebensgeschichte dieses als Helden und Herrschers wirklich sehr merkwürdigen Mannes, der in seiner kurzen Laufbahn ein Liebling des Schiksaals und der Menschen gewesen ist, zusammen und erwarte die Zeit wo mirs vielleicht glüken wird, ein Feurwerk draus zu machen. Seine Jahre fallen, wie du wahrscheinlich nicht weisst, in den dreissig-Jährigen Krieg. Sein und seiner Brüder Familien-Gemälde interessirt mich noch am meisten da ich ihren Urenkeln, in denen so manche Züge leibhaftig wieder kommen, so nahe bin. Übrigens versuche ich allerlei Beschwörungen und Hocus pocus um die Gestalten gleichzeitiger Helden und Lumpen in Nachahmung der Hexe zu Endor wenigstens bis an den Gürtel aus dem Grabe zu nöthigen, und allenfalls irgend einen König der an Zeichen und Wunder glaubt in's Bokshorn zu iagen.

WA IV 4, S. 228 f.

Goethe an Jenny von Voigts, 4. März 1782

Das Leben Prinz Bernhards von Weimar, das ich zu schreiben unternommen hatte, liegt, mit vielen andern Anschlägen, auf der Seite. Vielleicht kann ich einen geschickten Mann, den wir jetzt in der Nähe haben, veranlassen es nach meinem Plane zu schreiben.

WA IV 5, S. 276

Dagegen wurde manche Zeit und Mühe auf den Vorsatz, das Leben Herzog Bernhards zu schreiben, vergebens aufgewendet. Nach vielfachem Sammeln und mehrmaligem Schematisiren ward zuletzt nur allzuklar, daß die Ereignisse des Helden kein Bild machen. In der jammervollen Iliade des dreißigjährigen Krieges spielt er eine würdige Rolle, läßt sich aber von jener Gesellschaft nicht absondern. Einen Ausweg glaubte ich jedoch gefunden zu haben: ich wollte das Leben schreiben wie einen ersten Band, der einen zweiten nothwendig macht, auf den auch schon vorbereitend gedeutet wird; überall sollten Verzahnungen stehen bleiben, damit jedermann bedaure, daß ein frühzeitiger Tod den Baumeister verhindert habe sein Werk zu vollenden. Für mich war diese Bemühung nicht unfruchtbar; denn wie das Studium zu Berlichingen und Egmont mir tiefere Einsicht in das funfzehnte und sechzehnte Jahrhundert gewährte, so mußte mir dießmal die Verworrenheit des siebzehnten sich, mehr als sonst vielleicht geschehen wäre, entwickeln.

WA I 35, S. 6 f.

[Bernhard hat] gegen die Umstehenden von Adel, und andere Bedienten, gesagt: »Ihr Brüder gehet hinaus, ihr machet mich fast irre, Ich habe genug mit euch geredet, Ich muß jetzo mit Gott reden.« Als diese nun ihren Abtritt genommen, hat er mit seinem Beicht-Vater fortgebetet, und da er vermerket, daß das Ende herbeinahe, in einem Augenblicke sich selbst mit einem Kreuzzeichen gesegnet, nachmals nach dem Herrn Jesu gerufen, die Hände zusammengeschlossen, die

*Füsse allmählig gestrecket, und also mitten unter dem Gebete: Herr
Jesu Christ wahr'r Mensch und Gott u. eben an dem Worte Jesu! mit
einem tiefen Seufzer verständig und ohne einige Empfindlichkeit
sanft und seelig bald nach 7 Uhren Vormittags, und zwar nicht außer
Argwohn empfangenen Giffts in einem Gerichte Fischen wie die
Rede gegangen, eingeschlaffen, nachdem Er sein Alter gebracht auf
34 Jahr 11 Monath und 2 Tage. Der Fürstl. Cörper ist bald geöffnet
und an demselben äußerlich befunden worden: Uff der rechten Seite
am Halse zwey große schwarze gifftige Blattern, 2) unter dem Kinn
drey rothe feuerbrennende Blattern, 3) der ganze Leib ist mit schwar-
zen Todten-Mählern überzogen gewesen. Nach beschehener Eröffnung hat es 1) einen überaus starken üblen Geruch gegeben, und seyn
2) die intestina dergestalt braun gewesen, als hätte man sie in ein
gestandenes schwartzes Geblüt gelegt gehabt, 3) an dem Hertzen ist
zwar keine malignität zu spühren, doch aber dasselbe in die Breite
sehr zusammen geschrumpfet und die Hertzkammer ziemlich voller
Wasser gewesen, 4) der Magen ist auswendig nicht so böß als innwen-
dig befunden worden, denn er innerlich mit einem solchem zähem
Schleim behängt gewesen, gleich einer Weindrüssen gantz schwartz
und verbrannt, 5) die Lunge gantz voller gifftiger Blattern, aus welchen eine faule eyteriche Materie gegangen, 6) die Leber gantz
schwartz putreficiret, 7) die Galle ziemlich groß und doch fast leer, 8)
die Milz so groß aufgeloffen, dergleichen die anwesenden Medici und
Chirurgi sonst noch nie gesehen haben, 9) die Blase hat gar keinen
Urin gehabt, 10) der hole Leib ist voller Waßer und darinnen gelbe
Materie als wie Gallerte gewesen, davon 6 große Hände voll heraus-
gethan worden. 11) das Gehirn ist fürtrefflich groß, gesund und
frisch gewesen. Bey dieser Eröffnung und Balsamirung verletzte der
Feldscheerer an des Hertzogs Hirnschale seine Hand ohngefehr, welche alsbald zu schwellen anfieng, auch die Schwulst dergestalt über-
hand nahm, daß derselben den 11. Tag hernach starb. –*

Historische Merkwürdigkeiten, I, S. 32 ff.

Weimar im Dreissigjährigen Krieg

Weimar hatte unter den Folgen des Dreißigjährigen Krieges finanziell und vor allem durch viele Flüchtlinge schwer zu leiden. Im Jahr 1640, als das Herzogtum unter Wilhelm IV. und seinen Brüdern erneut geteilt wurde, zählte man in Weimar knapp 3000 Einwohner und über 4000 Fremde, die in der Stadt Zuflucht vor plündernden und brandschatzenden Söldnern gesucht hatten. Die aus der Überbevölkerung erwachsenen katastrophalen hygienischen Zustände brachen sich in fast jährlichen Pestepidemien Bahn: 1628 forderte die Pest 365 Menschenleben, 1631 waren es 239, 1634 starben 232 Menschen, 1635 die bislang höchste Opferzahl von 1066 Toten, 1637 waren es 521, 1639 622 Pestopfer, erst danach gingen die Zahlen deutlich zurück.

Von eigentlichen Kriegshandlungen oder militärischen Zerstörungen blieb die Residenz verschont. Gerade die Tatsache, daß die Söhne Herzog Johanns, allen voran Herzog Bernhard, auf protestantischer Seite in dänischen, schwedischen, französischen Diensten kämpften, war der Stadt dabei dienlich, denn diese Fürsten ließen ihrer Residenzstadt immer wieder Schutzbriefe ihrer jeweils kriegführenden Dienstherren ausstellen, die vor Plünderungen eine gewisse Gewähr boten. Noch entscheidender schützte die Stadt ihr ansonsten größtes Defizit: Der abgelegene, fern aller bedeutenden Handels- und Heerstraßen gelegene Ort kam so nicht in den Blickbereich begehrlicher Landsknechtshaufen, die gegen Ende des langen Kriegs zunehmend moralisch verkamen und sich in eine räuberische Landplage zu verwandeln begannen. Selbst auf Herzog Bernhard wurde 1630 ein Raubüberfall verübt – zwischen Weimar und Jena! Plünderungen, militärische Besetzungen, Einquartierungen und große Durchzüge von hungrigen Armeen hat Weimar im Dreißigjährigen Krieg nicht erlebt. Nach dem Abzug der letzten schwedischen Truppen und fast zwei Jahre nach dem Westfälischen Friedensschluß begingen die Weimarer Bürger am 19. August 1650 ein allgemeines Friedens- und Dankfest, bei dem ein großer Umzug mit Gesang stattfand.[59]

Friedensfest zu Weimar im Jahre 1650.
Kupferstich von unbekanntem Künstler

DER WIEDERAUFBAU DES »HORNSTEINS« ALS »WILHELMSBURG«

Das Großfeuer von 1618 vernichtete vor allem die im Ostflügel der Burg Hornstein gelegenen Wohnräume. Die sogenannte Bastille, ein auf Nicol Gromann zurückführender Renaissancebau, sowie der noch von der mittelalterlichen Burg herrührende untere Teil des Schloßturms blieben erhalten. Bereits 1619 legte der Italiener Giovanni Bonalino die Pläne für eine weitgehende Neugestaltung des

Schlosses vor, die einen barocken dreigeschossigen Vierflügelbau um einen rechteckigen Innenhof vorsahen. Bis 1630 konnte jedoch lediglich die Schloßkirche in der Südostecke vollendet werden; Krieg und Geldnöte zwangen zur Einstellung der Bauarbeiten. Erst nach dem Ende des Dreißigjährigen Kriegs erfolgte an der Bauruine ein entschlossener Neubeginn. Herzog Wilhelm IV. erteilte 1651 dem Weimarer Baumeister Johann Moritz Richter den Auftrag, den Wiederaufbau des Schlosses zu vollenden. Bonalinos Fassadenschema, die Pilasterformen und Fensterumrahmungen übernehmend, sonst nach eigenen Plänen bauend, führte Richter in den folgenden dreizehn Jahren den fürstlichen Befehl aus. 1664 im wesentlichen vollendet, hatte das Weimarer Residenzschloß, nach seinem Bauherrn »Wilhelmsburg« genannt, nunmehr knapp 111 Jahre Lebenszeit vor sich, ehe ein neues, noch vernichtenderes Feuer als 1618 Richters Werk zuschanden brennen sollte. Die seit dem 17. Jahrhundert in Weimar ansässige Künstlerfamilie Richter trug Wesentliches zum kulturellen Ruf der Residenz vor der »klassischen Zeit« bei. Zehn Maler, fünf Baumeister und zwei Goldschmiede gingen aus ihr hervor. Christian I. Richter, Vater des Errichters der »Wilhelmsburg«, trat als bedeutender Maler hervor; großformatige Gemälde in Weimar und Gotha fielen den Bränden zum Opfer. Christian II. Richter, Enkel dieses Malers und Sohn des Schloßbaumeisters, trat in die Fußstapfen seines Vaters: Er errichtete u. a. in Weimar das Gymnasium 1715/16, das Reithaus an der Ilm 1715/18 und die vierbogige Ilmbrücke in Oberweimar 1722, die auch Wieland und Goethe oft genutzt haben.

Welscher Garten, Schnecke, Schlossbrücke und die Gartenkultur

Das »Grüne Schloß«, 1662/65 von Johann Wilhelm erbaut, einem Bruder des Regenten Wilhelm IV., erhielt einen westlich sich anschließenden »Lustgarten«, den ein italienischer, ein »welscher« Gärtner

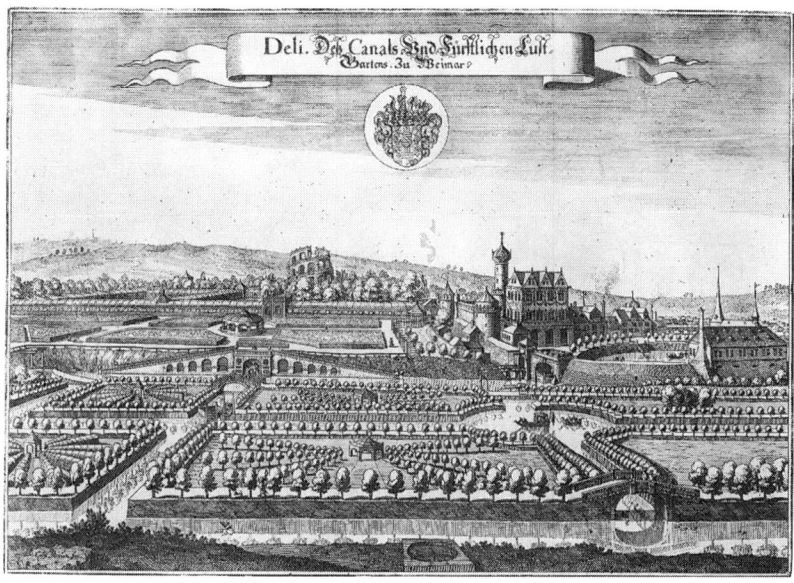

Fürstlicher Lustgarten zu Weimar, Kupferstich von Matthäus Merian, 1650

im barocken Zeitgeschmack gestaltete und betreute. Ein gleichnami-
ger Garten erstreckte sich später im Bereich der heutigen Ackerwand,
des Beethovenplatzes und des Steilhangs der Ilm. In seinem Zentrum
erhob sich die bereits 1650 erbaute »Schnecke«. Dieses ursprünglich
»Lindengebäude« genannte Holzbauwerk war gleichfalls nach Plänen Johann Moritz Richters errichtet worden und umgab zwei ver-
schnittene Linden; durch zwei schneckenförmige Aufstiege gelangte
man auf zwei romantische Aussichts- und Ruheplätze. 1761 unter
Anna Amalia nochmals restauriert, mußte die markante Holzkon-
struktion im Februar 1808 wegen gefährlicher Baufälligkeit abgetra-
gen werden. Carl Augusts Plan einer Wiedererrichtung wurde nicht
realisiert, und so verschwand die »Schnecke«, die für anderthalb
Jahrhunderte als Sehenswürdigkeit der Weimarer Parks gegolten hatte. Heute erhebt sich an der Stelle das 1858/59 angelegte Lindenron-
dell.
    Johann Moritz Richter war es schließlich auch, nach dessen Plänen
1651/53 die Schloßbrücke erbaut wurde, heute Sternbrücke genannt.

Sternbrücke (Schloßbrücke) in Weimar.
Zeichnung von Johann Wolfgang Goethe, um 1783

Sternbrücke (Schloßbrücke) in Weimar.
Zeichnung von Johann Wolfgang Goethe, um 1783 (?)

Sie verband den Ostflügel des Schlosses mit der alten Straße nach Jena und spannt sich mit drei eleganten Bögen über die Ilm. Ein vierter östlicher Bogen ersetzte die ursprünglich dort befindliche hölzerne Zugbrücke. Die hohe Ästhetik dieses ältesten Weimarer Brückenbaus bei gleichzeitiger Einfachheit – das sich schön anpassende schmiedeeiserne Geländer schuf um 1820 Clemens Wenzeslaus Coudray – verlockte von Anfang an zahlreiche Künstler zur Gestaltung. Auch Goethe hat sich des Sujets mehrfach angenommen. Residenz- und Grünes Schloß, Schnecke, Welscher Garten und Sternbrücke bildeten die dominante Architektur im Osten Weimars und waren durchweg im 17. Jahrhundert, vor allem unter Wilhelm IV., entstanden. Zur klassischen Zeit wurden die vorhandenen Garten- und Parkareale in »englische Anlagen« umgestaltet, womit das noch heute erhaltene Bild dieses Teils vom »klassischen Weimar« entstand. Die verbreitete Auffassung, der Park an der Ilm sei ein »Goethepark«, ist historisch falsch. Vorhandene Renaissancegärten wandelten sich, unter Aufnahme italienischer Einflüsse, in barocke Anlagen, die durch französischen Geschmack weiter verfeinert wurden. Das Vorbild des »englischen Landschaftsparks«, z. T. über Wörlitz erfahren und empfangen, führte über Erweiterungen und Umgestaltungen zur heutigen Gestalt. Es zeigt das Beispiel der historischen Entwicklung der Weimarer Gartenkultur, was auch zum Geist des Ortes gehört: die Fähigkeit, wiewohl unmerklich und im Verborgenen sich abspielend, europäische Kunst- und Geschmacksentwicklungen aufzunehmen und den Weimarer Gegebenheiten schöpferisch anzupassen. Dazu bedurfte es ingeniöser Herrscherpersönlichkeiten und befähigter Künstler.

Die Tradition der Hofkapelle

Neben der älteren Kirchenmusik und der im 17. Jahrhundert sich etablierenden städtischen Stadtpfeiferei existierte seit dem 16. Jahrhundert die höfische Einrichtung einer Kapelle, die sich u. a. aus dem Hoftrompeterwesen entwickelte. Dieses wiederum hatte seine Wurzeln im Militär. Seit der Wittenberger Kapitulation 1547 sind Trompeter als Hofbedienstete in Weimar nachgewiesen. Eine Kantorei dagegen scheint erst 1562 wieder begründet worden zu sein und existierte mit etwa zwölf Musikern bis 1571. Der berühmteste darunter war wohl Johannes Eckard, der spätere kurbrandenburgische Kapellmeister. Nach der durch Geldnot begründeten Auflösung der Kantorei 1571 gingen die meisten Musiker nach Wolfenbüttel.[60]

Erst um die Jahrhundertwende setzten wieder Versuche ein, in Weimar eine neue Kapelle zu begründen. 1602 holte Herzog Johann den Stamm einer solchen von Altenburg an die Ilmresidenz, wo sie sechzig Jahre lang existieren und eine bedeutende Tradition begründen sollte. »Unter Herzog Wilhelm [IV.] erlebte ... Weimars Musikleben seine erste große Blütezeit.«[61]

Die Kapelle bestand aus etwa zwanzig Vokalisten und Instrumentalisten, die neben einer relativ guten Bezahlung noch zusätzliche Leistungen erhielten, z. B. Korn, Logis- und Kostgeld, Freitisch, »Lichte« oder Brennholz.[62] 1662, im Todesjahr Herzog Wilhelms, wurden die Musiker entlassen, nur der Kantor blieb in Weimarer Diensten. In die entstandene Lücke der Musikkultur schob sich die inzwischen erstarkte Stadtpfeiferei, die seit 1623 in die Hofkapelle integriert war. Die künstlerischen Leistungen dieser ersten Weimarer Hofkapelle waren beachtlich. Wilhelm interessierte sich z. B. für italienische Konzert- und Sonatenkomposition, sogar für erste Versuche auf dem Feld der deutschen Oper. Er regte Reisen seiner Musiker an und erwartete dafür Anregungen für die Weimarer Tonkunst und Erweiterungen im Repertoire der Kapelle. Reisen des Kapellmeisters Adam Drese nach Dresden, Bamberg, Coburg, Regensburg und Venedig dienten diesem Zweck, wie auch die Pflege der Kontakte zu Heinrich Schütz[63], der 1647 und 1648 selbst in Weimar weilte. Mit Wilhelms Tod 1662 brach diese Kulturtradition allerdings abrupt ab. Dem Wirken Bachs ging folglich bereits eine frühere musikkulturelle Ouvertüre voraus, und lange vor der literarischen Blütezeit Weimars im 18. und 19. Jahrhundert pflegte die Stadt im 16. und 17. Jahrhundert eine vergleichsweise bedeutende Musikkultur.

Die Gründung der Hofbuchdruckerei

Johann Gutenbergs Erfindung des Buchdrucks mit beweglichen Metallettern und Luthers Verdeutschung der Bibel stellten die technischen und geistigen Voraussetzungen für den gewaltigen Siegeszug des Buchs im 16. Jahrhundert dar. Der Druck der ersten deutschsprachigen Bibel erfolgte in Wittenberg, der Residenz der ernestinischen Wettiner, die damit traditionell mit der Geschichte des Buchdrucks verbunden waren. 1601 kam es in der Residenz Weimar zur Aufstellung der ersten fürstlichen Druckerei, die allerdings bereits im folgenden Jahr nach Altenburg verlegt wurde. 1623 kehrte sie in die Nähe Weimars zurück und gelangte in die Universitätsstadt Jena, wo Johann Weidner eine Offizin besaß.

1624 wurde in Weimar eine Hofdruckerei gegründet, die aus der Hofdruckerei des Weimarer und Anhaltinischen Hofs in Köthen hervorgegangen war. Während des Dreißigjährigen Kriegs verfiel diese Weimarer Druckerei, und nur langsam erlangte sie wieder Bedeutung. Theologische Schriften, Weimarer Kalender und 1681 ein erstes Gesangbuch kamen aus dieser Druckwerkstätte. Die Erben des letzten Besitzers verkauften die Hofdruckerei im Jahre 1853 an den aus Halle zugereisten Verlagsbuchhändler Hermann Heinrich Böhlau, der den berühmten, weltweit anerkannten gleichnamigen Verlag gründete. Es ist ein Ruhmesblatt der Weimarer Geistestradition, daß der Weimarer Böhlau-Verlag, der auf die 1624 gegründete Hofdruckerei zurückgeht, mit der *Sophienausgabe* von 1887 bis 1919 die erste und bis heute umfänglichste historisch-kritische Gesamtausgabe der Werke, Tagebücher und Briefe Goethes, seit 1883 die kritische Weimarer Ausgabe der Werke Luthers und bis in die Gegenwart bedeutende literarische Editionen herausbringt, z. B. die Briefe Herders oder die Schiller-Nationalausgabe.

Der Dichter Georg Neumark

Der 1621 in Langensalza geborene Neumark, heute ein fast vergessener Dichter, besuchte das Henneberger Gymnasium in Schleusingen, sodann etwa ab 1636 das in Gotha. Auf dem Wege zur Universität in Königsberg von Landsknechten ausgeplündert, verschlug es ihn nach Magdeburg, Lüneburg, Winsen und Hamburg. Poetischen und musikalischen Neigungen und Begabungen zugewandt, fand das unstete Herumirren erst 1640 oder 1641 in Kiel ein Ende, wo er eine Hauslehrerstelle erhielt, die ihm sein Brot gab. Solcherart Glück verdichtete er in sein berühmtes Lied »Wer nur den lieben Gott läßt walten«. Mit den erworbenen Finanzmitteln trat er 1643 endlich sein Königsberger Studium an, das ihn bis 1649 beschäftigte. Thorn und Danzig bildeten weitere Stationen der kärglichen Dichterexistenz, denn trotz aller materiellen Not gab Neumark in diesen Jahren mehrere musikalisch-poetische Werke heraus. Nach einem kurzen Zwischenaufenthalt in Hamburg, u. a. bei Johann Rist, kam er 1652 nach Weimar, wo er – durch verwandtschaftliche Vermittlung – von Herzog Wilhelm IV. als fürstlicher Bibliothekarius und Registrator angestellt wurde. Die begehrte Stellung als Hofdichter bot endlich materielle Sicherheit; Neumark heiratete 1655 eine angesehene Weimarer Bürgerstochter und scheint »fortan in glücklichen äußeren Umständen gelebt« zu haben. Amt und Dichter ließen sich zeitlich vereinbaren. Sein Verhältnis zum Weimarer Fürsten ist zumindest entfernt vergleichbar mit dem des späteren Herzogs Carl August zu Goethe – landesherrliches Mäzenatentum blieb in Weimar gute Tradiditon. 1653 wurde Neumark von Wilhelm IV. mit dem Namen »Der Sprossende« in die »Fruchtbringende Gesellschaft« aufgenommen, drei Jahre später stieg er zum »Erzschreinhalter«, d. i. Sekretär des sogenannten »Palmenordens«, auf, was zugleich einer Ehrenstellung entsprach. Er verfaßte 1668 eine Geschichte dieser bedeutendsten europäischen Dichterakademie, die den Titel »Der Neu-Sprossende teutsche Palmbaum« trug. In einer zweiten, vermehrten Auflage seiner Gedichte erschien 1657 in Jena das Werk »Fortgepflanzter musikalisch-poetischer Lustwald«, in dem jenes Lied »Wer nur den lieben Gott läßt

Georg Neumark. Kupferstich von Alexander Böner, 1668

walten« erstmals abgedruckt war. Neumark wurde gegen Ende seines Lebens noch in die Nürnberger Dichterschule, den »Pegnesischen Blumenorden«, aufgenommen[64] und mit dem Titel eines kaiserlichen Pfalzgrafen geehrt; er starb, erblindet, 1681 in Weimar. Überlebt haben ihn seine geistlichen Lieder, in denen er ein kindliches Gottvertrauen meisterhaft wiedergeben konnte, in ihnen war er als Dichter »einfach und wahr«.[65]

> » Wer nur den lieben Gott läßt walten
> Und hoffet auf Ihn allezeit,
> Der wird ihn wunderlich erhalten
> In aller Not und Traurigkeit.
> Wer Gott dem Allerhöchsten traut,
> Der hat auf keinen Sand gebaut«

Der Komponist Heinrich Schütz

Die verwandtschaftlichen Beziehungen zwischen Herzog Wilhelm IV. und Kurfürst Johann Georg I. von Sachsen bildeten eine Grundlage für einen im 17. Jahrhundert intensiven musikkulturellen Austausch zwischen den Höfen in Weimar und Dresden, ein weiterer Grund lag in den musikalischen Neigungen des Weimarer Herzogs selbst. Der 1585 in Köstritz geborene Heinrich Schütz hatte in Venedig bei Gabrieli dem Jüngeren und 1629 bei Monteverdi studiert. Ab 1617 wirkte er am kursächsischen Hof in Dresden; er gilt als erster deutscher Komponist von internationaler Bedeutung und wird als »Vater der Musikanten« bezeichnet. Schütz, in den heillosen und verworrenen Zeiten des großen Kriegs eine vorbildliche Künstlerpersönlichkeit, verschmolz in seinem Schaffen deutsche Musiktraditionen mit den seinerzeit modernen italienischen Tonschöpfungen, womit er prägend auf die weitere deutsche Musikentwicklung bis Bach hinwirkte.

Schütz weilte und musizierte mehrfach in Weimar und ist deshalb durchaus zu Recht in die städtische Musiktradition einzureihen. Im Februar 1647 kam der Komponist wegen der Geburtstagsfeier der Herzogin Eleonore Dorothea, der Gattin Wilhelms IV., in die Ilmresidenz, im Juli 1648 anläßlich der Begrüßung des Prinzen Johann Ernst, der von einer Reise nach Italien, Frankreich und den Niederlanden glücklich heimgekehrt war.[66] 1658 und 1659 besuchte Schütz wieder die ernestinische Residenz, nachdem in der Zwischenzeit der Kontakt zu dem Komponisten durch Besuche des Weimarer Kapellmeisters Adam Drese in Dresden und durch Briefe Herzog Wilhelms aufrechterhalten worden war.

Der Besuch 1658 hing zusammen mit der Reise des sächsischen Kurfürsten Johann Georg II. zur Kaiserwahl nach Frankfurt am Main. Auf seiner Rückreise im August hielt sich der Kurfürst, diesmal aber mehrere Tage, in Weimar auf, wozu auch der »CapellMeiser Schütz« aus Weißenfels befohlen worden war. In diesen Tagen wurde Johann Georg II. unter dem Namen »Der Preiswürdige« und einem Zedernbaum als Sinnbild in die »Fruchtbringende Gesellschaft« aufgenommen, weitere sieben Adlige erlebten zugleich die festlichen Zeremonien in der »Wilhelmsburg«, im »kleinen Saal der Fürstlichen Reiß- und Drehstube«. Nach der Frage des Oberhauptes, ob der Kandidat die Aufnahme begehre, ließen sich »auf dem über diesem Saale erbaueten Altane und Dachumgänge Trompeter und Heerpäuker die an zwey unterschiedliche Ohrte gestellte sich anbefohlner maßen tapfer hören«, dann verlas Georg Neumark als »Erzschreinhalter« die Namen der neuen Mitglieder, teilte auch deren Symbole und Gesellschaftsnamen mit. Erneut ertönten die Trompeten, danach hielt Wilhelm IV. die »Einnahms-Rede« über den Sinn und Zweck der Gesellschaft – Reinerhaltung und Weiterentwicklung der deutschen Sprache und Literatur –, sodann überreichte Neumark den »Zedel des Gesellschafts-Namens Gewächs und Worts«, danach spielte die Fürstliche Hofkapelle. Nach den Glückwünschen an die neuen Mitglieder taten alle mit den »hierzu gewidmeten Glaß / der Oehlberger genannt (...) Bescheid«; abschließend händigte der Sekretär dem Kurfürsten ein Glückwunschgedicht aus. Abends folgten üblicherweise »pallet, Komoediae« und musikalische Unterhaltungen, wozu Heinrich Schütz nach Weimar beordert worden war.

Im Sommer 1659 setzte Schütz erneut die Glanzlichter höfischer Festlichkeiten, indem er die Musik zu einer Komödie komponiert hatte. Diese Kompositionen sind leider nicht überliefert, aber man nimmt an, daß sich Schütz 1659/60 in Weimar und Dresden bereits mit der Musik für eine frühe deutsche Oper mit alttestamentlichem Stoff befaßt haben könnte. Die Weimarer Noteninventare belegen jedenfalls, daß Schützsche Werke von der Fürstlichen Hofkapelle in beachtlichem Umfang gespielt worden sind.[67]

DIE GRÜNDUNG DER HERZOGLICHEN BÜCHERSAMMLUNG

Bibliotheksgeschichte ist stets Teil der allgemeinen Wissenschaftsgeschichte. Die ehemalige herzogliche Bibliothek – heute Herzogin Anna Amalia Bibliothek – kann in diesem Zusammenhang auf die stolze Geschichte von über dreihundert Jahren zurückblicken,[68] obwohl sie im jetzigen Gebäude erst seit den Regierungsjahren der Namensgeberin untergebracht ist.

Bereits im 16. Jahrhundert verfügten die Weimarer Herzöge über beachtlichen Bücherbesitz, was u. a. durch die Wittenberger Universität oder durch Cranachs Wirken erklärt werden kann. Seit 1691 darf von einer Bibliothek gesprochen werden, da ab dieser Zeit der Bestand nachweislich geordnet, registriert und katalogisiert wird. Auch die systematische Ergänzung der Sammlung durch größere Ankäufe setzt gegen Ende des 17. Jahrhunderts ein. Herzog Wilhelm Ernst von Sachsen-Weimar, der ein Enkel Wilhelms IV. war und von 1683 bis 1728 regierte, sorgte für die entscheidenden Neuerwerbungen, und er öffnete die fürstliche Bibliothek auch für die wissenschaftliche Benutzung, was der benachbarten Jenenser Universität indirekt zugute kam. 1701 erwarb er die Privatsammlung des Geheimen Rats und

Die Herzogin Anna Amalia Bibliothek, Parkseite. Foto: Roland Dreßler

Weimarer Vizekanzlers Lilienheim, drei Jahre darauf die Bibliothek
des schlesischen Adligen Balthasar Friedrich von Logau, der ein Sohn
des bekannten Epigramm-Dichters war. 1706 folgte ein Teil der
Büchersammlung des holsteinischen Gelehrten Marquard Gude,
1722 die Bibliothek des Gelehrten und ehemaligen Wittenberger Uni-
versitätsprofessors Conrad Samuel Schurzfleisch, der zugleich 1706
als erster Direktor der herzoglichen Bibliothek berufen worden war.[69]
Mehr als 11 000 Werke zählte der Weimarer Bestand bereits im Jahre
1723.

Diese Bibliothek war auf Schloß Wilhelmsburg aufgestellt. Dortige
Umbauten unter der Regentin Anna Amalia führten 1760 zu der Idee,
das benachbarte, im 16. Jahrhundert von Herzog Johann Wilhelm
errichtete Renaissanceschlößchen als eigenes Bibliotheksgebäude
herzurichten. Das heruntergekommene Bauwerk wurde ab 1761
weniger äußerlich, aber vor allem innen umgebaut und den Zwecken
einer Büchersammlung gemäß hergerichtet. Wichtigstes Resultat war
der über drei Etagen reichende sogenannte Rokokosaal, in dem ein
Großteil der Bücher repräsentativ und klar gegliedert aufgestellt wer-

Der Rokokosaal in der Herzogin Anna Amalia Bibliothek.
Foto: Sigrid Geske

den konnte. Dem späten Rokoko verpflichtet sind u. a. die Pilaster der
Außenfassaden, desgleichen der Zierat und die Ausschmückungen
des Innenraums: weiße Einbauten, Decken und Wände, Golddekora-
tionen und eine in den Jahren sich mehrende künstlerische Ausstat-
tung mit Büsten und Gemälden. Ein einmaliges Bauensemble war entstanden, »es gibt keinen gleich großen Innenraum dieser Kunstepoche
in Mitteleuropa dieses Stils und dieser Schönheit«.[70]
    Weitere Bautätigkeit fiel dann schon in die Ägide Goethes, da die
Bibliothek seit dem 9. Dezember 1797 unter seiner und Voigts Aufsicht stand: Gentz bezog durch einen südlichen Anbau den Stadtturm
von 1453 ein, Coudray erweiterte die Bibliothek durch einen nördli-
chen Anbau. Anna Amalias Wille, die Büchersammlung aus der Wilhelmsburg in das Grüne oder Französische Schloß zu verlagern, rettete diese einmaligen Schätze, denn sie wären – vermutlich – beim Brand
des Residenzschlosses 1774 den Flammen zum Opfer gefallen. Die
Wurzeln der Bibliothek liegen im 16. und 17. Jahrhundert; auch hier
fand die Zeit der Klassik bereits ein bestelltes Feld vor, das nur weiter
gepflegt werden mußte.

*Die Angebäude der Bibliothek, nach dem Schlosse zu, wurden der
freieren Aussicht wegen abgebrochen, nun machte sich statt ihrer ein
neuer Gelaß nöthig, wozu die Herren* Genz *und* Rabe *gleichfalls die
Risse zu liefern gefällig übernahmen. Was sonst in jenen Platz gefunden hatte, stattliche Treppe, geräumige Expeditions- und Gesell-
schaftszimmer wurden gewonnen, ferner im zweiten Stock nicht
allein Stand für mehrere Bücherrepositorien, sondern auch einige
Räume für Alterthümer, Kunstsachen und was dem anhängt; nicht
weniger wurde das Münzkabinett, vollständig an sächsischen Medaillen, Thalern und kleineren Geldsorten, nebenher auch mit Denk-
münzen, ingleichen römischen und griechischen versehen, besonders
aufbewahrt.*

WA I 35, S. 157 f.

*Er [Goethe] wiederholte seinen lebhaften Dank wegen meiner erfolg-
reichen Verwendung für Riemers Zulage aus der Schatulle des Großherzogs und der Großfürstin, meinend, dies sei der beste Zeitpunkt,
Riemern fühlen zu machen, daß er seine Prätensionen auf größere
Berechtigungen bei der Bibliothek aufgeben und zufrieden sein müsse, daß man so gut wie nichts an Leistungen von ihm fordere. Es liege
einmal in der Natur der Sache, daß nur einer das Heft bei der Bibliothek in Händen haben könne. Ein Bibliothekar, der keine Geheimnis-
se, kein verschloßnes Zimmer habe, sei kein rechter. Hier könne eine
Zweiheit nur Verwirrung anrichten. Riemer sei einmal nicht geeignet
zum kurrenten Bibliothekdienst und man könne Vulpiusen nicht ver-
argen, wenn er sich nicht ins Handwerk greifen lasse. Vergebens
suchte ich ihn auf des letztern Arroganz aufmerksam zu machen;
ohne sie zu leugnen, kam er immer darauf zurück, man könne ihn
nicht anders machen, als er sei, und Riemer müsse durchaus sich dar-
ein finden lernen. Er habe aber leider kein Maß und keine Grenze in
seinem Tun und Wollen, »er sei ein Faß, dem die Reifen fehlten«.*

Kanzler von Müller, S. 49

*Bei den Bibliotheken hier und zu Jena muß ihm jeder Angestellte ein
sauber geschriebnes Tagebuch halten, worin Witterung, Besuche,
Einkommenheiten und Vorgänge jeder Art sowie das jeden Tag Gear-
beitete aufgezeichnet werden müssen. »So«, sprach er, »wird den
Leuten erst lieb, was sie treiben, wenn sie es stets mit einer gewissen
Wichtigkeit anzusehen gewohnt werden, stets in gespannter Aufmerksamkeit auf das Kleinste bleiben.«*

Kanzler von Müller, S. 51

DER NEUBAU DES »GELBEN SCHLOSSES«

Johann Mützel, 1647 in Neustadt an der Aisch geboren, diente den sächsischen Herzögen von Jena, Weimar und Eisenach als Baumeister. Wenngleich der barocken Kunst- und Formensprache zugehörig, zeichnen sich seine Bauten doch durch eine auffallende Schlichtheit und Zweckmäßigkeit aus. Zumindest in dieser Eigenschaft ist er als ein geistiger Vorgänger Coudrays anzusehen, hatten sich doch beide den Sparzwängen des Landes zu fügen. Mützel baute 1686/93 die Garnisonkirche in Jena (heute Friedenskirche), 1692/97 die Eisenacher Kreuzkirche und 1712/13 die neue Jakobskirche in Weimar.

Bevor er 1709 das Haus des Strumpfwirkers Helmershausen in Weimar (das heutige Goethehaus am Frauenplan) errichtete, zeichnete er 1702/04 für das »Gelbe Schloß« verantwortlich, das sich westlich neben dem Residenzschloß erhebt. Es war ursprünglich als Palais der Herzogin Charlotte Dorothea Sophie, der Gattin Herzog Johann Ernsts, gedacht, diente ihr ab 1707 noch jahrzehntelang als Witwensitz und wurde später als fürstliches Wohn- und Verwaltungsgebäude genutzt. Die an der schlichten Fassade zum Grünen Markt hin angebrachten Buchstaben C(harlotta) D(orothea) S(ophia) D(ux) S(axoniae) L(andgrafia) H(asso) H(omburgiae) verweisen auf die erste Hausherrin. Der Weimarer Volkswitz zur Zeit Goethes deutete sie um, seitdem das Haus teilweise von der Finanzbehörde genutzt wurde, der damals der Kammerpräsident Karl Wilhelm Constantin Stichling vorstand: »Karl Du Solltest Deine Steuern Längst Hier Haben.« Einzig die Reste eines barocken Säulenportals mit Löwen erinnern heute noch an die einstige Funktion als schlicht-repräsentativer Fürstensitz.

Anna Amalia brachte hier Personen ihres Hofstaates unter, wozu auch die Familie Kotzebue gehörte. Hier im »Gelben Schloß« wurde am 3. Mai 1761 August Kotzebue geboren, der später, geadelter Emporkömmling in russischen Diensten, zum Weimarer Intimfeind Goethes avancierte und 1819 den mörderischen Dolchstichen des Burschenschaftlers und Jenenser Studenten Karl Ludwig Sand zum Opfer fiel.

Der Bau des Helmershausenschen Hauses

Es sei ein merkwürdiger Zufall, daß sich aus der vorgoetheschen Zeit keinerlei urkundliche Nachrichten weder über die Besitzer noch über den Bau des Helmershausenschen Hauses erhalten haben, bemerkte 1910 schon Marie Schuette.[71] Einzig die Inschrift über dem girlandengeschmückten Portal meldet, daß Johann Kaspar Helmershausen, Kammerrat seiner Durchlaucht des Herzogs von Sachsen-Weimar, das Haus 1709 begründet habe – zur Ehre Gottes und zur Zierde der Stadt. Um 1710 hat der Baumeister Johann Mützel den Bau vermutlich beendet. Das Gebäude, außerhalb der historischen Stadt, vor dem Frauentor und am Frauenplan errichtet, besteht eigentlich aus zwei Häusern: einem repräsentativen, zweigeschossigen Vorderhaus, das sich mit seinen zwei zurückweichenden Seitenflügeln dem Straßenverlauf davor anpaßte, und einem eingeschossigen Hinterhaus, das sich dem ansteigenden Terrain nach Süden einfügte. Beide Teile waren durch seitliche Anbauten verbunden, wodurch ein geschlossener Hof entstand. Das nördliche, kältere Vorderhaus nutzte Goethe später für Repräsentations- und Sammlungszwecke, das südliche, wärmere Hinterhaus diente der privaten und schriftstellerischen Existenz des Hausherrn.[72] Es ist nicht bekannt, welche Schicksale das Gebäude zwischen 1710 und 1781, da es Goethe zum Teil mietete, zu verkraften hatte. Seinen Charakter als Gesamtkunstwerk erhielt es zweifelsfrei erst durch Goethes Wirken.[73] Die spätere Hausgeschichte bis ins 20. Jahrhundert, bis zum Zweiten Weltkrieg und den Bombenschäden, mutet wie ein Gleichnis der Weimarer, ja der deutschen Geschichte dieser drei Jahrhunderte an: teilweise Zerstörung, mühseliger Wiederaufbau bis 1949, dann erneut gefährdet durch zerstörenden Massentourismus, da weltbekanntes Wahrzeichen der klassischen Zeit.[74] Keinem Haus Weimars kommt dieser Rang zu, schon zu Lebzeiten seines Bewohners stellte es selbst das großherzogliche Residenzschloß in seinen Schatten, auch das eine der für Weimar typischen Konstellationen.

Das Helmershausensche Haus, später Goethehaus am Frauenplan.
Foto: Roland Dreßler

ÆD.GLORIAM.DEI.ET.CIVITATIS.ORNAMENTV.
ÆDESHÆ.A.MDCCIX.SUNT.EXÆDIFICATÆ.CON=
DITOR.EARUM.GEORGIUS.CASPARUS.HELMERS
HAUSEN.CAMERÆ.SERENISSIMI.DUCIS.SAXO
VINARIENSIS.COMMISSARIUS. DEUS.TER.OPTI
MUS.TER.MAXIMUS.SERVET.DOMUM.

> »Gott zum Ruhm und der Stadt zum Schmuck ist dieses Haus im Jah-
re 1709 erbaut worden. Sein Gründer ist Georg Caspar Helmershausen, Kammerkommissar des durchlauchtigsten Sachsen-Weimarischen Herzogs. Der allgütige und große Gott schütze dieses Haus.«

»Gleich beim Eintritt in das mäßig große, im einfach antiken Stil gebaute Haus deuteten die breiten, sehr allmählich sich hebenden Treppen sowie die Verzierung der Treppenruhe mit dem Hunde der Diana und dem jungen Faun von Belvedere die Neigungen des Besitzers an. Weiter oben fiel die Gruppe der Dioskuren angenehm in die Augen, und am Fußboden empfing den in den Vorsaal Eintretenden blau ausgelegt ein einladendes »Salve«. Der Vorsaal selbst war mit Kupferstichen und Büsten auf das reichste verziert und öffnete sich gegen die Rückseite des Hauses durch eine zweite Büstenhalle auf den lustig umrankten Altan und auf die zum Garten hinabführende Treppe. In ein anderes Zimmer geführt, sah ich mich aufs neue von Kunstwerken und Altertümern umgeben; schön geschliffene Schalen von Chalzedon standen auf Marmortischen umher, über dem Sofa verdeckten halb und halb grüne Vorhänge eine große Nachbildung des unter dem Namen der Aldobrandinischen Hochzeit bekannten alten Wandgemäldes, und außerdem forderte die Wahl der unter Glas und Rahmen bewahrten Kunstwerke, meistens Gegenstände alter Geschichte nachbildend, zu aufmerksamer Betrachtung auf.

Endlich kündigte ein rüstiger Schritt durch die anstoßenden Zimmer den werten Mann selbst an. Einfach, im blauen Zeugoberrock gekleidet, gestiefelt, in kurzem, etwas gepudertem Haar, mit den bekannten, von Rauch herrlich aufgefaßten Gesichtszügen, in gerader kräftiger Haltung schritt er auf mich zu und führte mich zum Sofa. Die zweiundsiebzig Jahre haben auf Goethe wenig Eindruck gemacht; der Arcus senilis in der Hornhaut beider Augen beginnt zwar sich zu bilden, aber ohne dem Feuer des Auges zu schaden. Überhaupt ist das Auge an ihm vorzüglich sprechend, und mir erschien darin zumeist die ganze Weichheit des Dichtergemüts, welche sein übriger ablehnender Anstand nur mit Mühe zurückzuhalten und gegen das Eindringen und Belästigen der Welt zu schützen scheint; doch auch das ganze Feuer des hochbegabten Sehers leuchtete in einzelnen Momenten des weitern mehr erwärmten Gesprächs mit fast dämonischer Gewalt aus den schnell aufgeschlagenen Augen.

So saß ich denn nun ihm gegenüber! Die Erscheinung eines Menschen, welchem ich selbst einen so großen Einfluß auf meine Entwicklung zugestehen mußte, war mir plötzlich nahe gerückt ... Die gewöhnlichen einleitenden Gespräche waren bald beseitigt; ich

erzählte von meinen neuen Arbeiten über die Ur-Teile des Knochengerüstes...
Der Diener brachte eine kleine Kollation. Es war mir ein rührendes Verhältnis, Goethe zu sehen, wie er mir den Wein eingoß und ein Brot mit mir teilte, selbst von der einen Hälfte genießend und mir die andere reichend! – Dabei sprach er von meinen beiden Bildern...
Merkwürdig waren mir, als ich jetzt kurze Zeit im Zimmer allein blieb, die Anordnungen und Ausschmückungen desselben. Außer einem hohen Gestelle mit gewaltigen Mappen für Kupferstiche in ihrer geschichtlichen Folge interessierte mich ein mit Schubkästen, behufs der Aufbewahrung einer Münzsammlung, versehener Schrank. Der Aufsatz desselben trug nämlich unter Glas eine ansehnliche Menge antiker Götterbildchen, Laren, Faunen usw., unter welchen ein ganz kleiner goldener Napoleon, in das glockenförmig verschlossene Ende einer Barometerröhre gestellt, sich sonderbar genug ausnahm. Auch sonst aber wollte noch manches beachtet sein; so beschäftigte mich ein altertümliches wunderliches Schloß, welches mit seinem Schlüssel am Fenstergewände hing, so forderten auch hier manche Kupferstiche zur Betrachtung auf, ja selbst die Einrichtung der Zimmertür war bemerkenswert, da sie nicht in Angeln sich bewegte, sondern aus dem Türgewände hervor- und zurückgeschoben werden mußte. Zuletzt noch sprachen wir über entoptische Farben...–«

Carl Gustav Carus, S. 281–284

»Es ist mit der Freiheit ein wunderlich Ding, und jeder hat leicht genug, wenn er sich nur zu begnügen und zu finden weiß. Und was hilft uns ein Überfluß von Freiheit, die wir nicht gebrauchen können! Sehen Sie dieses Zimmer und diese angrenzende Kammer, in der Sie durch die offene Tür mein Bette sehen, beide sind nicht groß, sie sind ohnedies durch vielerlei Bedarf, Bücher, Manuskripte und Kunstsachen, eingeengt, aber sie sind mir genug, ich habe den ganzen Winter darin gewohnt und meine vorderen Zimmer fast nicht betreten. Was habe ich nun von meinem geräumigen Hause gehabt und von der Freiheit, von einem Zimmer ins andere zu gehen, da ich nicht das Bedürfnis hatte, sie zu benutzen!

Hat einer nur so viel Freiheit, um gesund zu leben und sein Gewerbe zu treiben, so hat er genug, und so viel hat leicht ein jeder. Und dann sind wir alle nur frei unter gewissen Bedingungen, die wir erfüllen müssen. Der Bürger ist so frei wie der Adelige, sobald er sich in den Grenzen hält, die ihm von Gott durch seinen Stand, worin er geboren, angewiesen. Der Adelige ist so frei wie der Fürst; denn wenn er bei Hofe nur das wenige Zeremoniell beobachtet, so darf er sich als seinesgleichen fühlen. Nicht das macht frei, daß wir nichts über uns anerkennen wollen, sondern eben, daß wir etwas verehren, das über uns ist. Denn indem wir es verehren, heben wir uns zu ihm hinauf und legen durch unsere Anerkennung an den Tag, daß wir selber das Höhere in uns tragen und wert sind, seinesgleichen zu sein. Ich bin bei meinen Reisen oft auf norddeutsche Kaufleute gestoßen, welche glaubten, meinesgleichen zu sein, wenn sie sich roh zu mir an den Tisch setzten. Dadurch waren sie es nicht; allein sie wären es gewesen, wenn sie mich hätten zu schätzen und zu behandeln gewußt.«

Johann Peter Eckermann, S. 187

Der Neubau der St. Jakobskirche

Der älteste Kirchenbau Weimars stand an der Stelle der heutigen Jakobskirche und ist schon 1168, vor der Stadtgründung, bezeugt. Von 1294 bis zur Reformation übte das Zisterzienser-Nonnenkloster Oberweimar das Patronat aus, so daß die Kirche und der dazugehörige Friedhof, übrigens der älteste der Stadt, ein Eigenleben außerhalb der mittelalterlichen Stadt führten. Nach der Reformation wurde die Gemeinde St. Jakob der Stadtpfarre zugeschlagen und die Kirche als Kornhaus genutzt, ehe sie 1579, erneut geweiht, als Friedhofskirche diente. Herzog Wilhelm Ernst ließ das baufällig gewordene Gebäude völlig abbrechen und an der gleichen Stelle den heutigen barocken Bau errichten; Johann Mützel begründete ihn 1712, Christian II.

Richter aus der bekannten und weitverzweigten Weimarer Baumei-
ster- und Künstlerfamilie stellte ihn 1713 fertig. Schlicht und klar
gestaltet, dominiert die Kirche, die 1728 zur Garnisonkirche, 1774,
nach dem Brand der Wilhelmsburg, auch Hofkirche wurde, die
Jakobsvorstadt. Ihre berühmteste Trauung erlebte sie am 19. Oktober 1806. Nach den denkwürdigen Ereignissen der Doppelschlacht
von Jena und Auerstedt und der nachfolgenden Plünderung der Stadt
verwirklichte Goethe eine scheinbar langgehegte Absicht und legali-
sierte sein 18jähriges Zusammenleben mit Christiane Vulpius. Die
schnell anberaumte Zeremonie im kleinsten Kreis – Sohn August,
Riemer und Pfarrer Günther – fand in der Sakristei der Jakobskirche
statt, da das Kirchenschiff mit Verwundeten aus der Schlacht belegt
war. Goethes Heirat, von Böswilligen »unter den Donner der Kanonen« vorverlegt, gab Anlaß zu einer scharfen Kontroverse mit dem
Verleger Cotta, in dessen Zeitung der entsprechende Schmähartikel
erschienen war.

Goethe an Wilhelm Christian Günther, 17. Oktober 1806

*Dieser Tage und Nächte ist ein alter Vorsatz bey mir zur Reife gekom-
men; ich will meine kleine Freundin, die so viel an mir gethan und
auch diese Stunden der Prüfung mit mir durchlebte völlig und bürger-
lich anerkennen, als die Meine.*
*Sagen Sie mir würdiger geistlicher Herr und Vater wie es anzufangen
ist, daß wir, sobald möglich, Sonntag, oder vorher getraut werden.
Was sind deßhalb für Schritte zu thun? Könnten Sie die Handlung
nicht selbst verrichten, ich wünschte daß sie in der Sakristey der
StadtKirche geschähe.*
Geben Sie dem Boten, wenn er Sie trifft gleich Antwort. Bitte!
                                                    WA IV, 19, S. 197 f.

DER MUSIKER UND KOMPONIST JOHANN SEBASTIAN BACH

Der 1685 in Eisenach geborene Johann Sebastian Bach war 1703 schon einmal in Weimar tätig, wo er als Violinist in der Privatkapelle des Herzogs Johann Ernst II. mitspielte. Fünf Jahre später, 1708, trat er, nach Arnstädter und Mühlhäuser Aufenthalten, seine zweite Weimarer Tätigkeit als Hoforganist und Violinist, zuletzt auch noch als Konzertmeister des Hofs an. Johann Sebastian Bach spielte in der Schloßkapelle der Wilhelmsburg, die 1774 mit dem Brand des Schlosses vernichtet wurde. Der größte Teil seiner Orgelwerke entstand hier; in Weimar komponierte er auch zahlreiche Kantaten, die den Einfluß der damaligen italienischen Musik, besonders Vivaldis, in Weimar aufnahm und weiterentwickelte. Er sei in Weimar »zur ersten reifen Meisterschaft« gelangt, schätzte Johannes Ernst Köhler, der weltbekannte Organist, ein.[75] Diese überragende schöpferische Rolle Bachs im damaligen Deutschland und in Weimar hat freilich die zeitgenössische Musikwelt nicht voll zu erkennen vermocht. Da er 1717 die vakante Stelle eines Hofkapellmeisters in Köthen anstrebte – die er de facto in Weimar schon ausübte –, schrieb er ein Entlassungsgesuch, woraufhin ihn der

Johann Sebastian Bach.
Gemälde von unbekanntem
Künstler, o. J.

erboste Herzog Wilhelm Ernst fast vier Wochen arretieren ließ. 1717 bis 1723 hatte er diese Stelle dann an dem mit Weimar verwandten Köthener Hof inne, bevor er bis zu seinem Lebensende 1750 als Thomaskantor und Musikdirektor in Leipzig wirkte. Auch seine beiden berühmten Söhne Carl Philipp Emanuel, später Cembalist Friedrichs II. und dann Musikdirektor der fünf Hauptkirchen in Hamburg, sowie Wilhelm Friedemann, berühmter Organist in Dresden und Halle, waren in Weimar 1714 bzw. 1710 geboren worden. Durch Bachs Wirken – er stand in Weimar einem überdurchschnittlich guten Ensemble vor[76] – zählte die Stadt zu den damaligen Zentren der aufsteigenden deutschen Musikkultur, an deren Anfängen Heinrich Schütz steht. Bachs Zeitgenossen verehrten in ihm vor allem den virtuosen Orgelspieler, den genialen Improvisator. Ein Jahr nach Goethes Geburt starb Bach, und es mußten weitere achtzig Jahre vergehen, ehe Bachs Werke weltweit rezipiert wurden. Es war bezeichnenderweise die Aufführung der Matthäus-Passion durch Felix Mendelssohn-Bartholdy im Jahre 1829, die diese Renaissance der Musik Bachs einleitete. Felix Mendelssohn-Bartholdy, Schüler des Goethefreundes Carl Friedrich Zelter in Berlin, war als Jugendlicher und junger Mann mehrfach bei dem Weimarer Dichter zu Besuch und musizierte auf dem Flügel. Bach und Goethe kamen auf diese Weise in geistige Berührung miteinander. Hummel, der Mozartschüler, und Liszt setzten diese großartigen Musiktraditionen Weimars im 19. Jahrhundert fort. Ein Bach-Denkmal am Roten Schloß erinnert heute an den berühmten Künstler.

Goethe an Carl Friedrich Zelter, 29. Oktober 1815

In Frankfurt hat ein wohlwollender junger Mann eine Singschule angelegt, die ich zu fördern hoffe, ich wünschte ihr deine Prüfung. Das Unglück mit diesen Musikern ist dasselbe wie mit den Dichtern, daß jeder nur seine Arbeit vorträgt, und das was ihm ähnlich und erreichbar ist. Fräulein Hügel trägt die Händel'schen und Bach'schen Sonaten ganz trefflich vor, und ist leider in diesem Fache wie in allen übrigen kein Mittelpunkt, nach dem ein jeder seufzt, indem er nur gewohnt ist, sich um sich selbst zu drehen.

WA IV 26, S. 124

Goethe an Carl Friedrich Zelter, 4. Januar 1819

Schon der Anblick deiner Composition macht mich wieder froh, ich will sie nun auch zu hören suchen und sehen, daß ich die dem Gesang widerwärtigen Stellen abändere. Bei dieser Gelegenheit muß ich erzählen, daß ich, um die Gedichte zum Aufzug zu schreiben, drei Wochen anhaltend in Berka zubrachte, da mir denn der Inspector [Schütz] täglich drey bis vier Stunden vorspielte und zwar, auf mein Ersuchen, nach historischer Reihe: von Sebastian Bach bis zu Beethoven durch Philipp Emanuel, Händel, Mozart, Haydn durch, auch Dusseck und dergleichen mehr. Zugleich studirte Marpergers vollkommenen Capellmeister *und mußte lächeln indem ich mich belehrte. Wie war doch jene Zeit so ernst und tüchtig und wie fühlte nicht ein solcher Mann die Fesseln der Philisterey in denen er gefangen war. Nun habe ich das* wohltemperirte Clavier, *so wie die* Bachischen Chorale *gekauft und dem Inspector zum Weihnachten verehrt, womit er mich denn bei seinen hiesigen Besuchen erquicken und, wenn ich wieder zu ihm ziehe, auferbauen wird.*

In das Choralwesen möchte ich mich an deiner Hand freilich gern versenken, in diesen Abgrund, worin man sich allein nicht zu helfen weiß; die alten Intonationen und musikalischen Grundbewegungen immerfort auf neue Lieder angewendet und durch jüngere Organisten einer neueren Zeit angeähnelt, die alten Texte verdrängt, weniger bedeutende untergeschoben u.s.w. – Wie anders klingt das proscribirte Lied: Wie schön leuchtet der Morgenstern! *als das castigirte, das man jetzt auf dieselbe Melodie singt; und doch würde das echte älteste, wahrscheinlich lateinische, noch passender und gehöriger seyn. Du siehst, daß ich wieder an der Gränze deines Reiches herumschnopere, daraus kann aber nichts werden bei meiner Fischumgebung. Dieß ist aber nicht der einzige Punct worüber man muß verzweifeln lernen.*

WA IV 31, S. 45 f

DIE »GEGENRESIDENZ« SCHLOSS BELVEDERE

Anna Amalias Schwiegervater, Herzog Ernst August, gelangte nach dem Tod seines Vaters, Herzog Johann Ernst III., zur Mitregentschaft; bisheriger Landesherr war Herzog Wilhelm Ernst. Im Bemühen, seine politische Emanzipation gegenüber dem Onkel durchzusetzen und zugleich zeitgemäße fürstliche Repräsentation zu betreiben, sind die Hauptursachen für den Bau des Rokokoschlosses Belvedere südlich von Weimar zu sehen.

Als der jagdbesessene Herzog im Winter 1721/22 auf die Eichenleite kam, soll er augenblicklich den Bauentschluß getroffen haben. Symbolträchtig war dieser Entschluß deshalb, weil der Blick vom geplanten zweiten Residenzschloß hinunter auf die Stadt Weimar, ihre Kirchtürme und auf die alte Residenz, die Wilhelmsburg, geleitet wurde. Zudem begann sich Weimar vor dem Frauentor – 1709 Bau des Helmershausenschen Hauses – seit 1720 aus den Mauern heraus in südlicher Richtung auszudehnen, also auf das neue Schlößchen zu. Ernst Augusts Reisen von 1727 und 1729 an die großen Höfe Wien bzw. Versailles werden die Planungen zumindest beeinflußt haben, mit deren Realisierung der Oberlandbaumeister Johann Adolph Richter, ab 1728 auch der Dresdner Gottfried Heinrich Krohne beauftragt waren. Geplant wurde ein Sommer- und Jagdschloß, in dessen Umgebung ein Park angelegt und die umfangreiche Menagerie des Herzogs, Fasanen, Greifvögel usw. integriert werden konnten. Nach jahrelanger Formensuche – der Weimarer Bau war schon begonnen – lieferte das Vorbild das durch Lucas von Hildebrandt für den Kaiserlichen Generalissimus Prinz Eugen bei Wien erbaute Lustschloß Belvedere die endgültigen Lösungen. Krohne war auf herzoglichen Befehl 1729 nach Wien gereist. 1730 konnte das Corps de Logis bezogen werden, Arbeiten an den Seitenflügeln zogen sich bis 1744 hin.[77] Mit dem Beginn der Alleinherrschaft Ernst Augusts 1728 nach dem Tod seines Onkels entfiel einer der Gründungsgedanken von Belvedere. Dennoch nutzte der Herzog es bis Mitte der dreißiger Jahre gerne und ausschweifend, ehe sich der Jagdbesessene nach dem Anfall des Herzogtums Eisenach mehr in dessen wildreichen Wäldern auf-

Herzog Ernst August von Sachsen-Weimar.
Gemälde von unbekanntem Künstler, um 1725/30

Schloß Belvedere. Foto: Roland Dreßler

hielt. Mit den Schlössern Belvedere und Ettersburg fand die Gesellschaft der späteren klassischen Zeit Lustorte in herrlicher Landschaft vor, die dem künstlerischen wie empfindsamen Getriebe entgegenkamen. Nicht zuletzt boten sie die Möglichkeit einer zweiten Hofhaltung, z. B. als die Zarentochter und -schwester Maria Pawlowna nach Weimar heiratete. Auch mit Schloß Belvedere hatte die vorklassische Zeit Weimars Leistungen erbracht, ohne die das Wirken der Späteren so nicht hätte möglich werden können.

Schloss Ettersburg

Bereits Ende des 11. Jahrhunderts gründeten die Grafen von Querfurt auf der Nordseite des Ettersberges ein Augustiner-Chorherren-Stift, das bis zur Reformation existierte. Der waldreiche Bergrücken lockte schon im 16. Jahrhundert die Weimarer Herzöge zur Jagd, wozu Gebäude des ehemaligen Stifts wohl als Jagdunterkünfte genutzt wurden. Herzog Wilhelm Ernst ließ 1706/12 einen bescheidenen barocken Dreiflügelbau errichten, der östliche Teile des Stifts, besonders die Stifts- oder Dorfkirche, einbezog. Wiederum zeichnete Johann Mützel, der bekannte Weimarer Baumeister, für das Schloß verantwortlich. Herzog Ernst August ergänzte dieses »Alte Schloß« im Süden durch das frei am Hang stehende »Neue Schloß«, das die Baumeister des gleichzeitig errichteten »Belvedere«, Johann Adolph Richter und Gottfried Heinrich Krohne, entwarfen und realisierten. Den umgebenden Landschaftspark schuf schließlich Hermann von Pückler-Muskau 1845/55. Der berühmte »Pücklerschlag«, eine große, den gegenüberliegenden Abhang freilegende Wiese, führte zum sogenannten Brunfthof, von wo sternförmig angelegte Wege oder Schneisen den Bergwald durchschnitten.

Seine kulturelle Blüte erlebte Ettersburg 1776/80 unter der Regentschaft Anna Amalias, die hier einen ihrer beliebten Sommersitze aufschlug. Mit dem Liebbertheater der Hofgesellschaft sind dortige Uraufführungen von Goethes *Jahrmarktsfest zu Plundersweilern* 1778 und *Die Laune des Verliebten* 1779 verbunden, es war auch der Schauplatz verschiedener toller Streiche der Geniezeit, übermütiger Schlittenfahrten und Tanzveranstaltungen. Schiller vollendete 1800 im Schloß sein Trauerspiel *Maria Stuart*. 1808 ließ Herzog Carl August auf dem Ettersberg eine große Jagd ausrichten, zu der die Teilnehmer des Erfurter Fürstenkongresses eingeladen waren, u. a. Zar Alexander I. und Kaiser Napoleon. Nach den Befreiungskriegen versammelten sich an dieser Stelle jährlich der Landsturm und die Weimarer Bevölkerung, um der Befreiung Deutschlands von den französischen Besatzern zu gedenken.[78] Wenige Kilometer entfernt wurde dann von den Faschisten 1937 das berüchtigte Konzentrationslager Buchenwald errichtet, das der vorher so freundlichen, jagdfröhlichen Geschichte des Berges ein Kainsmal aufdrückte.[79]

Wieland an Sophie von Laroche, 21. September 1779

*Sie wollen von mir wissen, was an der Begebenheit mit Woldemars
Briefen [von Friedrich Heinrich Jacobi] wahr ist oder nicht. Nämlich*
»*daß unter einer Eiche zu Ettersburg etliche davon vorgelesen worden und dann Goethe auf den Baum gestiegen, eine* geistvolle *Stand-
rede über das schlechte Buch gehalten und es endlich zur wohlver-
dienten Strafe und andren zum abschreckenden Beispiel an beiden
Enden der Decke an die Eiche genagelt, wo dann eine große Freude
über die im Wind flatternden Blätter gewesen*«.
… Ich weiß nicht, was hieran wahr ist, denn ich war nicht zu Ettersburg, war nicht gegenwärtig, als diese Büberei vorgegangen sein soll.
*Wäre ich zugegen gewesen, so ist zehn gegen eins zu setzen, daß es so
weit nicht gekommen wäre.
Indessen gesteh ich Ihnen, daß ich zu Weimar im Publico ein paar
Tage nachher, als sich jene Begebenheit zugetragen haben soll, davon
reden gehört und von Leuten, die sich einbildeten, ich müsse auch
dabeigewesen sein, gefragt worden, ob es wahr sei. Da ich nun meine
Unwissenheit bekennen mußte und die Leute sahen, daß ich wirklich
gar nichts von der Sache wußte, so erzählten sie mir solche mit allen
oben bemeldten Umständen, aber nicht als Augenzeugen, sondern
als Leute, die gehört hatten, daß es sich zugetragen haben* sollte.
Etliche Tage hernach kam ich wieder nach Ettersburg und wurde
beim Spazierengehen in den Wald erinnert, *mich überall umzusehen.
Ich erblickte endlich eine in blau Papier geheftete Brochure, die an
eine Eiche genagelt war, ungefähr wie man die Raubvögel an das große Tor an einem Pachthof oder einer Gentilhomie anzunageln pflegt.*
Was für eine Brochure es sei, wollte mir niemand sagen…
*Im übrigen sollten Sie und Jacobi Goethen schon von langem her ken-
nen und wissen, was er fähig ist oder nicht.
Wie Sie es aber haben über Ihr Herz bringen können, mich in die
Sache zu mischen … und mich also in Verdacht haben konnten, daß
ich an jener Farce, die meiner Art zu denken und zu handeln so
schnurgerade entgegen ist, Anteil gehabt…, darüber erbitte ich mir
nun auch hinwieder ein paar Zeilen Antwort aus.*

Rudolf Zoeppritz, 2, S. 175 ff.

Die Buchhandlung Hoffmann

Die weimarische Buchhandlung Hoffmann entstand 1725, als der
Celler Siegmund Heinrich Hoffmann die bereits 1710 gegründete
Dependance des Jenaer Buchhändlers Johann Bielke pachtete. 1742
kaufte er das Cranach-Haus am Markt, wohin er seine inzwischen
erworbene Buchhandlung verlegte und sein seit 1731 betriebenes Ver-
lagsgeschäft erweiterte. Sein Sohn Carl Ludolph Hoffmann, enger
Freund Herders, verkehrte intensiv am Hof Anna Amalias. Sein Sohn
Johann Wilhelm Hoffmann übernahm 1802 das Geschäft und brachte es erneut zum Florieren; »die Buchhandlung wurde zu einem geistigen Mittelpunkt der Stadt«, von allen Intellektuellen fleißig besucht.
1809 ernannte Carl August den rührigen Besitzer zum »herzoglichen
Buchhändler«, 1825 zum Kommissionsrat. Als Zeitungs- und Buch-
verleger, als Buchhändler mit neuen Methoden und Ideen – Ansichts-
sendungen von Neuerscheinungen – und als Ausbildungsstätte später
erfolgreicher Verleger – so der »Gartenlaube«-Begründer Ernst Keil –
hat die Hoffmannsche Buchhandlung das kulturelle Leben Weimars
vom beginnenden 18. Jahrhundert bis in die Gegenwart kontinuierlich mitbestimmt, ungeachtet einiger Wechselfälle der Geschichte.
Durch Hoffmanns Domizil am Markt betrat Goethe häufig auch das
Haus seines Vorfahren Cranach, über Hoffmanns Buchladen lief so
manche Neuerwerbung der herzoglichen Bibliothek. Die Buchhandlung gehört zu den »ältesten und bedeutendsten« ihrer Art in
Deutschland.[80] Goethes Verhältnis zu Verlegern und Buchhändlern
war stets ein spannendes Thema.[81]

*Ich ging diesen Abend um 6 Uhr zu Goethe, den ich alleine fand und
mit dem ich einige schöne Stunden verlebte.*
*»Mein Gemüt«, sagte er, »war diese Zeit her durch vieles belästiget;
es war mir von allen Seiten her so viel Gutes geschehen, daß ich vor
lauter Danksagungen nicht zum eigentlichen Leben kommen konnte.
Die Privilegien wegen des Verlags meiner Werke gingen nach und*

nach von den Höfen ein, und weil die Verhältnisse bei jedem anders waren, so verlangte auch jeder Fall eine eigene Erwiderung. Nun kamen die Anträge unzähliger Buchhändler, die auch bedacht, behandelt und beantwortet sein wollten. Dann mein Jubiläum brachte mir so tausendfältiges Gute, daß ich mit den Danksagungsbriefen noch jetzt nicht fertig bin. Man will doch nicht hohl und allgemein sein, sondern jedem doch gerne etwas Schickliches und Gehöriges sagen. Jetzt aber werde ich nach und nach frei, und ich fühle mich wieder zu Unterhaltungen aufgelegt.

Ich habe in diesen Tagen eine Bemerkung gemacht, die ich Ihnen doch mitteilen will.

Alles, was wir tun, hat eine Folge. Aber das Kluge und Rechte bringt nicht immer etwas Günstiges und das Verkehrte nicht immer etwas Ungünstiges hervor, vielmehr wirkt es oftmals ganz im Gegenteil.

Ich machte vor einiger Zeit, eben bei jenen Unterhandlungen mit Buchhändlern, einen Fehler, und es tat mir leid, daß ich ihn gemacht hatte. Jetzt aber haben sich die Umstände so geändert, daß ich einen großen Fehler begangen haben würde, wenn ich jenen nicht gemacht hätte. Dergleichen wiederholt sich im Leben häufig, und Weltmenschen, welche dieses wissen, sieht man daher mit einer großen Frechheit und Dreistigkeit zu Werke gehen.«

Johann Peter Eckermann, S. 143

Die Stiftung des »Falkenordens«

Die Geschichte des sachsen-weimarischen Ordenswesens beginnt im Jahre 1621. Herzog Wilhelm von Sachsen-Weimar, später als Wilhelm IV. einer der bedeutendsten Herrscher des Landes im 17. Jahrhundert, stiftete im dritten Jahr des großen Kriegs, im Feldlager zu Weidhausen in der Oberpfalz, den militärischen Orden der Beständigkeit. Es war ein Bruderbund treuer militärischer Führerpersönlichkeiten, der sich Kampfesmut und solidarische gegenseitige Unterstützung zusicherte auf der Basis protestantischer Glaubenstreue und -festigkeit. Die Wirren des Dreißigjährigen Kriegs haben diesen Orden, von dem kaum Näheres überliefert ist, nicht zur Entfaltung gelangen lassen; heute ist er vergessen. Anders sieht es aus mit den 111 Jahre später von Herzog Ernst August gestifteten Herzoglichen Ritterorden der Wachsamkeit oder vom Weißen Falken.

Hausorden zu stiften war ein Merkmal der Zeit: 1698 entstand beispielsweise der russische St.-Annen-Orden, 1701 der preußische Schwarze-Adler-Orden, 1713 der polnische Orden vom Weißen Adler, 1715 der badische Hausorden der Treue, 1725 der russische Alexander-Newskij-Orden. Stärkung der eigenen Hausmacht, Anerkennung von persönlichem Verdienst und höfischer Prunk bildeten den gesellschaftlichen Kontext dieser Auszeichnungen. Unter Anna Amalia und in den ersten Regierungsjahrzehnten Carl Augusts dämmerte der Orden vor sich hin, es erfolgten keine Investituren mehr. Erst der Wiener Kongreß brachte, in allgemeiner Ordensseligkeit, auch eine Erneuerung des Weimarischen Falkenordens. Der nunmehrige Großherzog Carl August verlieh seinen erneuerten Hausorden 1816 u. a. an Goethe, an die Staatsminister von Fritsch und von Gersdorff sowie an verdiente Militärs und Zivilbeamte, darunter die Leibärzte Dr. Huschke und Dr. Starck sowie die Legationsräte Bertuch und Falk. Goethe hielt am 30. Januar die Dankesrede der Geehrten, die er mit dem Wahlspruch des Ordens beendete: » Vigilando ascendimus!«[82] (Durch Wachsamkeit steigen wir empor!)

Im Verlauf des 19. und 20. Jahrhunderts mehrfach modifiziert und ergänzt, entwickelte sich der Weimarische Falkenorden zu einer Auszeichnung, die u. a. die Wissenschafts- und Kunstelite Deutschlands, ja Europas unter ihre Großmeister, Komture und Ritter zählte. Einige wenige Beispiele seien angeführt: Bernhard von Lindenau, Berlioz und Liszt, Christian Rauch, Andersen, Schinkel, Langhans, Buchhändler Hoffmann, Friedrich Hebbel, Karl Gutzkow, Thomas Carlyle, Hans Olde, Ernst Rietschel, Joseph Zitek, Henry van de Velde. An der Verleihungsgeschichte der »Weißen Falken« läßt sich die politische Geschichte Sachsen-Weimar(-Eisenachs) seit 1732 festmachen, aber auch die europäische Kulturgeschichte des 18./19. Jahrhunderts.[83] Goethe, der insgesamt sechs Orden erhielt,[84] war unter den bedeuten-

den Trägern des »Falken« nur einer von vielen, seine Einstellung zu
Orden war pragmatisch: »Ein Titel und ein Orden hält im Gedränge
manchen Puff ab.«[85]

Aus der Rede bei der Feierlichkeit der Stiftung des weißen Falkenordens

(Am 30. Januar 1816)

*(...) Betrachten wir nun wieder den gegenwärtigen Augenblick, so
erfreut uns das hohe Zeichen der Gnade, welches vom Ahnherrn
geerbt, Ew. Königl. Hoheit in der Jugend schmückte. Gesinnungen,
Ereignisse, Unbilden der Zeit hatten es dem Auge entrückt, damit es
aufs neue zur rechten Stunde glänzend hervorträte. Nun bei seiner
Wiedererscheinung dürfen wir das darin enthaltene Symbol nicht
unbeachtet lassen.*
*Man nennt den Adler den König der Vögel; ein Naturforscher jedoch
glaubt ihn zu ehren, wenn er ihm den Titel eines Falken erteilt. Die
Glieder dieser großen Familie mögen sich mit noch so vielerlei
Namen unterscheiden: der weiß gefiederte, der uns gegenwärtig als
Muster ausgestellt ist, wird allein der Edle genannt. Und doch wohl
deßwegen, weil er nicht auf gränzenlosen Raub ausgeht, um sich und
die Seinigen begierig zu nähren, sondern weil er zu bändigen ist,
gelehrig dem kunstreichen Menschen gehorcht, der nach dem Eben-
bilde Gottes alles zu Zweck und Nutzen hinleitet. Und so steigt das
schöne, edle Geschöpf von der Hand seines Meisters himmelauf,
bekämpft und bezwingt die ihm angewiesene Beute und setzt durch
wiederholt glücklichen Fang Herrn und Herrin in den Stand, das
Haupt mit der schönsten Federzierde zu schmücken.*
*Und so dürfen wir denn schließlich den hohen Sinn unseres Fürsten
nicht verkennen, daß er zu dieser Feier den friedlichsten Tag gewählt...*

WA I 36, S. 376 f.

Stockmar sculps.

Historische Nachrichten

Von

der berühmten Residentz-Stadt

Weimar,

Darinnen derselben Ursprung, Verfassung,
und vornehmste Kirchen mit ihren

Epitaphiis

aus bewährten, sowohl gedruckten als geschriebenen

Urkunden

aufrichtig erzehlet,
und

Nebst einer Vorrede

Sr. Hochwürden, des Herrn Ober-Kirchen-
Rath und General-Superintendent

Webers

unter hoher Censur und Bewilligung des Hochfürstl.
Weimarischen Ober-Consistorii
ans Licht gestellet worden

Von

Gottfried Albin Wetten,

S. S. Minist. Candidat.

Weimar, 1737.
Bey Siegmund Heinrich Hoffmann,
privil. Buchhändler.

Historische
Nachrichten von
der berühmten
Residentz-Stadt
Weimar.
Titelkupfer von
Johann Wolfgang
Heinrich Stockmar,
1737

Die erste Stadtgeschichte

Mehr als ein Jahrzehnt vor Goethes Geburt war das historische Bewußtsein über die bisherige politische und kulturelle Bedeutung der Residenzstadt Weimar so weit ausgeprägt, daß 1737 eine erste Stadtgeschichte verfaßt werden konnte. Bei dem im Cranachhaus ansässigen privilegierten Verlag von Siegmund Heinrich Hoffmann erschien das Werk *Historische Nachrichten von der berühmten Residentz-Stadt Weimar*; Verfasser war der Historiker und Schullehrer Gottfried Albin Wette. Er geht vom Ursprung des Namens aus, untersucht, freilich aus einer zeitbedingt beschränkten Sicht, die ersten Siedlungsansätze und Herrschergeschlechter. Von der Entwicklung der Kirchengemeinde, der kommunalen Einrichtungen, der Handwerkerzünfte, den Armbrustschützen, den Stadtbränden und Brandschatzungen ist ebenso die Rede wie vom Verlauf der Reformation. Dem Zeitgeist verpflichtet sind sagenhafte Berichte über »Kornregen«, aus dem Brot gebacken worden ist, und mitternächtliche Regenbögen und Kometen, die gewaltige Unwetter nach sich gezogen hätten.[86] Die Abfolge der Bürgermeister und Ratsleute wird ausführlich geschildert, die Stadtschreiber sind aufgelistet. Ein ganzes Kapitel behandelt die Geschichten der Schloß-, der Stadt- und der Jakobskirche, von deren Altären, Orgeln, Sakristeien, Glocken, Türmen, fürstlichen und sonstigen Grablegen sowie Kirchenbediensteten. Die umständliche Vorrede des Oberkirchenrats und Generalsuperintendenten Weber weiß denn auch »dem fleißigen Herrn Autori nicht geringen Dank schuldig« auszudrücken, »daß er bey seiner bißherigen sehr mühsamen Schul-Arbeit die übrigen Stunden so gut anlegen, und viele Dinge, die zu der Weimarischen Historie gehören, der Vergessenheit entreißen wollen«.[87]

Wieland, Goethe und Herder haben Wettes »Nachrichten« gelesen, ebenso den 1739 in Jena erschienenen zweiten Teil, der sich vornehmlich der Geschichte der weimarischen Schloßbauten, den fürstlichen Beamten wie Kanzlern, Präsidenten, Hofmarschällen, Räten, Leibärzten und Advokaten zuwendet. Der Geschichte der weimarischen Landstädte von Apolda bis Dornburg und Ilmenau ist ein Extrakapitel gewidmet, gleichfalls wie der »Thüringischen Sündfluth« von 1613.

Man darf aber auch die 1770 erschienene *Kurzgefaßte Lebens Geschichte der Herzoge in Sachsen, welche von Churfürst Johann Friedrich an, bis auf den Herzog Ernst August Constantin in Weimar regieret haben* von Gottfried Albin de Wette nicht vergessen; dieses biographische Sammelwerk wurde ebenfalls von der Hoffmannschen Buchhandlung zu Weimar verlegt.

Das Herzogtum Sachsen-Weimar-Eisenach

Das ernestinische Gesamthaus, gebildet in der Leipziger Teilung von 1485, erlebte im 16. und 17. Jahrhundert mehrere große Landesteilungen, ehe mit der Einführung der Primogenitur dieser Praxis der politischen Zersplitterung ein Ende gesetzt wurde. Große Teilungen fanden 1572, 1603 und 1640/41 statt. Die Neuere Linie Sachsen-Eisenach (Marksuhl), entstanden bei der Teilung von 1672, existierte nur ein Dreivierteljahrhundert; mit dem Tod des kinderlosen Herzogs Wilhelm Heinrich am 26. Juli 1741 erlosch diese Linie, und das Herzogtum fiel an das Haus Sachsen-Weimar zurück, das zu dieser Zeit von Herzog Ernst August I. regiert wurde, der der erste Agnat war. Die Zusammenführung beider Herzogtümer – die geographisch keine Verbindung miteinander hatten – wurde mit großem höfischen Pomp gefeiert. Ernst August ließ mehrere Medaillen in großer Anzahl prägen und verteilen. Die Schulden des kleinen Landes waren sehr hoch. Die sachsen-weimarischen Lande vergrößerten sich etwa auf das Doppelte. Da auch die Ämter Jena und Allstedt hinzukamen, lag die rund 200 Jahre vorher von Johann Friedrich dem Großmütigen gegründete Universität, die Salana, nun im Lande Sachsen-Weimar-Eisenach; Ernst August ließ sich umgehend zum Rektor wählen. Die letzten Jahre verbrachte der Herzog zumeist im Eisenacher Landesteil; die Jagd in den dortigen Wäldern erschien ihm reizvoller, als die

Fertigstellung seiner vielen Schlösser vor Ort zu überprüfen. Am 19. Januar 1748 starb er überraschend in Eisenach; für seine Beamten und Untertanen war es eine Erleichterung. An der fürstlichen Toten-bahre waren die Worte »Vigilando Aetatis Ann. LX ascendit« ange-bracht, womit sowohl auf den Wahlspruch des von ihm gestifteten Ordens als auch auf die schnelle Art seines Todes angespielt wurde. Fünf Kinder überlebten ihn: drei Töchter aus erster, ein Sohn und eine Tochter aus zweiter Ehe. Der elfjährige, unmündige Sohn Ernst August II. Constantin kam zunächst unter Vormundschaft. Er sollte einige Jahre darauf Anna Amalia ehelichen, die Prinzessin aus Braun-schweig-Wolfenbüttel. Damit war der Boden bereitet, der Rahmen gesetzt für die »klassische Zeit« Weimars. Eine ereignisreiche, über 1500jährige Geschichte des Ortes bildete die Grundlage für das soge-nannte »Goldene Zeitalter«.

DER »GEIST VON WEIMAR«

Der Einzug der Herzogin Anna Amalia

Am 24. Oktober 1739 wurde Herzog Carl I. von Braunschweig-Wolfenbüttel und seiner Gattin Philippine Charlotte, der jüngeren Schwester Friedrichs des Großen, als fünftes von später dreizehn Kindern die Tochter Anna Amalia geboren. Als Sechzehnjährige wurde sie mit dem schwächlichen Herzog Ernst August II. Constantin von Sachsen-Weimar-Eisenach 1756 verheiratet. Dem sollte kein langes Leben beschieden sein, und das Haus Weimar bedurfte dringend eines männlichen Thronfolgers.

Nach der prunkvollen Hochzeit im Grauen Hof, dem braunschweigischen Schloß, brachen die Fürstlichkeiten nach Weimar auf und erreichten Ende März das Herzogtum Sachsen-Weimar. Vom Ettersberg aus erblickte Anna Amalia erstmals die ärmliche Residenz; einer ihrer braunschweigischen Bediensteten soll angesichts des zerfallenen Stadttors geringschätzig gesagt haben, daß man es »mit einer Rübe schließen« könne.[88]

Die Stadt war ärmlich-dörflich, das zersplitterte Land bewohnten etwa 100 000 Menschen, die Schuldenlast betrug 1748 etwa 370 000 Taler, die Kriegsereignisse hatten dem kleinen Land und seiner Bevölkerung zusätzliche schwere Bürden aufgelastet, das politische Lavieren zwischen preußischer Verwandtschaft und reichsständischer Treuepflicht glich einem Seiltanz. Am 3. September 1757 wurde der Thronfolger Carl August, am 8. September 1758 der zweite Sohn Friedrich Ferdinand Constantin geboren. Am 28. Mai 1758 war Herzog Ernst August, noch nicht 21jährig, gestorben. Neben der Erziehung der Söhne oblag der 19jährigen Anna Amalia die schwerste Aufgabe ihres Lebens: als Regentin auf Zeit das zerrüttete Land zu verwalten, seine desolaten Finanzen zu ordnen. Vorbild war ihr der Onkel in Potsdam: Friedrichs Staatsverwaltung kannte keine höfische Prachtentfaltung, keine Verschwendung im Lande – Anna Amalia tat es ihm in Weimar nach. Sie war einem aufgeklärten Hof entwachsen – ihre Mutter Philippine Charlotte pflegte geistigen Austausch mit Diderot und Melchior Grimm, ihr Onkel Friedrich verkehrte mit Voltaire in seinem privaten Zirkel. Auf diesem Terrain wagte Anna Ama-

lia Neues: Sie gab bürgerlichen Intellektuellen ein offizielles Amt und
damit Spielraum für bürgerliches Gedankengut: Wieland wurde Prinzenerzieher, Musäus Pagenhofmeister und Professor am herzoglichen
Gymnasium, Jagemann Privatbibliothekar, Knebel Prinzeninstruk-
tor. Dieser bürgerliche Freiraum im Staatsdienst war auch für Goethes Entscheidung, in Weimar zu bleiben, ausschlaggebend. Der Weimarer Hof unter Anna Amalia wurde der erste in Deutschland, der
eine rein höfische Kultur verabschiedete und Adel und Bürgertum,
trotz fortwährender Etikette, geistig annäherte. Das sprach sich herum, und das lockte an.

Höhepunkte der liberalen Politik Anna Amalias waren die »Tafelrunden«, die die Herzoginmutter nach Erledigung ihrer Regentschaft
im Wittumspalais ab 1775 ins Leben rief. Freie Geselligkeit von
Künstlern aller Couleur, aller Stände und beiderlei Geschlechts prägten diese wöchentlichen Montagszusammenkünfte im Winter, indessen im Sommer die Schlösser Tiefurt und Ettersburg den würdigen
Rahmen abgaben; höfische Etikette unterblieb hier, es handelte sich
um eine Vorform des bürgerlichen Salons. »Daß dies ein soziologisch
neuer Ort für die Rezeption von Kunst und Literatur war, wurde in
Weimar nach Anna Amalias Tod [1807] erkennbar, als die Teeabende
der Johanna Schopenhauer an die Stelle der Versammlungen im Wittumspalais traten und sich bei der aus Hamburg zugereisten Schriftstellerin, in einem dezidiert bürgerlichen Umkreis, die fast identische
Personengruppe wiederfand«, resümierte Michael Knoche.[89]

Goethe an Johanna Fahlmer, 14. Februar 1776

*Ich werd auch wohl dableiben und meine Rolle so gut spielen als ich
kann und so lang als mir's und dem Schicksaal beliebt. Wär's auch
nur auf ein paar Jahre, ist doch immer besser als das untätige Leben
zu Hause wo ich mit der grössten Lust nichts thun kann. Hier hab ich
doch ein paar Herzogthümer vor mir. Jezt bin ich dran das Land nur
kennen zu lernen, das macht mir schon viel spaas. Und der Herzog
kriegt auch dadurch Liebe zur Arbeit, und weil ich ihn ganz kenne bin
ich über viel Sachen ganz und gar ruhig. Mit Wieland führ ich ein lie-*

bes häusliches Leben, esse Mittags und Abends mit ihm wenn ich
nicht bey Hofe bin. Die Mägdlein sind hier gar hübsch und artig, ich
bin gut mit allen. Eine herrliche Seele ist die Frau von Stein, an die ich
so was man sagen mögte geheftet und genistelt bin. Louise und ich
leben nur in Blicken und Sylben zusammen. Sie ist und bleibt ein
Engel. Mit der Herzoginn Mutter hab ich sehr gute Zeiten, treiben
auch wohl allerley Schwänck und Schabernack. Sie sollten nicht glau-
ben wie viel gute Jungens und gute Köpfe beysammen sind, wir halten
zusammen, sind herrlich untereins und dramatisiren einander, und
halten den Hof uns vom Leibe.

WA IV 3, S. 28 f.

Versammlung bei der Herzogin Amalie
im Jahre 1791
Den 4ten November [17]91

Diesen Abend wohnte ich zum erstenmal einer Sitzung der neuen
gelehrten Geselschaft bei, die sich jeden ersten Freitag im Monat bei
der Herzogin Mutter versammelt. Diese edle Fürstin widmet all ihre
Muße den Wissenschaften und Künsten. Nichts ist ihr fremd, nichts
wissenswürdiges liegt auser ihrem Kreise. Doch ist die Italienische
Sprache, *in die sie unsere Classiker übersetzt und ihren Freundinnen*
in Rom u. Neapel zuschickt, wenn sie es vorher ihrem Bibliothekar,
dem Rath Jagemann zur Prüfung vorgelesen hat, die Musik und die
Malerei ihr Lieblingsgeschäft. Ihr verdanken nun seit einiger Zeit
Weimars denkende Köpfe einen gemeinschaftlichen Versammlungs-
ort in ihrem Palais. Sie ist bei diesen Sitzungen selbst mit ihren zwei
Hofdamen, die sie einst auch nach Italien begleiteten, gegenwärtig.
Aber auch der regierende Herzog und dessen Gemahlin sind auf-
merksame Zuhörer. Dieß bringt übrigens bei den Anwesenden nicht
den geringsten Zwang hervor. Jeder sitzt, wo er hin zu sitzen kommt,
während das vorlesende Mitglied seinen Platz an einem besondern
Tisch einnimmt. In der Mitte des Saals steht eine große runde Tafel,
auf welche die mathematischen Instrumente, Zeichnungen, naturhi-
storischen Merkwürdigkeiten u.s.w. auf welche die Vorlesenden sich

beziehn, hingelegt werden. Ist nun eine Vorlesung vorbei, so steht alles auf, tritt um die Tafel herum, spricht, macht Einwürfe, hört und beant- wortet Fragen des Herzogs, und der Herzoginnen, die nun mitten im Zirkel stehn, und nun gehts zu einer neuen Vorlesung, und jeder nimmt wieder seinen Stuhl ein. Da eine Session immer 3 Stunden, von Abends 5 Uhr bis 8 Uhr, dauert, so würde ohne diese kleinen Pausen die Zunge vom Schweigen, und der Körper vom Sitzen ermüden.

Karl August Böttiger, S. 47 f.

Eine der glücklichsten Perioden war die Zeit, wo die Herzogin, die noch etwas vom Glanz ihrer Regentschafft beibehalten und nun ihre Muße genießen wollte, in Ettersburg lebte. Zigeunerwirtschafft. Comödie bey Fackelschein im Walde. Bode spielte die erste Violine, Einsiedel das Violoncello. Die schönsten Quartetts von Boccarini wurden geschlachtet. Der immer dienstfertige Seckendorf komponir- te und versifizirte, was man haben wollte, konnte sich aber doch nur einige Jahre erhalten, und es war ein Glück für ihn, daß ihn der König v. Preußen im Beyreuthischen employirte. Knebel machte den Hof- staat des Prinzen Constantin in Tiefurth sehr liberal, hatte wöchent- lich mehrmals offene Tafel, bildete den Prinzen zum Dilettanten in den Musenkünsten, (die er nie verstand, u. lieber den Kammerdiener zu seinem Vertrauten u. Kuppler machte,) u. reichte immer nicht mit dem Gelde des Prinzen aus.
(...)
Die Herzogin als Regentin ließ schon zuweilen alle Fürstlichkeit zu Hause und liebte einen Scherz. So einmal in Belvedere eine Mond- scheinszene Abends, wo Studentenlieder gesungen wurden, u. Wedel als Jagdjunker sein: Bruder auf dein Wohlergehn! intonirte.
Ein andermal fuhren sie zu 8 auf einem Heuwagen nach Denstädt von Tiefurth. Halb Wegs brach ein Gewitter los. Die Herzogin u. die Hofdamen waren sommerhaft angezogen. Wieland gab ihr seinen Ueberrock. Alle wurden bis auf Hemden durchnäßt. In Denstadt mußte die Linkern Hemden u. Garderobe fourniren. Algemeiner Jubel über diese Expediton.

Karl August Böttiger, S. 41 ff.

Herzogin Anna Amalia. Rötel-Kupferstich von Br. Goepffert

Der Lebenslauf der Fürstin [Anna Amalia], deren Andenken wir heute feiern, verdient mit und vor vielen andern sich dem Gedächtniß einzuprägen, besonders derjenigen, die früher unter ihrer Regierung und später unter ihren immerfort landesmütterlichen Einflüssen, manches Guten theilhaft geworden, und ihre Huld, ihre Freundlichkeit persönlich zu erfahren das Glück hatten.
Entsprossen aus einem Hause, das von den frühesten Voreltern an bedeutende, würdige und tapfere Ahnherren zählt; Nichte eines

Königs, des größten Mannes seiner Zeit; von Jugend auf umgeben
von Geschwistern und Verwandten, denen Großheit eigen war, die
kaum ein ander Bestreben kannten, als ein solches, das ruhmvoll und
auch der Zukunft bewundernswürdig wäre; in der Mitte eines regen,
sich in manchem Sinn weiter bildenden Hofes, einer Vaterstadt, wel-
che sich durch mancherlei Anstalten zur Cultur der Kunst und Wis-
senschaft auszeichnete, ward sie bald gewahr, daß auch in ihr ein sol-
cher Keim liege, und freute sich der Ausbildung, die ihr durch die
trefflichsten Männer, welche späterhin in der Kirche und im Reich der
Gelehrsamkeit glänzten, gegeben wurde.

Von dort wurde sie früh hinweg gerufen zur Verbindung mit einem
jungen Fürsten, der mit ihr zugleich in ein heiteres Leben einzutreten,
seiner selbst und der Vortheile des Glücks zu genießen begann. Ein
Sohn entsprang aus dieser Vereinigung, auf den sich alle Freuden und
Hoffnungen versammelten; aber der Vater sollte sich wenig an ihm
und an dem zweiten gar nicht erfreuen, der erst nach seinem Tode das
Licht der Welt erblickte.

Vormünderin von Unmündigen, selbst noch minderjährig, fühlte sie
sich, bei dem einbrechenden siebenjährigen Kriege, in einer bedenkli-
chen Lage. Als Reichsfürstin verpflichtet, auf derjenigen Seite zu ste-
hen, die sich gegen ihren großen Oheim erklärt hatte, durch die Nähe
der Kriegswirkungen selbst gedrängt, fand sie eine Beruhigung in
dem Besuch des großen heerführenden Königs. Ihre Provinzen erfuh-
ren viel Ungemach, doch kein Verderben erdrückte sie.

Endlich zeigte sich der erwünschte Frieden, und ihre ersten Sorgen
waren die einer zwiefachen Mutter, für das Land und für ihre Söhne.
Sie ermüdete nicht mit Geduld und Milde das Gute und Nützliche zu
befördern, selbst wo es nicht etwa gleich Grund fassen wollte. Sie
erhielt und nährte ihr Volk bei anhaltender furchtbarer Hungers-
noth. Gerechtigkeit und freier Edelmuth bezeichneten alle ihre
Regentenbeschlüsse und Anordnungen.

Eben so war im Innern ihre herzlichste Sorge auf die Söhne gewendet.
Vortreffliche, verdienstvolle Lehrer wurden angestellt, wodurch sie
zu einer Versammlung vorzüglicher Männer den Anlaß gab, und alles
dasjenige begründete, was später für dieses besondere Land, ja für
das ganze deutsche Vaterland, so lebhaft und bedeutend wirkte. (...)
Ihre Regentschaft brachte dem Lande mannichfaltiges Glück, ja das

Unglück selbst gab Anlaß zu Verbesserungen. Wer dazu fähig war nahm sie an. Gerechtigkeit, Staatswirthschaft, Polizei befestigten, entwickelten, bestätigten sich. Ein ganz anderer Geist war über Hof und Stadt gekommen. Bedeutende Fremde von Stande, Gelehrte, Künstler, wirkten besuchend oder bleibend. Der Gebrauch einer großen Bibliothek wurde frei gegeben, ein gutes Theater unterhalten, und die neue Generation zur Ausbildung des Geistes veranlaßt. Man untersuchte den Zustand der Akademie Jena. Der Fürstin Freigebigkeit machte die vorgeschlagenen Einrichtungen möglich, und so wurde diese Anstalt befestigt und weiterer Verbesserung fähig gemacht. Mit welcher freudigen Empfindung mußte sie nun unter den Händen ihres unermüdeten Sohnes, selbst über Hoffnung und Erwartung, alle ihre früheren Wünsche erfüllt sehen, um so mehr, als nach und nach aus der glücklichsten Eheverbindung eine würdige frohe Nachkommenschaft sich entwickelte.

Das ruhige Bewußtsein ihre Pflicht gethan, das was ihr oblag, geleistet zu haben, begleitete sie zu einem stillen, mit Neigung gewählten Privatleben, wo sie sich, von Kunst und Wissenschaft, so wie von der schönen Natur ihres ländlichen Aufenthalts umgeben, glücklich fühlte. Sie gefiel sich im Umgang geistreicher Personen, und freute sich Verhältnisse dieser Art anzuknüpfen, zu erhalten und nützlich zu machen: ja es ist kein bedeutender Name von Weimar ausgegangen, der nicht in ihrem Kreise früher oder später gewirkt hätte.

WA I 36, S. 301–310

Das Hoftheater zur Zeit Anna Amalias

Gerade vor dem Hintergrund aktueller Debatten, da viele Politiker der Bundesrepublik aufgrund angeblich fehlender Mittel die Kultur sukzessive einzuschränken versuchen, leuchtet das Licht von Anna Amalia um so heller. In Zeiten höchster Not und bei schwierigen Finanzverhältnissen ließ sie eine Tradition neu aufleben, die in Weimar auf über anderthalb Jahrhunderte beachtlicher Wirksamkeit zurückblikken konnte: das Theater und die Musikpflege. Nach Gottscheds Tod 1766 erwarb die Regentin dessen berühmte Dramensammlung, ein Jahr später wurde zunächst im Reithaus an der Ilm, dann im Schloß ein Theatersaal eingerichtet. Die Schauspielertruppen von Carl Christian Starke, 1768 von Gottfried Heinrich Koch, 1771 von Abel Seyler traten in Weimar auf, verstärkten ihr deutschsprachiges Repertoire und brachten u. a. Lessings *Minna von Barnhelm* zur Aufführung. Zu Seylers Leuten gehörte der damals schon berühmte Schauspieler Conrad Ekhof, der später bis zu seinem Tod 1779 in Gotha wirkte. Über hundert Stücke, darunter viele deutschsprachige, führten sie auf, wobei Wielands Oper *Alceste*, von Anton Schweitzer vertont, die Initialzündung war.

Nicht allein das Theaterspiel war für die nachfolgende kulturpolitische Entwicklung der Stadt wichtig, auch der gewandelte soziale Status des Schauspielers ging auf Anna Amalias Entscheidungen zurück. Sie engagierte feste Theatertruppen, zahlte wöchentlich pünktlich das Honorar, übernahm die Kosten für Beleuchtung, Kostüme und Dekorationen und überließ dem Stadtpublikum siebzig von hundert Plätzen unentgeltlich. Das war neu, aufsehenerregend und brachte ihr deutschlandweit bürgerliche Anerkennung. Weimars Name war über die Zeitschriften in aller Munde, wozu vor allem Wielands *Teutscher Merkur* und in späteren Jahren Bertuchs *Journal des Luxus und der Moden* beitrugen. »Die Weimarer Begebenheiten bildeten plötzlich den Hauptstoff des literarischen Tagesgesprächs, und die Akteure konnten sich als Bewohner eines Ilm-Athen fühlen«, faßte Michael Knoche zusammen.[90] Der katastrophale Brand der Wilhelmsburg im Jahre 1774 vernichtete den Theatersaal, die Dekorationen und Requisiten, für über ein Jahrzehnt brach der professionelle Theaterbetrieb in der Stadt ab. An seine Stelle rückte das Liebhabertheater, dessen Wirken untrennbar mit Goethes Eintreffen in Weimar verbunden ist.

Eine Oper in deutscher Zunge! In der Sprache, worinn Kaiser Karl der Fünfte nur mit seinem Pferd sprechen wollte –, von einem Deutschen gesezt, von Deutschen gesungen.

Teutscher Merkur, Januar 1773, S. 35

Allein nicht nur die Einwohner von Weimar und die Fremden, für welche auch das Schauspiel ein Reiz mehr ist, der sie dahin zieht, genießen die Vortheile eines fortdauernden und von dem Hofe selbst unterhaltenen Theaters: die ganze Nation nimmt in gewissem Maße daran Antheil. Die Talente der Schauspieler vervollkommnen sich bey einem solchen Institut ebenso unvermerkt als der Geschmack der Zuschauer. (...) die Dichter werden aufgemuntert, für ein Theater zu arbeiten, welches ihnen für die vortreffliche Aufführung ihrer Meisterstücke Bürge ist. Der Gedanke begeistert sie, zum Vergnügen einer Fürstin zu arbeiten, deren Beyfall ihnen mehr ist als der Efeukranz, der den Sieger in den griechischen Dichterspielen krönte. (...) Die deutsche Literatur, der Geschmack und der Ruhm der Nation gewinnt dabey auf allen Seiten.

Teutscher Merkur, März 1773, S. 268

Daß alle deutschen Höfe für die Nationalbühne soviel thun möchten, als diese große Fürstin thut! Die außerordentliche Aufmerksamkeit, welche Sie auf die deutsche Literatur und Künste überhaupt wendet, erstrecket sich auch ins besondere auf den deutschen Schauspieler, der an diesem Hofe für die Verachtung, womit man ihn gemeiniglich so unrühmlich behandelt, reichlich entschädiget wird. Die Fürstin erlaubt ihm den Zutritt bey Hofe, Sie spricht mit ihm, lobt oder tadelt ihn nach Verdienst und ermuntert ihn zu einem fleißigen Fortgang in seiner Kunst. Sie können leicht erachten, daß Jeder wetteyfert, den Beifall einer Fürstin zu verdienen, die selbst die größte Kunstrichterin ist. Die huldreiche und gnädige Unterscheidung, die dem Schauspieler hier widerfährt, hat zugleich auf seine Sitten und Lebensart den wichtigsten Einfluß.

Magazin zur Geschichte des Deutschen Theaters, 1. Stück, 1773, S. 3 f.

Die Geburt des Erbprinzen Carl August

Der zierlichen, nicht sonderlich hübschen, jedoch gebildeten und zielstrebigen Braut aus altadligem welfischem Haus mit hohenzollernschem Blut in den Adern war kein leichtes Los beschieden, als sie ihre sachsen-weimarische Residenz betrat. Dem schwächlichen Ehemann Ernst August Constantin standesgemäß, d. h. nach dynastischem Kalkül angetraut, hatte sie nur eine Aufgabe: dem Land den notwendigen Thronerben zu schenken, das drohende Aussterben der Weimarer Linie zu verhindern. Begehrlichkeiten der umgebenden Thüringer Verwandtschaften, besonders Gothas, waren offenkundig. Denn das empfanden fast alle weimarischen Hofbeamten und Untertanen als drohende Katastrophe: Verlust der höfischen Privilegien, Ämter und Pfründen des Dienstadels, mögliche Veränderungen der althergebrachten Lebensverhältnisse für das Bürgertum – das waren Schrekkensvisionen, die nur Anna Amalia ausräumen konnte. Waren ihr also einerseits die Sympathien ganz Weimars schon aus Gründen der höheren Staatsräson sicher, sah sich das jungvermählte, sechzehnjährige Mädchen andererseits einem verfilzten, intriganten und fremden Hof gegenüber, an dem der schwelende, heimliche Kampf der Höflinge um Gunst, Einfluß und Einnahmen eine jahrhundertelange Tradition hatte. Über dem allen agierte der schlaue Graf Bünau, ehemaliger Prinzenerzieher Ernst August Constantins und nunmehr allmächtiger Premierminister der sachsen-weimarischen Lande. Diesen ehrgeizigen Mann rigoros aus dem Feld zu schlagen, hatte die junge Regentin als einzige Möglichkeit erkannt, um nach dem Tod ihres Gatten eine ihren Absichten gemäße Landesverwaltung und Erziehung des Erbprinzen zu verwirklichen.

Die Geburt Carl Augusts am 3. September 1757 wurde in der Residenz gebührend gefeiert, wenngleich die Zeitläufe schwierig waren. Französische und wenig später ungarische Truppen machten die Umgebung Weimars unsicher, am Tag der Geburt rückten 380 Mann Reichstruppen in die Stadt, zwei Tage später folgten weitere 200 Dragoner, das Zeughaus wurde geplündert. Kurz darauf ließ Friedrich II. das Kurmainzische Erfurt besetzen.

Der neugeborene Erbprinz war väterlicherseits ein Wettiner, mütterlicherseits ein Welfe und Hohenzoller. Bis in die karolingische Zeit lassen sich wettinische und welfische Stammbäume zurückverfolgen. Durch die jahrhundertelang geübte Praxis dynastischer Verbindungen in Europa tauchen unter den Vorfahren Carl Augusts auch Wilhelm von Oranien, Maria Stuart, Kaiser Ferdinand I. und der Hugenottenadmiral Gaspard de Coligny auf, der König Heinrich IV. von Frankreich diente.[91] Der heranwachsende Junge wurde sich der Zwiespältigkeit schnell bewußt, einerseits altadligen Herkommens und künftigen Herrscherpflichten geweiht zu sein, andererseits eine überstrenge, überharte Erziehung durchlaufen zu müssen.

DER ABRISS DER STADTBEFESTIGUNG

Etwa dreihundert Jahre lang hatten mehrere Generationen an den Befestigungswerken der Stadt gebaut; etwa zweihundert Jahre lang waren sie im wesentlichen unverändert stehen geblieben. Mitte des 17. Jahrhunderts leitete Anna Amalia den Abriß ein, keine dreißig Jahre sollte es dauern, bis das mittelalterliche äußere Bild Weimars verschwunden und eine für damalige Begriffe moderne Residenz entstanden war. Mit dem Verschwinden der Mauern und Türme veränderte, verbesserte sich das innere Aussehen der Stadt, denn das gewonnene Baumaterial wurde für die nun erfolgende Pflasterung der Gassen und die Überwölbung mehrerer, teils übelriechender Wasserläufe verwendet.

Ab 1754 ließ die Regentin die Doppelmauer zwischen Frauentor und späterem Wittumspalais abreißen und zugleich die Rehmenteiche – Wasserpfuhle, die zwischen innerer und äußerer Stadtmauer gelegen waren, den Tuchmachern und Färbern zum Aufspannen der Tuche dienten und entsprechend stanken – zuschütten. Auf dem so gewonnenen Terrain ließ sie die Esplanade anlegen, eine lindenbepflanzte Promenade mit Springbrunnen, Fischteich, Spalieren und

Rasenflächen. Diese Straße (die heutige Schillerstraße) gibt mit ihrer leichten Biegung in Richtung Nationaltheater noch den alten, gewundenen Verlauf der ehemaligen Stadtbefestigung wieder. 1758 wurde das innere Frauentor, die mächtigste Anlage, entfernt, die abgebrochenen Natursteine setzte man sofort für die Pflasterung verschiedener Gassen ein. Die so gewonnene erste »Prachtstraße« der Residenz, die Esplanade, lockte naturgemäß Bauherren an. Stadtseitig entstanden die ersten Neubauten: 1775 das der Geselligkeit dienende Redoutenhaus, das Jahrzehnte später Falk mit seinen Zöglingen bezog, 1777 das heutige Schillerhaus. Die Bebauung der stadtäußeren Seite der Esplanade verhinderte zunächst noch der dort verlaufende Schützengraben, erst in nachklassischer Zeit wurde er überwölbt. 1767 ließ der Minister Johann Jakob Friedrich von Fritsch durch den Landbaumeister Johann Gottfried Schlegel am Ende der Esplanade ein Gebäude errichten, das Anna Amalia 1774, nach dem Schloßbrand, erwarb und selbst nutzte: das Wittumspalais. Der geschäftstüchtige Hofjäger Hauptmann, der etwa zwanzig Gebäude in der Stadt errichtet hat, baute 1779 auf dem neuen Platz vor dem Wittumspalais das Komödienhaus, in dem wenige Jahre später Goethes und Schillers Bühnenkunst sich aufs nachhaltigste entfaltete. Die Umgestaltung des engen, eingeschnürten mittelalterlichen Weimar zu einer hellen, freundlichen und zeitgemäßen Residenz leitete Herzogin Anna Amalia ein. Das typische, bis heute zu großen Teilen erhaltene Bild des »klassischen Weimar« zwischen Goethehaus, Schillerhaus, Wittumspalais und Nationaltheater ist ihr geistiges Werk. Parallel dazu wurden Kanalisierungsarbeiten anberaumt, die Röhrenfahrten oder Wasserleitungen erneuert und verbessert, die Stadtbeleuchtung ernsthaft umgesetzt und die Anzahl der Brunnen vermehrt.[92]

Coudrays baumeisterliches Wirken in der ersten Hälfte des 19. Jahrhunderts vervollständigte und vollendete dieses klassizistische Bild des Stadtäußeren, indes Maria Pawlowna als Geldgeberin und Initiatorin den geistigen Part Anna Amalias übernahm und sogar noch verstärkte.

Der Umbau des »Grünen Schlosses« zur Bibliothek

Neben den städtebaulichen Maßnahmen der Regentin fand eine weitere wichtige Neuerung statt. Der in drei beengten Räumlichkeiten der Wilhelmsburg aufgestellten herzoglichen Büchersammlung – immerhin 30 000 Werke – verschaffte sie ein neues Domizil. Wolfenbütteler Erfahrungen mit einer bedeutenden Bibliothek nutzend, ließ sie durch den Eisenacher Landbaumeister August Friedrich Straßburger das »Grüne Schloß«, 1565 von Herzog Johann Wilhelm im Renaissancestil erbaut, 1761 bis 1766 zur Bibliothek umrüsten. Das zuletzt als Zeughaus dienende Gebäude erhielt einen festlichen Saal mit zwei Galerien, wo nicht nur die Bücher repräsentativ aufgestellt, sondern auch Teile der Gemäldesammlung und der fürstlichen Kunstkammer ausgestellt werden konnten. Der so entstandene, schlicht ornamentierte, weißgoldene »Rokokosaal« vergrößerte den kulturellen Ruf der Weimarer Regentin vor allem deswegen, weil sie das Haus ab 1766 zur allgemeinen Benutzung freigab und somit der Bibliothek ein öffentlich-selbständiges, vom Hof unabhängiges wissenschaftliches Eigenleben ermöglichte. Dadurch nahm sie liberale Tendenzen vorweg, die Jahre später Goethe zu verwirklichen trachtete, indem er die »Militärmacht« Carl Augusts reduzierte. Die Fürstin hatte das somit schon praktiziert, indem sie ein militärisches Zeughaus in ein literarisches umwandelte. »Die Reputation Anna Amalias verdankt sich ihrer Kunst, der Verschränkung höfischer und bürgerlicher Interessen.«[93]

August von Kotzebue

Karl Christian Kotzebue, mit seiner Sippe im Wolfenbütteler Troß der jungvermählten Herzogin nach Weimar gekommen, witterte hier die Chance eines sicheren beruflichen Fortkommens. Als Kabinettsekretär und Legationsrat setzte er sich in der neuen Heimat fest, starb aber bereits 1761. Eine Schwester, Demoiselle Amalie Dorothee, unvermählt geblieben, Kammerfrau der Herzogin, gehörte zu den ersten Kinderfrauen, die sich um den neugeborenen Erbprinzen Carl August kümmerten; eine zweite ehelichte den Gymnasiallehrer und Märchendichter Musäus.

In *Dichtung und Wahrheit* erinnerte sich Goethe an die Weimarer Verhältnisse, die ihm der Frankfurter Landsmann Kraus als erster geschildert hatte: »Von Frauen war Wolfs Gattin und eine Wittwe Kotzebue, mit einer liebenswürdigen Tochter und einem heitern Knaben, nebst manchen andern rühmlich und charakteristisch bezeichnet.«[94] Bei jenem »heitern Knaben« handelte es sich um August Kotzebue, der, 1785 geadelt, zu einem der namhaftesten literarischen Gegenspieler Goethes werden sollte. Im Todesjahr des Vaters wurde er am 3. Mai im Gelben Schloß, wo die Beamtenfamilie eine Dienstwohnung innehatte, geboren. Nach dem Weimarer Gymnasialbesuch studierte er in Jena Jurisprudenz und kehrte 1780 als Advokat in die Ilmresidenz zurück. Seinem eingeborenen Drang nach eitler Selbstdarstellung und ätzender Satire stets nachgebend, verscherzte er sich Goethes und des Hofes Sympathien und sah sich 1781 zum Verlassen der Vaterstadt genötigt. Als Dramatiker und Prosaschriftsteller machte er sich daraufhin europaweit einen literarischen Namen, erwarb er in russischen Diensten, in drei Ehen mit begüterten baltischen Frauen und als freier Autor ein beachtliches Vermögen, das den Neid der Weimarer Geistesgrößen hervorrief. Verschiedentlich nach Weimar zurückgekehrt, fand er dennoch nie Anschluß an die Kreise um Goethe oder den Herzog und gefiel sich in bissigen Attacken oder Intrigen gegen das offizielle Weimarer Kulturleben.

Seine geschickt komponierten Rührstücke gefielen der Masse des leichthin unterhaltenen kleinbürgerlichen Publikums, denn sie verfolgten kaum pädagogische oder kunsterzieherische Ziele. Obwohl darin der Kardinalunterschied zu den Intentionen der »Klassiker« Schiller und Goethe bestand, ließ Goethe als Theaterleiter, ökonomischen Zwängen folgend, an zahllosen Abenden Kotzebue spielen.

Zu Beginn der Restauration nach 1815 zunehmend im Ruf eines russischen Spitzels, fiel er – erster politischer Mord neuester deutscher Geschichte – in Mannheim den Dolchstichen des Jenaer Studenten und Burschenschaftlers Karl Ludwig Sand zum Opfer. Seine ungewöhnliche Laufbahn brachte ihm Höhen und Tiefen, europäische Bestseller wie *Menschenhaß und Reue, Graf Benjowsky* oder *Die deutschen Kleinstädter* (aus dem der Begriff »Krähwinkel« zum Synonym für deutsche Spießigkeit wurde) füllten die Theatersäle; eine kuriose Verbannung nach Sibirien endete, wie seine Stücke, in seichter Harmonie.[95]

Wenn Weimars geistiger Ruf mit Namen wie Goethe, Schiller, Herder und Wieland eng verknüpft ist, wird allzu leicht vergessen, daß auch Antipoden wie Kotzebue zu dem spannungsvollen Ambiente zählten. Besonders im Bereich der politischen Geschichte gehört Kotzebues Name – durch sein unglückliches Ende – zu den geistigen Anfängen einer ideologischen Entwicklung, die vor physischer Gewalt, Terror und Mord nicht zurückschreckte und im 20. Jahrhundert zu den entsetzlichsten Taten führte.

D[en] 15 Xbt. [Decembris] [1794]

Die Aufführung von Kotzebues Benjowsky machte einen unaussprechlich fatalen Eindruck auf ihn [Herder]. Er wollte beym dritten Act schon heraus gehn, u. aß vor Angst alle Bonbons in seiner Tasche auf. Ihm ward die Russische Uniform wieder so lebhaft, und [er] erinnerte sich, wie er einst selbst zweimal dem Russischen Scepter huldigen mußte, einmal als Student in Königsberg, als die Russen Preußen besetzt hielten, das zweitemal, als er schon Collaborateur in Riga war, als grade bey der Feier des Friedensfestes die Thronbesteigung Katharinas bekannt gemacht u. ihr in Riga gehuldigt wurde. Empfehlung von Opitz Schicksalen in der Calmückischen Gefangenschaft. Eine äuserst darstellende Lectüre.

> *Ein wahres Wort war heute bey Abschied gesprochen, als sich die Herdern über die schlechten Theaterstücke beschwerte:* wenn nirgends mehr Gerechtigkeit auf Erden ist, so muß sie auf dem Theater seyn!
>
> Karl August Böttiger, S. 102

Der Besuch Friedrichs II.

Der dritte Schlesische Krieg, später der Siebenjährige genannt, hätte am 12. August 1759, mit der schweren Niederlage Friedrichs II. in der Schlacht bei Kunersdorf, fast sein Ende gefunden. Das war wenige Tage vor dem Beginn der Regentschaft Anna Amalias. Der kurz darauf erfolgte Tod der Zarin Elisabeth – das »Mirakel des Hauses Brandenburg« – führte zum Ausscheren der Russen aus der antipreußischen Koalition, Friedrich konnte wieder aufatmen – und neue Soldaten rekrutieren.

Von Sachsen-Weimar forderte er ein Kontingent von 150 Mann. Anna Amalia befand sich in einer schwierigen Situation: als Reichsstand mußte sie dem Kaiser gegenüber Pflichten erfüllen. So billigte sie, daß weimarische junge Männer vor den preußischen Werbern in die Wälder flohen, erfüllte aber die gesteigerten Forderungen aus Berlin – vierhundert Soldaten –, diplomatisch klug, durch Teilkontingente. Der Präzedenzfall Sachsen hatte gelehrt, wie rigoros der Preußenkönig widerstrebende Nachbarländer von der Ernsthaftigkeit seiner Forderungen überzeugte. Der Friede von Hubertusburg vom 15. Februar 1763 erlöste Anna Amalia aus einer politischen Pattsituation, die sie nicht unbegrenzt hätte aushalten können. 1765 heiratete zudem ihre Schwester Elisabeth den preußischen Thronfolger, den späteren König Friedrich Wilhelm II. Preußischer Onkel, und – nach Friedrichs Tod 1786 – preußischer Schwager blieben für Weimars Politik nicht ohne Folgen; Carl August würde sich später daran zu halten wissen.

Nach dem Hubertusburger Frieden kam König Friedrich II. auf seiner Rückreise auch durch Weimar. Er fand Gefallen an dem wohlgeordneten Regiment seiner erst 24jährigen Nichte und an seinem sechsjährigen Großneffen Carl August, dessen außerordentliche Begabung wohl auf die Hofhistoriographie zurückgeführt werden muß, denn die Erzieher des erbprinzlichen Knaben verzweifelten zu der Zeit an ihrer Aufgabe. »In der Musikstunde scheint Carl August mehr Geigenbogen und Klaviertasten zertrümmert zu haben, als er an musikalischen Fertigkeiten gewinnen mochte«, und noch der kaum Achtjährige tyrannisierte mit zwei kleinen Kanonen – hier seinem Berliner Königsverwandten im kleinen nacheifernd – die Fußgänger auf den Wegen nach Belvedere.[96] Glaubhaft ist dagegen, daß sich der Preußenkönig bei einem neuerlichen Zusammentreffen mit Carl August 1771 im Braunschweiger Schloß von dessen Auftreten stark beeindruckt zeigte. Gegenüber dem Herzog von Braunschweig soll die Bemerkung gefallen sein, daß er – Friedrich – »noch nie einen jungen Mann gesehn habe, der zu so großen Hoffnungen berechtige, wie Carl August«.[97]

DER MÄRCHENDICHTER CARL AUGUST MUSÄUS

Der geradlinig-biedere Jenaer Landrichterssohn, 1735 geboren, war zum Pfarrer bestimmt, legte die angestrebte schwarze Kutte aber zur Seite, als ihm Farnrodaer Bauern vorwarfen, Tanzbodenbesuche seien unvereinbar mit dem Seelsorgerberuf. Er wandte sich der Schriftstellerei zu, arbeitete an Nicolais *Allgemeiner Deutscher Bibliothek* mit und errang mit dem parodierenden Roman *Grandison der Zweite*, der die Empfindsamkeit aufs Korn nahm, ersten literarischen Ruhm. 1763 berief Anna Amalia ihn als Pagenerzieher nach Weimar, sechs Jahre später folgte die Berufung als Professor für alte Sprachen und Geschichte am Weimarer Wilhelm-Ernst-Gymnasium. 1770 heiratete er eine der Schwestern Kotzebues und lebte mit seiner Familie in einer bescheiden-ärmlichen Wohnung in der Seifengasse. Privatunterricht und kleine Gelegenheitsdichtungen bes-

serten das Haushaltssalär nur mühsam nach. Einen ersten finanziellen Erfolg verbuchte er mit den 1778 erschienenen *Physiognomischen
Reisen*, einem satirischen Buch, das die verbreitete Lavater-Euphorie
zum Ziel hatte. Das brachte ihm bei Goethe, der als Beiträger an den
Physiognomischen Fragmenten des Zürchers mitgearbeitet hatte,
nicht nur Sympathie ein, aber Musäus verkehrte seit Jahren im Kreise
der Herzogin Anna Amalia, im Hause Herders und Wielands; er
gehörte dazu.

Johann Carl August Musäus.
Zeichnung von
Georg Melchior Kraus

Die 1782 bis 1786 erschienenen fünf Bände *Volksmärchen der Deutschen*, eine Vorform des Kunstmärchens, bei denen er alte Sagenstoffe
mit zeitgenössischen Anspielungen vermischte, stellten den entscheidenden finanziellen Erfolg und den Durchbruch als Autor dar.

Musäus, ein begeisterter Gärtner, konnte nun einen großen Garten erwerben, einen ehemaligen Wein- und Obsthang zwischen Altenburg und Rothäuser Bergweg, dessen Wegesystem, Terrassierungen und Pflanzungen selbst Carl August bewunderte. Die kleinbürgerliche Selbstgenügsamkeit Musäus', der, die Kaffeekanne unterm Arm, von seinem Haus am Kegelplatz in Richtung Garten wandelte, war stadtbekannt und könnte ein weiterer Grund gewesen sein, warum sich zu Goethe kein wärmeres Verhältnis herstellte. »Er schrieb Satiren, und hatte keine Feinde«, schrieb sein Neffe und Schüler, August von Kotzebue, später treffend über den Mann, der doch in seiner Person und in seinem biedermeierlichen Lebensstil ein charakteristisches Stück Weimar verkörperte und heute fast vergessen ist.

6. Juni 1824

Er [Goethe] saß im Hemdärmel und trank mit Riemern. Ersteres ward Ursache, daß er Line nicht annahm, trotz meines Bittens. »Sie soll«, sagte er zu Ottilien, »des Abends zu mir kommen, nicht wenn Freunde da sind, mit denen ich tiefsinnig oder erhaben bin!« Nicht leicht hab' ich ihn geistreicher und lebhafter gesehen. Von Kirchnern kam das Gespräch auf Humor.

»Nur wer kein Gewissen oder keine Verantwortung hat, kann humoristisch sein. Musäus konnte es sein, der seine Schule schlecht genug versah und sich um nichts und um niemand kümmerte. Freilich humoristische Augenblicke hat wohl jeder, aber es kommt darauf an, ob der Humor eine perennierende Stimmung ist, durchs ganze Leben geht.«

Kanzler von Müller, S. 125

Die Errichtung des Tiefurter »Schlösschens«

Ein mittelalterlicher Herrenhof, der bis in das 13. Jahrhundert zurückgeht, wurde bereits in der Mitte des 16. Jahrhunderts in ein landesherrliches Kammergut umgewandelt. Das alte Herrenhaus mußte 1765 wegen Baufälligkeit abgerissen werden; das neue Pächterhaus entstand auf den Fundamenten des alten Gebäudes. Die Park- oder Ostseite des schlichten Baus folgt in der Gestaltung einem Landhaustyp, den die französische Königin Marie Antoinette etwa zur gleichen Zeit in Hameau bei Petit Trianon errichten ließ, um ländliches Leben zu kopieren.[98]

1775 wurde das Gut für die kleine Hofhaltung des Prinzen Constantin, des Bruders von Carl August, hergerichtet. Sein Erzieher, Carl Ludwig von Knebel, Goethes späterer »Urfreund«, begann mit der Gestaltung einer Parkanlage, die allerdings erst im 19. Jahrhundert, durch Fürst Hermann Ludwig Heinrich von Pückler, ihren endgültigen gestalterischen Abschluß fand. Constantin nutzte das Gutshaus wenig. Seine kulturelle Blütezeit setzte ab 1781 ein, als Herzogin Anna Amalia ihren Sommersitz von Ettersburg nach Tiefurt verlegte und damit auch ihren geselligen Zirkel nach sich zog. Das ungezwungene Treiben an diesem Hof ohne Hofetikette währte über zwei Jahrzehnte. Das *Tiefurter Journal*, eine handschriftlich in elf Exemplaren kopierte Zeitschrift, dokumentierte das literarisch-künstlerische Leben Tiefurts in den Jahren 1781 bis 1784. Goethes Stück *Die Fischerin* mit Corona Schröter in der Hauptrolle ist 1782 hier in der Naturidylle an der schlängelnden Ilm aufgeführt worden.

Nach der Schlacht von Jena 1806 plünderten französische Soldaten das Schlößchen, und erst Anna Amalias Enkel, der spätere Großherzog Carl Friedrich, und dessen Gattin Maria Pawlowna, nutzten es wieder intensiv und setzten die Parkpflege fort. Der umgebende englische Landschaftspark, der die Steilhänge eines Ilmbogens glücklich einbezieht, wurde schon zu Anna Amalias Zeiten mit Musentempeln, »Vergilgrotte« und Erinnerungsmonumenten ausgestaltet. Das 1799 errichtete Mozart-Denkmal ist das erste überhaupt für diesen Komponisten in Europa. Wenige Kilometer flußabwärts von Tiefurt, in

Oßmannstedt, hatte sich Wieland sein Landgut »Osmantinum« hergerichtet. Spaziergänge zwischen beiden Orten entlang der Ilm gehörten zu den beliebtesten Sommervergnügungen, in die auch Goethe eingebunden war, dessen ländliche Sommerfrische sich von 1797 bis 1803 in Oberroßla befand, ebenfalls nahe der Ilm gelegen.

Goethe an Carl Ludwig von Knebel, 27. Juli 1782

Für Tiefurt hab ich eine Operette gemacht, die sehr gut und glücklich aufgeführt worden. Da du das lokale so genau kennst, wirst du dir beim Lesen den schönen Effeckt dencken können. Die Zuschauer sasen in der Mooshütte wovon die Wand gegen das Wasser ausgehoben war. Der Kahn kam von unten herauf pp. Besonders war auf den Augenblick gerechnet wo in dem Chor die ganze Gegend von vielen Feuern erleuchtet und lebendig von Menschen wird.

WA IV 6, S. 17

DER BAU DES SPÄTEREN WITTUMSPALAIS

Der Minister Jakob Friedrich Freiherr von Fritsch hielt es für angebracht, die Änderungs- und Verschönerungspläne seiner Fürstin im Bereich zwischen Frauen- und Erfurter Tor mit einem eigenen Neubau zu unterstützen. So ließ er 1767 durch den Landbaumeister Johann Gottfried Schlegel am Ende der neuen Esplanade zwischen den abgerissenen inneren und äußeren Mauern der Stadtbefestigung ein Gebäude errichten, in das Teile des ehemaligen Franziskanerklosters einbezogen wurden. Zum Neubau gehörte ein großer Garten, der sich bis zum Erfurter Tor erstreckte und noch längere Zeit durch den stehen gebliebenen Stadtmauerrest begrenzt wurde.

Nach dem Brand der Wilhelmsburg 1774 kaufte der Hof das Haus

Abendgesellschaft bei der Herzogin Anna Amalia. Aquarell von Georg
Melchior Kraus, 1795

von Fritsch, um der Herzoginmutter eine standesgemäße Stadtwohnung
herrichten zu können. Ergänzt durch einen kleineren Erweiterungsbau,
bewohnte Herzogin Anna Amalia das nun Wittumspalais genannte
Haus dreiunddreißig Jahre lang bis zu ihrem Tod 1807. Es war der
unbestrittene geistig-kulturelle Mittelpunkt der Stadt, und die mit sechs-
unddreißig Jahren im Ruhestand befindliche Fürstin ihr leuchtender
Fixpunkt. Jenaer Professoren, Gelehrte und Künstler, die die Stadt
besuchten, wurden eingeladen und freundlich empfangen. Die »Tafelrunde«, von Georg Melchior Kraus bildlich festgehalten, verrät einiges
von der liberalen und geselligen Atmosphäre, die Anna Amalia im Wittumspalais um sich herum zu verbreiten wußte. Adel und Bürgertum,
Einheimische und Fremde beiderlei Geschlechts kamen ungezwungen
zusammen. Es wurde vorgelesen, gezeichnet und musiziert, doziert und
diskutiert. Der Ruf der Weimarer Herzogin gründete sich Ende des 18.
Jahrhunderts auf vielerlei Maßnahmen und Neuerungen; die »Tafelrunde« wirkte magnetisch auf viele bürgerliche Geister Deutschlands.

Die Freimaurerloge
»Anna Amalia zu den drei Rosen«

Am 24. Oktober 1764, dem 25. Geburtstag Anna Amalias, wurde die Weimarer Freimaurerloge gegründet. In der Namensgebung fand die herzogliche Protektion der aufgeschlossenen Regentin ebenso ihren Niederschlag wie in der freimaurerischen Tradition ihrer Braunschweiger Familie: Herzog Carl I., der Vater, war Sympathisant, und die Brüder Ferdinand, Friedrich August und Leopold hatten hohe Ämter im Orden inne.

Der Geheime Legationsrat Jakob Friedrich von Fritsch übernahm das Amt des Meisters vom Stuhl. Die Loge, der liberale Höflinge und Beamte wie beispielsweise Bertuch angehörten, führte ab 1773 regelmäßige Zusammenkünfte durch, und am 23. Juni 1780 erfolgte die Aufnahme Goethes. Der Geschäftsführer der in Weimar lebenden Witwe des dänischen Ministers Graf Bernstorff, Johann Joachim Christoph Bode, leitete die Veranstaltung. Bode war einer der besten Kenner der Freimaurerei in Deutschland und Frankreich und bereits 1761 der Hamburger Loge »Absalom« beigetreten. 1787 gründete er, unterstützt vom Freiherrn von Dalberg, die Erfurter Loge »Karl zu den drei Rädern«.

Im Februar 1782 trat auch Herzog Carl August »auf ausdrückliches Verlangen in völlig versammelter Loge« bei, zugleich wurden Goethe und der Jenaer Medizinprofessor Christian Loder zu Meistern ernannt. Deutschlandweite Querelen, die mit den Phantastereien des Geheimbunds der »Strikten Observanz« zusammenhingen, führten dazu, daß die Weimarer Loge sechsundzwanzig Jahre nicht mehr zusammentrat, sie »quieszierte«.

Einen neuen Aufschwung nahm die Freimaurerei durch den Hamburger Schauspieler Friedrich Ludwig Schröder, der Weimar mehrfach besuchte und dabei mit Herder über den Orden und seine Auffassungen von Ritualen und der humanistischen Ziele diskutierte.

Herders *Freimaurergespräche*, 1802/03 in der Zeitschrift *Adrastea* erschienen, sind ein Ergebnis dieser Kontakte. 1808 erfolgte der Versuch einer Neugründung einer Loge in Jena, was Goethe und Carl

August aus Gründen der Staatsräson ablehnten, dafür aber die
»ruhende« Loge Anna Amalia neu belebten; Bertuch wurde als Meister vom Stuhl gewählt. Eine schlichte Feier am 24. Oktober 1808 –
die Fürstin war inzwischen gestorben – bezeichnete die Wiedereröffnung am 44. Stiftungstag. Eines der prominentesten Mitglieder wurde wenig später der 76jährige Wieland; auch Goethes Sohn August
wurde 1815 aufgenommen. Der Vater erhielt zur 50jährigen Mit-
gliedschaft 1830 die Ehrenmitgliedschaft. Weitere prominente Lo-
genbrüder im »klassischen« Weimar waren Coudray und der Kanzler
von Müller.[99]

> Er [Bertuch] trat als junger Ehemann zur damals in Weimar sehr flei-
> sig arbeitenden Loge. Seine Frau war sehr gegen diese Ordensverbin-
> dung, weil der Mann nichts vor der Frau geheim halten müsse. Er hat-
> te manchen Strauß darüber abzubinden. Grade an seinem Recep-
> tionstage, als ihn Kraus abholte, lag seine Frau in Geburtsschmerzen
> u. hatte fausses couches gemacht. Es gehörte bei einem zärtlichen und
> jungen Ehemann allerdings einiger Mut dazu, unter diesen Umstän-
> den in die Reception zu gehn. Kraus schlug ihm Aufschub vor. Er
> blieb aber fest, und ging. Aber nach einigen Jahren war es Bertuch,
> der als Bruder Redner laut die Schwäche des Ordens aufdeckte, und
> die Veranlassung gab, daß die Loge sich ganz trennte.
>
> Karl August Böttiger, S. 288

DEM
HOCHVEREHRTEN RUHMGEKRÖNTEN
MEISTER
IN DER KÖNIGLICHEN KUNST
UND EDELSTEM VORBILD
MAURERISCHER TUGEND

JOHANN WOLFGANG von GOETHE

IHM
DER IN WEISHEIT SCHÖNHEIT STÄRKE
AUF LANGER SEGENSREICHER BAHN
FÜR MIT- UND NACHWELT
GLORREICH VORGELEUCHTET
MIT HELLEM FORSCHERBLICK
TIEF IN DAS INNRE DER NATUR GEDRUNGEN
DER WAHRHEIT HEILIG FEUER
BEWAHRT GENÄHRT VERBREITET
UND
DURCH DEN ZAUBER DES GESANGES
WEIT GETRENNTE VÖLKER
ZU HEITRER GEISTGENOSSENSCHAFT VEREINIGT
IHM WEIHET
DIESE URKUNDE

DER EHRENMITGLIEDSCHAFT
ZU FROHSTER FEYER
DER FUNFZIGSTEN WIEDERKEHR DES TAGES
SEINER AUFNAHME IN IHRE HALLEN

DIE LOGE AMALIA ZU WEIMAR
ALS PFAND
INNIGSTER VEREHRUNG DANKBARKEIT UND LIEBE
AM 23. JUNI 1830.

Juden im »klassischen« Weimar

Herzogin Anna Amalia berief am 7. April 1770 Jacob Elkan nach Weimar, ernannte ihn »gnädigst« zum Hofjuden und gestattete ihm die freie Handlung im Fürstentum Weimar. Damit beginnt die 90jährige Geschichte dieser jüdischen Familien in Weimar. Elkan belieferte vor allem den Hof mit kostbaren Stoffen, Leinwand und Barchent, Handschuhen, goldenen Tressen und Silberzeug, versorgte aber auch die Stadtbevölkerung mit Luxus- und Vergnügungsartikeln, so z. B. mit Larven, Masken und Dominos, die für die Maskenbälle benötigt wurden. Jakob Löser, Elkans Schwager, und Gabriel Ulmann siedelten sich im Gefolge gleichfalls in der Residenz an und betrieben Edelmetallgeschäfte; besonders die herzogliche Münze in Eisenach bediente sich ihrer Dienste, etwa bei der Beschaffung des stets raren Prägesilbers.

1790 ernannte Carl August Elkan zum Hoffaktor. Da die jüdischen Familien in Weimar sehr kinderreich waren, erbat Elkan 1774 bei der Herzogin einen eigenen Begräbnisplatz, den er, östlich des Schlosses gelegen, auch erhielt; dieser »Jüdische Friedhof« existiert als Denkmal noch heute. Der bekannteste Jude im klassischen Weimar ist Julius Elkan, Sohn des Jacob. Am Burgplatz, vor dem Löwenportal des Residenzschlosses, sozusagen unter unmittelbarem Schutz des Hofs, etablierte er sein Bankgeschäft; er betrieb Wechselgeschäfte, Kreditierungen und Juwelenhandel. Zum »Hofbanquier« ernannt, erfreute sich der Geldmann bald eines ausgezeichneten Rufs und konnte auf illustre Namen unter seiner Kundschaft verweisen, z. B. Goethe, Eckermann, Hummel, Franz Liszt, Justus Perthes, Friedrich Preller, Charlotte und Ernst von Schiller, Adele und Johanna Schopenhauer, die Familie von Stein.[100]

Die Errichtung des Fürstenhauses

Anton Georg Hauptmann, windiger Spekulant, rühriger Bauunternehmer, gerissener Proviantaufkäufer der französischen Armee, gelernter Jäger in der Falknerei der Weimarer Herzöge, anrüchiger Handelsmann, gerichtlich verfolgter Flüchtling und Söldner – eine der schillerndsten Persönlichkeiten Weimars trat mit ihm aus dem geschichtlichen Dunkel.

1770 wurde er, ungeachtet aller vorausgehenden biographischen Kapriolen und halsbrecherischen Geschäfte, von Anna Amalia mit dem Titel eines Fürstlichen Sächsischen Hofjägers versehen und machte in der Folge mehrfach als Bauherr größerer Gebäude in der Residenz von sich reden, für die er privates Kapital spekulativ einsetzte.

Im Auftrag Anna Amalias baute er 1770/74 das Landschaftskassengewölbe am Fürstenplatz, das der Landbaumeister Johann Gottfried Schlegel entworfen hatte. Ein Jahr nach der Fertigstellung brannte die Wilhelmsburg nieder, so daß die fürstliche Familie hier für 28 Jahre ein provisorisches Domizil fand. Der Name Fürstenhaus geht auf diese Periode zurück. Hier lagen nicht nur die Wohnräume der Familie Carl Augusts, hier tagte das Geheime Conseil, und hier verfügte auch Goethe zeitweise über eine kleine städtische Bleibe, wenn er die Nacht nicht im Gartenhaus verbringen wollte.

Das Fürstenhaus diente später den Landständen zur Zusammenkunft und beherbergte die Freie Zeichenschule. Seine schlichte frühklassizistische Fassade wude erst gegen Ende des 19. Jahrhunderts durch den stilbrechenden Säulenvorbau verändert. Hauptmanns oft beklagte schluderige Bauweise war dennoch typisch für Weimar: fehlende Finanzmittel führten zur mangelhaften Ausführung des Baus.

Die »zierliche Jungfrau«
Christoph Martin Wieland

Als »zierliche Jungfrau zu Weimar«, die oft »schmolle«, hat Goethe den Freund in den *Xenien* ironisch-liebevoll-spöttisch verulkt,[101] denn er war »klein, schmächtig und pockennarbig, er hatte eine lange Nase, kurzsichtige Augen und Spindelbeine«.[102] Im September 1772 verließ er das wegen akademischer Querelen ungeliebte Erfurt und folgte dem Ruf der Herzogin Anna Amalia nach Weimar. Die Bedingungen hörten sich gut an. Für drei Jahre – der Erbprinz war bereits fünfzehn Jahre alt – sollte er mit 1000 Talern Gehalt Prinzenerzieher sein, danach gewährte ihm der Weimarer Hof eine lebenslange Pension von 600 Talern jährlich (Carl August erhöhte sie auf 1000 Taler) – fürwahr eine verlockende Perspektive für einen nach materieller Unabhängigkeit strebenden Autor, der »in sokratischer Mittelmäßigkeit, weder arm noch reich, aber in Muße leben« wollte.[103]

Geschichtsphilosophie, Theorie der schönen Wissenschaften, später Natur- und Völkerrecht waren Wielands Lehrgebiete bei den beiden Söhnen der Herzogin. Das Geschäft ließ ihm dennoch die Zeit, mit Anton Schweitzer u. a die *Alceste* für die Bühne zu bearbeiten und dann vor allem ein langgehegtes Projekt umzusetzen: die Herausgabe einer populären Zeitschrift für ganz Deutschland nach dem Vorbild des gängigen *Mercure de France*. Ab 1772 erschien der *Teutsche Merkur*, der auf Grund einer breit angelegten publizistischen Konzeption bald ein für damalige Verhältnisse riesengroßes Lesepublikum erreichte und Weimar einen entsprechenden literarischen Ruhm verschaffte, einen Ruhm freilich, der mit der äußeren Ärmlichkeit der Residenz in krassestem Widerspruch stand. Dieser Widerspruch, einer der Hauptcharakterzüge der Ilmresidenz von Anbeginn, blieb immer bestehen, im Grunde bis zur unmittelbaren Gegenwart. Wie »auf dem Berge Mitria oder mitten in der Wüste Zara« fühlte er sich,[104] aber durch die geistige Mitarbeit vieler deutscher Autoren, z. B. Mercks oder Jacobis, wurde der *Merkur* tatsächlich ein aufklärerisches »National-Journal«, anfangs sogar mit beträchtlichem kommerziellen Erfolg (was ihm zunächst sogar die Freunde ankreideten

Titelblatt von »Alceste«. Kupferstich von Christian Gottlieb Geyser
nach Christian Wilhelm Steinauer, 1774

und neideten). Goethe sprach z. B. vom »Sau Merkur« und verglich
ihn mit einer »Cloake«.[105] Die 38jährige Geschichte des *Merkur* sollte seinem ersten Herausgeber und fleißigen Hauptbeiträger freilich
recht geben, und vielleicht war es sogar ein Vorteil, daß viele, auch
mittelmäßige Autoren wie Christian Joseph Jagemann oder Friedrich
Schulz beigetragen hatten. 1810 ging das Blatt ein. Das Ende hatte
sich schon angekündigt: Wieland arbeitete längst nicht mehr mit, seit
1799 fungierte Karl August Böttiger als Herausgeber.
　　Wielands journalistische und dichterische Arbeiten nach seiner
»Pensionierung« 1775 – er war 41 Jahre alt – vermehrten den Ruf der
Stadt, in der er wirkte, ohne daß deren ärmliches Erscheinungsbild,
allen weiteren Maßnahmen des jungen Herzogs Carl August zum

Trotz, sich grundsätzlich verändert hätte. Der Roman *Geschichte der Abderiten*, eine versteckte Satire auf Spießertum und Kleinstadtmief, 1780 vollendet, sei z. B. »entstanden in einer Stunde des Unmuths, wie ich von meinem Mansardenfenster herab die ganze weimarische Welt voll Koth und Unrath erblickte, u. mich an ihr zu rechen beschloß«.[106] Als Shakespeare-Übersetzer und Übersetzer antiker Autoren – Horaz und Lukian, Cicero und Aristophanes – hat Wieland stark auf die entsprechende deutsche Rezeption dieser Autoren eingewirkt. Das später von Goethe thematisierte »Weltliteratur«-Thema ist damit bereits von Wieland praktisch verwirklicht worden. 1808 von Napoleon noch mit dem Orden der Ehrenlegion ausgezeichnet, starb Wieland 80jährig am 20. Januar 1813 in Weimar; neben Frau und Freundin fand er auf seinem ehemaligen Gut Oßmannstedt, seinem »Osmantinum«, die letzte Ruhe. 41 Jahre lang hatte er zum Ruf der armen Land- und Residenzstadt Weimar, der literarische und geistige Mittelpunkt Deutschlands zu sein, mit seiner Person, mit dem *Merkur* und seinen Romanen und Übersetzungen entscheidend beigetragen. Eine scherzhafte charakteristische Selbstbeschreibung von 1775 war in Erfüllung gegangen. »Wieland, ein Mann, der gerne Verse macht, ohne alle Ambition ist, und in häusliches Glück sein höchstes Gut setzt, mit seinem Zustande in Weimar zu wohl zufrieden ist, um diesen Ort anders, als im Tode zu verlassen.«[107]

Wieland an Carl Ludwig von Knebel, 24. Dezember 1774

Die außerordentliche Wirkung, die die persönliche Bekanntschaft Goethes auf Sie, teurer Freund, gemacht hat, erklärt sich aus der Vortrefflichkeit Ihres Herzens und einer Art Fühlbarkeit, die auch in der Übertreibung noch liebenswert ist. Aber wahrhaftig, wenn Sie mir rieten, so bald als möglich zu gehen, diesen Wundermann zu beschauen, so bedachten Sie nicht, daß Sie Ihrem Freunde Wieland diesen Rat gaben. Herr Goethe dürfte besser in der Lage sein als ich, Reisen zu unternehmen.
Er hat mir ein Briefchen geschrieben, das mir im ersten Augenblick eine Überraschung bereitet hat durch einen Anschein von Naivetät,

den es trägt. Nachdem ich es indessen aufmerksam gelesen und wieder gelesen habe, sah ich gleichfalls, was jedermann darin erkennt, denn ich lasse es jeden lesen, der Lust hat: daß der Herr Goethe keine andere Absicht gehabt hat, als sich über mich lustig zu machen.
Ich verzichte vollständig und für immer auf die Ehre, mit all diesen Genies und Schöngeistern, die Sie bisher auf Ihrer Reise gesehen haben, Bekanntschaft zu machen.

Karl Theodor Gaedertz, S. 181

Schiller an Christian Gottfried Körner, 10. September 1787

Klopstok habe ihn nach Wieland einmal gefragt, darauf habe er ihm folgende Antwort gegeben. Er wünschte, Wielands wegen, daß er auf eine halbe Stunde Jesus Christus beim jüngsten Gericht seyn dürfe.
»Was würde er dann thun« fragte Klopstock.
Wieland müßte vor ihm, alle seine Schriften unter dem Arm erscheinen, um sein Urtheil zu hören. Sind sie Herr Wieland aus Weimar würde er zu ihm sagen – Ja – Nun Herr Wieland, sehen sie, dahin ligt rechts und dorthin links. Gehen sie nun wohin es ihnen beliebt – wohin es ihnen beliebt, aber nehmen sie sich nur in Acht. Das sag ich ihnen. Geben sie wol acht! – Die Satyre ist sehr fein, wenn man Wieland kennt, sein Lavieren zwischen gut und Übel, seine Furcht und seine Klugheit.
Wieland hat noch jetzt erstaunlich viel jugendliches, fast kindisches. Er hatte sich immer decisiv und scharf gegen Lavatern erklärt. Lavater kam nach Weimar und bey Göthen war Soupee wo er, Wieland, Herder, Bode und der Herzog beisammen waren. Da kriegte ihn Lavater so ganz weg, daß er ihm die Hand küßte als er in den Wagen stieg. Und jetzt spricht Wieland wieder mit bitterer Verachtung von ihm – davon war ich selber Zeuge. Diese Ungleichheit bezeichnet sein ganzes Wesen, aber sie ist an ihm mehr als an tausend andern zu verwundern und doch auch zu entschuldigen – denn Wieland hat eine höchst reizbare Empfindung, welche ihn nie zu Grundsätzen gelangen läßt.

SNA, 24, S. 154

Wieland *verlor einmal auf dem Wege von Belvedere nach Weimar ein Rohr mit einem goldenen Stockknopf, u. ließ ihn im hiesigen Wochenblatte ohne Erfolg, zurückfordern. Man sagte ihm, ein hiesiger Krämer, der ihn gefunden hätte, wolle ihn nicht herausgeben. Wieland* erklärte diesen in der Hitze für einen Dieb, u. jener, dem nichts bewiesen werden konnte, verklagte Wielanden injuriarum bey der Regierung. Diese, worunter einige Herren sich bei dem erst kürzlich damals erschienenen Abderitenproceß wegen des Eselsschatten getroffen gefunden u. sehr geärgert hatten, freueten sich, Wielanden edictaliter bey 5 Thalern Strafe, wenn er sich nicht persönlich zur Abbitte u. Ehrenerklärung stelle, zu citiren. Ueber diesen vermeintlichen Schimpf wollte Wieland ganz unsinnig werden, u. ungewohnt mit dem Curialstyl hielt er dieß für eine absichtlich zu seiner Schmach erfundene Formel, die ihn eben so sehr beschimpfe, als wenn er 50 Prügel bekommen hätte. Er wollte sich durchaus nicht stellen, u. eher Weimar verlassen. Man besorgte, daß wenn man ihn doch zum Erscheinen nöthige, er die ganze Regierung ins Angesicht seegnen möchte, u. so vermittelte es* Göthe, *daß sich der Krämer (Helmershausen.) endlich eine Privaterklärung gefallen ließ, und von der Injurienklage abstand. Wieland konnte diese Geschichte ein ganzes Jahr lang nicht verwinden.*

Karl August Böttiger, S. 138

Wieland sprach Richtern [Jean Paul] deßwegen, daß er durch seinen Sommerrock anfänglich hier angestoßen hatte, Trost zu, und erzählte einzelne Auftritte von seiner Hofunerfahrenheit, als er nach Weimar kam. Am ersten Tag wurden ihm als einem Edelmann die Charten präsentirt. Er nahm sie an, unbekümmert ob sich das schickte, oder nicht. Den andern Tag hatte man es herausgebracht, daß er kein Edelmann sei, u. präsentirte ihm keine Karten. Er äuserte darüber gegen den Oberhofmeister Grafen Görz seine Verwunderung u. erfuhr, daß das nicht Hofsitte sei. Er wußte lange nicht, was Cortege *machen sei, und ging immer zuletzt bei der Herzogin. Bis ihn endlich Görz fragte, warum er nicht Cortege mache. (Herder erzählte einige Tage darauf noch ein anderes Stückchen. Die Herzogin Regentin legte damals schon sehr stark roth auf. Wieland, der ihr oft bei der Tafel gegenüber saß, bat sich geradezu die Erlaubniß aus, sie mit der Lorgnette beschauen zu dürfen. Er erhielt diese Erlaubniß und lobte nun mit allem Feuer seiner Dichterberedsamkeit die Rosen ihrer Wangen so lange und so stark, bis ihm endlich einer gerade zu zurief: es sei genug.) W[ieland] gestand, er habe jetzt gar keine Lust mehr Verse zu machen, er könne nur noch Prosa und auch diese nur mit enger Zuziehung des Adelungs schreiben. Als Schwabe wisse er immer nicht, ob ein Verbum habe oder seyn zu sich nehme. So sei ihm diesen Morgen erst zweifelhaft geworden ob man sagen müsse: gestanden habe oder gestanden sey. Adelung habe ihn auch sitzen lassen. Er habe sichs endlich so gelößt: seyn bedeute mehr selbstständig, activen, haben mehr passiven Zustand. So sage ich: Der Lesestein hat lange schon hier gestanden. Aber ich sage von einem Bettler: er ist an der Thüre gestanden. Oft bewundre er seinen Oberon so sehr, daß er selbst nicht begreifen könne, wie er dieß zu dichten vermocht habe.*

Karl August Böttiger, S. 237

Als mir von der Herzogin Regentin die Anträge geschahn, den Erbprinzen hier zu erziehn, lockte mich wieder der Gedanke: einen Prinzen für künftiges Völkerglück zu erziehn, mit unwiderstehlichem Reiz. Ich wandelte damals in den Blumengärten meines goldenen Spiegels, den ich so eben geschrieben hatte. Einen so süßen Traum verwirklichen zu können, das war der Stolz meiner Wünsche. Freylich banden mich Seile der Liebe und Dankbarkeit an meinen guten Kurfürsten Emmerich. Aber dagegen stand der Gedanke seiner Sterblichkeit (und wirklich starb er ein halbes Jahr nachdem ich in Weimar war, wo mich in Erfurt eine Hölle erwartet hätte) und daß ich jetzt in ein bloß protestantisches Land kommen könnte. Ich willigte in meine Berufung, wenn die Herzogin Mutter es durch ihre Vorstellungen dahin bringen könnte, daß mich mein Landesherr und Freund gern entließe. Zu dieser Absicht mußte der hiesige Minister Fritsch (wider seinen Willen) einen demüthig bittenden Bettelbrief an den Kurfürsten von Maynz schreiben, und ihm die Sache so dringend vorlegen,

*daß er fast nicht abschlagen konnte. Die Antwort entsprach der
Erwartung. In einem kurzen, aber trefflich gefaßten Handschreiben
entließ mich der Kurfürst, bat sich aber nur dieß noch aus, daß ich
ihm zum Andenken den Titel Maynzischer Regierungsrath auch in
Weimar behalten möchte. Fritsch hat mir in der Folge das Concept
jener Supplication selbst lesen lassen.*

*Zu den Bedingungen, die die Regentin mir machte, gehörte eine Pen-
sion von 600 Thalern auf Lebenszeit. Der Herzog hat mir aber 1000
Thaler gegeben, das Verzehren derselben aber auf sein Land eingeschränkt. Wäre dieß letztere nicht geweßen, so wäre ich vor 3 Jahren
sicher aus dem belobten Weimar in mein liebes Schwabenland
zurückgezogen. Der Plan war damals so gut, als gewiß. Denn immer
betrachtete ich mich als nicht recht einheimisch und auf dem hiesigen
Boden eingewurzelt. Erst jetzt, da ich im Weimarischen angeseßen
bin, ist es mir, als gehöre ich zu diesem Lande, und könne auch hier
begraben werden, wo ich Grundeigner bin.*

*Man legt hier auf entsetzliche Kleinigkeiten einen großen Werth. Wie
hoch hat man mirs nicht angeschlagen, daß mir der Herzog die Jagd-
gerechtigkeit in meinem eignen Garten erlaubt und die Freiheit zuge-
standen hat, die Haasen zu schießen, die meinen Gartenkohl abfre-
ßen!*

Karl August Böttiger, S. 246 f.

*E[ine] Szene in Osmanstädt. Wieland sitzt in den Visionen seines
Agathodämons. Der kleine Enkel (ein wilder, stämmiger Bube, der
gar nicht zu bändigen ist) schießt auf einmal unten im Hause eine
Flinte los, daß das ganze Gebäude erdonnert. W[ieland] springt mit
Entsetzen auf. Alles läuft beim Vater zusammen. Man glaubt der klei-
ne Liebeskind habe sich erschossen. Wieland wird pathetisch,
beklagt das Elend, mit solchen Ranken geplagt zu seyn, erkennt den
Kleinen gar nicht für seinen Abkömmling, decantat diras tragicas.
Niemand will zur Thüre hinaus, um das Unglück zu beaugenschei-
nigen. Endlich wagt die eine Tochter das Hinabgehn. Man findet die
Flinte des Jägers (für die Haasen im Garten,) im Hause, ein Loch in*

die Thür geschossen. Der Schütz ist über alle Berge. Neue Declama-
tion von Wieland. Dieß dauert drei Stunden. Die Frau, die Töchter
versuchen vergeblich Besänftigung. Nur noch ingens detumet ira.

Karl August Böttiger, S. 249

20. Januar, *Mittwoch: Des Nachts starb der Großherzogl.* [falsch:
noch Herzogl.] *Herr Hofrat und Ordensritter Martin Wieland, ein*
hoher Gelehrter, welcher in Europa unter 14 000, die sich der Dicht-
kunst gewidmet, im ersten Hundert schrieb. Er stammte von Bieber-
bach [!] *und war schon seit 1755* [falsch: 1772] *Erzieher der beiden*
fürstlichen Prinzen, Carl August und Ernst August Constantin. Im
Jahr 1806, am 14. Oktober, sprach er mit dem Kaiser Napoleon und
erhielt wegen seiner Gelehrsamkeit von demselben den Orden der
Ehrenlegion. Die Leiche wurde in die Wohnung des Herrn Lega-
tionsrat Bertuch gebracht und war Sonntag, den 24., abends von acht
bis zehn Uhr auf dem Paradebette zu sehen. Elf Uhr des Nachts wur-
de die Leiche von den Pferden des Herrn Kammerrat Stichling nach
Osmannstedt gefahren und im Garten begraben, was er sich noch
vorbehalten hatte bei dem Verkauf des Gutes, was derselbe früher
besessen hatte. Seine vorher gestorbene Ehefrau lag schon da begra-
ben. Den folgenden Tag war die Kollekte daselbst. Es fuhren viele
hohe Personen von Weimar dahin, auch der Kaiserl. Französ.
Gesandte. Am Dienstag, dem 26., wurde er in Weimar noch einmal
kollektiert, und im Februar wurde er feierlich kollektiert in dem
Großherzogl. [hier noch Herzogl.] *Palais von der Freimaurer Gesell-*
schaft, weil daselbst die Loge war. Der Verewigte war ein Mitglied
davon, war Ritter des Kaiserl. Russ. Sankt-Annen-Ordens 2. Klasse,
Ritter der Kaiserl. Französ. Ehrenlegion und Mitglied der Gelehrten
Gesellschaft. Sein Alter war 79 Jahre 4 Monate 16 Tage.

Franz David Gesky, S. 37

Napoleon und Wieland am 6. Oktober 1808 in Weimar.
Aquatinta-Stich von Johann Baptist Hössel nach Hans Veit Friedrich
Schnorr von Carolsfeld, 1809

Der Brand der Wilhelmsburg

Eine der größten Katastrophen, die der ganzen Stadt hätte zum Verderben werden können, war der Brand des Residenzschlosses am 6.
Mai 1774. Das Übel bestand weniger in der Ursache – vermutlich
einem Blitzschlag – als in der brandgefährdeten Bausubstanz der noch
mittelalterlichen Stadt: Fachwerk, lehmverschmiertes Weidenge-
flecht, hölzerne Schindeldächer, enge Bebauung ohne Brandmauern,
zeitgemäß mangelhafte Brandbekämpfung. Die Folge war, je nach
Vorhandensein, Stärke oder Richtung des Windes, eine rasante Aus-
breitung des Feuers. Dies durchaus erkennend, hatte Herzogin Anna
Amalia im Jahre 1760 eine neue »FeuerOrdnung« erlassen, die sich
14 Jahre später freilich als nicht ausreichend erwies. Wenn nach ihr
verfahren worden ist, hat sich folgendes abgespielt: Die Türmer der
Stadtkirche bliesen nach 12 Uhr das »große Feuerhorn« und steckten
die »Feuerfahne« in Richtung des Brandortes. Durch »Trommeln in
den Gassen«, durch Pochen und »Lermen«, sodann durch dreimali-
ges Schießen der »Lermkanone« auf der Altenburg war die Stadtbevölkerung auf den Beinen und durch letzteres eindeutiges, weil festge-
schriebenes Signal unmißverständlich informiert: Das Schloß brennt!
Die Tore wurden geschlossen, um Diebe und Plünderer zu fassen, die
Röhrenmeister eilten zu den Schutzbrettern (Schiebern), um das Wasser in die Nähe des Brandortes zu bringen, die Weimarer Mühlen stellten sofort ihre unterschlächtigen Treibräder still. Nach fest verteilten
Aufgaben eilten die Handwerker herbei: Die Schuster brachten die
Tragespritze vom Rathaus, die Fleischer die dortigen Leitern, Feuer-
haken, Feuergabeln, die Böttcher trugen wassergefüllte Zuber herbei,
die Bäcker lederne Eimer, die Schneider mußten sie füllen. Viertelsmeister und Ratspersonen, hier auch fürstliche Beamte, übernahmen
die Koordination und Organisation der Löscharbeiten. Aus der
bereitstehenden männlichen Bürgerschaft wurden Ketten zur Ilm
gebildet, immer eine nur für volle Gefäße, eine für leere. Schieferdek-
ker, Schlotfeger und Zimmerleute kletterten mit Äxten auf die
Dächer, Barbiere und Bader kümmerten sich um Verletzte, Extra-
mannschaften trugen Mobiliar und Sachen aus dem brennenden

Die Wilhelmsburg vor dem Brand 1774.
Aquarell von unbekanntem Künstler, um 1774

Schloß, besetzten das Rathaus und sicherten die Kirchendächer. Die
Stadt wimmelte, alles war in weit über 50 Paragraphen festgelegt.
Auch das: »Alles unnütze Weibesvolk, Mägde, Kinder, Jungens oder
anderes zum Löschen untüchtiges Volk soll sich ganz nicht beym Feuer finden lassen«, sondern in den Häusern Wassergefäße aufstellen,
die Laden schließen und Anstalten gegen »Flugfeuer« treffen, z. B.
Wassergefäße auf den Boden schaffen.

»Weibesvolk und Kinder«, die als Gaffer beim Feuer ertappt und
gütlich nicht verwiesen werden können, sollen »mit Schlägen abge-
trieben, allenfalls aber durch die Gerichtsdiener weggeführt, und bei-
gestecket werden«.[108]

Dem Ende der Wilhelmsburg hatten die Retter nichts entgegenzu-
setzen. Über ein halbes Jahrhundert mußte sich der Hof mit Improvi-
sationen behelfen, was die Weimarer adlige Bescheidenheit auch auf
die Wohnsituation ausdehnte, auch dies ein Merkmal des »klassischen« Weimar. Erst 1803 konnte das Residenzschloß, nun ein

Muster klassizistischer Innenarchitektur, wieder bezogen werden. Weitere Brände gefährdeten die Existenz Weimars auch in der Folge.[109]

Wieland an Ludwig von Bechtolsheim, 8. Mai 1774

»Als ich um 1 Uhr, meine gewöhnliche Zeit, vom Hofe ging, dachte noch keine Seele an nichts, selbst auf der Cammer, wo das Feuer zuerst ausbrach, wurden die bis 12 Uhr daselbst arbeitenden Räthe und Subalternen nicht das Mindeste gewahr. Um halb zwey stund schon der ganze Dachstuhl des Schlosses ringsherum in vollen Flammen, und um 3 Uhr schlug es schon aus allen Kreuzstöcken der herrschaftlichen Zimmer. Keine Menschliche Macht hätte das Schloß gegen die fressende Wuth der Flammen retten können. Es ist beynahe ein Wunder wie noch eine so grosse Menge von allen Arten von Möbeln aus dem ganzen Schlosse gerettet worden sind. Die ganze Stadt war in größter Gefahr, und erst in der Nacht um 3 Uhr konnten wir uns der Hoffnung sicher zu seyn, überlassen. Doch, ich habe weder Zeit noch Ruhe des Geistes genug um Ihnen eine Beschreibung dieses schrecklichen 6ten Mayes zu machen. Vom ganzen Schloß steht, außer den nackten steinernen Hauptmauern, nichts mehr als der Thurm und die Regierung; alles übrige ist ein Raub der Flammen geworden. Von den Herrschaftlichen Sachen, Kostbarkeiten, Geld und Möbeln ist das Meiste gerettet. Aber andre Personen, sonderlich die beyden Hofdamen haben ihr Meistes verlohren...«

Wielands Briefwechsel, 5, S. 253

Der »Urfreund« Carl Ludwig von Knebel

Der Mann, der als Goethes »Urfreund« in die Literaturgeschichte einging, versuchte sich auch als Schriftsteller, doch er war vor allem ein geistiger Anreger, ausgleichender Vermittler, verständnisvoller Genießer und Beurteiler. Unzufrieden mit dem preußischen Militärdienst, ergriff Knebel 1774 die Chance, eine Prinzenerzieherstelle am Weimarer Hof zu erhalten; Wieland erwies sich als der väterliche Freund und Vorbereiter des Dienstverhältnisses. Mit seinem Zögling Prinz Constantin, dem Bruder Carl Augusts, dem Grafen Görtz, dem Stallmeister Josias von Stein und einem Arzt befand sich Knebel als Begleiter auf der fürstlichen Kavaliersreise nach Frankreich, als in Frankfurt jenes schicksalhafte Zusammentreffen zwischen dem Weimarer Erbprinzen und dem jungen Rechtsanwalt und Dichter stattfand, das letztlich zur Einladung Goethes nach Weimar führte. Der in der aufblühenden deutschen Literatur sich hervorragend auskennende Knebel hatte das Treffen weitsichtig arrangiert. Ohne ihn wäre vielleicht Goethe nie nach Weimar gekommen, hätte vielleicht die Stadt nicht ihren späteren Ruf als die Goethestadt Deutschlands erhalten, hätten sich vielleicht Herder und Schiller nicht an der Ilm niedergelassen.

Carl Ludwig Knebels Hoffnung, nach Erledigung seines Erziehungsamts bei Prinz Constantin eine Stelle im Herzogtum Sachsen-Weimar-Eisenach zu erhalten, erfüllte sich indes nicht; wegen seines Schwankens und Negierens hielten Carl August und Goethe ihn für ungeeignet, suchten seinen wohltuenden menschlichen Einfluß in den Weimarer Künstler-, Literaten- und Hofkreisen aber mit sanftem Druck zu erhalten. Knebel stürzte das in mehrere Identitätskrisen, die der Herzog mitfühlend zu überwinden half. Mehrere, länger währende Abwesenheiten von der Ilmresidenz verhinderten jedoch nicht, daß sich der sensible Mann schließlich doch in Ilmenau, zuletzt in Jena niederließ, wo er im Kreis der Familie seinen Lebensabend verbrachte.

Gerade Knebel darf als Beispiel dafür gelten, welche menschlichen Spannungen zwischen Einzelnen sich in der kleinen Residenzstadt im Lauf der Jahrzehnte immer wieder aufbauten und am Ende doch in

Carl Ludwig von
Knebel. Lithografie
von Johann Joseph
Schmeller

ein gesittet-zivilisiertes Miteinander mündeten. Knebel heiratete die
Sängerin Louise Rudorf, die kurzzeitig die Geliebte Carl Augusts
gewesen war, und adoptierte dessen unehelichen Sohn Carl Wilhelm
aus dieser Verbindung. Zwischenzeitliche Spannungen gab es auch
zwischen Knebel und der befreundeten Frau von Stein, zwischen ihm
und Goethe, ehe sich wieder ein harmonisches Altersverhältnis ein-
stellte. Ein menschliches Miteinander immer wieder hergestellt zu
haben, die Fähigkeit zum Überwinden von Meinungsverschiedenhei-
ten zu entwickeln – das war gelebter Teil des Humanismus des sogenannten »klassischen« Weimar.

Goethe, Tagebuch, 15. Dezember 1778

Knebel ist gut aber schwanckend und zu gespannt bey Faullenzerey und Wollen ohne was anzugreiffen.

WA III 1, S. 75

Carl August an Carl Ludwig von Knebel, 4. Oktober 1781

»Ists möglich, daß eine Seele wie Du bist, mein lieber Knebel, der so wohl und so scharf die einzelnen guten und lieben versteckten Eigenschaften, die in Andern eingewickelt liegen, herausklauben, ans Licht bringen und sich dran freuen kann, so dunkel über sich selbst, über das was er hat, besitzt und wirkt, immerfort bleibet? Das Schicksal kann doch einen Menschen nicht mehr quälen, als wenn es ihm die Augen vor sich hin blendet, daß er nicht den Zweck sieht, wohin er geradewegs treibt, da ihn doch Andere geradehin gehn sehn und er immer wähnt, er liefe zwecklos, sieht von der Seite die Andern nach ihrem Ziele kommen und möchte endlich mit Dem und Jenem laufen, glaubend, wählte er selbst das Ziel, es wäre leichter und gewisser zu erlangen. Warum das Schicksal so schändliche Spiele treibt, weiß ich nicht; auch mag ich darum nichts mit ihm zu tun haben. Nicht allein mit diesem Elende zufrieden wirfts uns oft in ein anders: es läßt uns nämlich glauben, daß, wenn wir auf gebahntem Wege gehn, es wäre rühmlich und besser wir gingen daneben im Graben, mit Kindern und armen Bettlern und Krüppeln im Schlamm bis an die Knie und trügen Lasten, die nur für Rücken von Saumpferden gemacht sind. Durch dieses glauben wir unsere Existenz zu erfüllen, unsern Freunden die Annehmlichkeiten zu vermehren, wenn man sie alleine auf dem ebenen Wege fortgehen läßt, oder ihnen nützlich zu werden, müssen sie etwa auch tragen und baden, wenn man zu ihnen in den Schlamm hinein springt statt sich selbst wohl zu erhalten, um jenen durch fröhlichen Zuruf des guten Mutes oder Reichung der Hand vom festen Boden fortzuhelfen. Keiner mag dann seine Natur erkennen nach ihrer Bestimmung, der eine fröhliche Zurufer will in den

Schlamm und das Lasttier auf den festen Weg um sich zu sonnen.
Ersterer, indem er tragen will, wozu seine Schultern nicht gewöhnt
sind, statt sich seiner Vorteile nutzverbreitend zu bedienen, bleibt
stecken und verdörrt unnütz und leidend, während daß letztere, den
Platz des ersteren erhaltend, für Wohlsein und Nichtstun verfaulet.
Sind denn die, die sich Deiner Freundschaft und Umgangs freuen, so
sklavisch, so sinnlicher Bedürfnisse voll, daß Du nur durch Graben,
Hacken, Ausmisten und Aktenverschmieren ihnen nützen kannst? Ist
denn das Rezeptakulum ihrer Seele so gering, daß Du nirgends ein
Plätzchen findest, wenn Du Irgendetwas von dem was die Deine
Schönes, Großes und Gutes, die innere Existenz verbessernd, ver-
edelnd gesammelt hat, ausschütten kannst? Sind wir denn so hung-
rig, daß Du für unser Brot, so furchtsam und unstät, daß Du für unse-
re Sicherheit arbeiten mußt? Sind wir nicht mehrerer Freuden als der
des Tisches und der Ruhe fähig, können wir keinen Genuß finden,
wenn Du, von dem Dreck und Gestank des Weltgetriebes reiner, Dei-
ne volle Zeit zur Schmückung des Geistes anwendend, uns die wir
nicht Zeit zum Sammeln haben, den Strauß von den Blumen des
Lebens gebunden uns vorhältst? Sind unsere Klüfte so quellenlos,
daß wir nicht eines schönen Brunnens brauchen, uns selbst unserer
Ausflüsse freuend, wenn sie schön in demselben aufgefaßt sind? Sind
wir bloß zu Ambossen der Zeit und des Schicksals gut genug und
können wir nichts neben uns leiden als Klötze, die uns gleichen und
nur von harter, aushaltender Masse sind? Ists denn ein so geringes
Los, die Hebamme guter Gedanken und in der Mutter zusammenge-
legter Begriffe zu sein? Ist das Kind dieser Wohltäterin nicht beinah
ebensosehr sein Dasein schuldig als der Mutter, die es gebar? Die See-
len der Menschen sind wie immer gepflügtes Land: ists erniedrigend,
der vorsichtige Gärtner zu sein, der seine Zeit zubringt aus fremden
Ländern Sämereien holen zu lassen, sie auszulesen und zu säen? Ists
so geschwind geschehen, diesen Samen zu bekommen und auszule-
sen? Muß er nicht auch etwa das Schmiedehandwerk daneben trei-
ben, um seine Existenz recht auszufüllen? Bist Du nun so im Bösen
über Dich selbst verblendet, daß Du Dir leugnen könntest, Du habest
uns nie dergleichen Nutzen verschafft, und achtest Du uns gering
genug, daß Du glauben könntest, wir würden Dich so lieben wie wir
Dich tun, wärest Du uns hierinnen unnütz oder überflüssig oder ent-

behrlich gewesen? Willst Du nun diese schöne Laufbahn, dieses würdige Geschäft aufgeben, alle Dir eingewachsene Bande ausreißen, gleich einem Anfänger eine neue Existenz ergreifen und Dich Gott weiß wohin unter Menschen, die Dir nichts mehr angehn oder mit denen Du kein reines oder Dir gewohntes Verhältnis hast, hinwerfen? neuen Anteil ergreifen oder Dir machen, mehr Gute, mehr Böse kennen lernen, sehn, wie die Abscheulichkeiten so überall zu Haufe, das Gute überall so befleckt ist. Und warum? Um etwa ein paar Kanzelistenseelen aus dem Wege zu gehn, die Dir Deine Semmel, die Du mehr hast als sie, beneiden, weil Du nicht gleich ihnen Maultierhandwerk treibst? Und wohin willst Du Dich flüchten? Nimmst Du nicht überall Deine paar Semmlein mit, die Du mehr oder leichter hast als Andere? Sind nicht überall Knechte, die es entbehren, Deine sehen und sie beneiden werden? Wirst Du deren ihren Neid besser aushalten? Dich, weil Du dort ein paar Monate fremd bist, von ihnen mehr geachtet halten, als Du es hier sein möchtest? Siehst Du etwas Erreichbares vor Dir, das Dir das, was Du entbehrest, ersetze? Ist dieses so Erreichbare so gewiß? Schlägts fehl, kanns Deine Existenz dann ertragen immer neue Zwecke zu machen, oft abgeschlagen zu werden und so herumzuirren? Willst Du also das Ständige fürs Unbeständige hingeben? Ist eine Natur, die gut und fühlbar ist, die dieses ertrage? Muß sie nicht auf eine oder die andere Art zugrunde oder noch schlimmer als zugrunde gehn? Dieses nur ferne befürchten können, ists dann weiser auszuhalten, aber aufs Ungewisse und aufs nicht in die Ferne zu Übersehende zu wagen? Wem bist Du mehr Nutzbarkeit schuldig als denen, die Dich lieben, und wem nützest Du dann weniger, wenn Du Alles zerreißest, was Dich mit ihnen bindet, aufhörst zu tun und sei es was es wolle, was Du für sie tatest, und Dich ihnen fremd und abgebunden machst? Achtest Du Dich denn so wenig oder hältst Du Dich für so allein, daß Du glaubst höchstens etwas für Dich zu entbehren, wenn Du die engen Bande lösest, die uns mit Dir binden? Wird der Baum allein verwundet, wenn man ihn aus der Erde reißt, in die er mit seinen Wurzeln verwachsen? Und wie hängt so ein zweckloses Schmerzen-Erwecken mit irgend einer Nutzbarkeit zusammen?

Laß uns also die Sache nicht so feierlich und das Übel nicht so für unheilbar halten! Ists Deiner Natur gut, sich zu verändern, so reise!

Da Du nicht am Wege zum Steinklopfen gestellt bist, so bindet Dich Glücklicher keine Stunde. Gehe also Deiner Phantasie, dem geistigen und leiblichen Bedürfnis von Bewegung und Luftwechsel nach, kehre dann rekonvaleszierend wieder zu uns, sättige uns, die wir Dich mit offenem Munde, Ohren und Herzen zurückerwarten, und erzähle gleich Ulyssen dem Schweinehirten beim Feuer hinter einer Schüssel fettesten Schweinefleisches oder eines schön in Essig gebeizten kalten Auerhahns Deine Abenteuer und Begebenheiten.
Warum sich immer ersäufen wollen, wenns mit einem schönen Bad getan ist?

K.A.H.z.S.«
Hellmuth von Maltzahn, S. 96-101

Herder an Carl Ludwig von Knebel, August 1784

So sehr Sie es aber auch verbergen mögen: so sitzt eine geheime Unruhe in Ihnen, wie das Küchlein im Ei; und um Gottes willen machen Sie nicht, daß es Wärme gewinne. Nehmen Sie sich etwas Bestimmtes zu tun vor; dies ist der einzige Weg, die Gedanken sowohl als Begierden abzutun oder wenigstens zur Form unsrer selbst zurückzuzwingen. Gleich viel was es sei; aber der Mensch muß Tagarbeit haben; sein inneres Wesen ist zu weit und zu unbestimmt zum Kreise seines äußeren Daseins. Verzeihen Sie meiner flachen Philosophie; sie ist aber die Erfahrung meines Lebens und selbst der vergangenen Wochen und Tage, in denen ich nur ein iniquae asellus zu Treibereien von außen gewesen. Ich eile wie ein verschmachteter Hirsch zur Quelle eilt, zu irgend einer zusammenhängenden Arbeit. Machen Sies auch so, Lieber, wir wollen in zwei verschiedenen Bahnen laufen, zu einem Ziel.

Hellmuth von Maltzahn, S. 121

Schiller an Christian Gottfried Körner, August 1787

Diese Tage bin ich auch in Göthens Garten gewesen beim Major v.
Knebel seinem intimen Freund. Göthens Geist hat alle Menschen, die
sich zu seinem Zirkel zählen, gemodelt. Eine stolze philosophische
Verachtung aller Speculation und Untersuchung, mit einem biß zur
Affectation getriebenen Attachement an die Natur und einer Resi-
gnation in seine fünf Sinne, kurz eine gewiße kindliche Einfalt der
Vernunft bezeichnet ihn und seine ganze hiesige Sekte. Da sucht man
lieber Kräuter oder treibt Mineralogie als daß man sich in leeren
Demonstrationen verfienge. Die Idee kann ganz gesund und gut seyn,
aber man kann auch viel übertreiben.
Aus diesem Knebel wird hier erstaunlich viel gemacht und unstreitig
ist er auch ein Mann von Sinn und Karakter. Er hat viel Kenntnisse
und einen planen hellen Verstand. – Wie gesagt er kann recht haben,
aber es ist soviel gelebtes, soviel Sattes und grämlich hypochondri-
sches in dieser Vernünftigkeit, daß es einen beinahe mehr reizen
könnte, nach der entgegengesetzten Weise ein Thor zu seyn. Es wurde
mir als eine nothwendige Rücksicht anempfohlen, die Bekanntschaft
dieses Menschen zu machen, theils weil er hier für einen der geschei-
desten Köpfe gilt und zwar mit Recht, theils weil er nach Göthe den
meisten Einfluß auf den Herzog hat.

SNA, 24, S. 129 f.

GOETHE – VOM »MAÎTRE DE PLAISIR« ZUM MINISTER

Als Goethe am 7. November 1775 in Weinmar einfuhr, kam er auf
Einladung des jungvermählten Herzogspaars; eigentlich befand er
sich schon auf dem Weg nach Italien. Die sich schnell entfaltende
Freundschaft zu dem jungen Herzog Carl August, die bislang unge-
ahnten Möglichkeiten einer beruflichen Karriere, einer persönlichen

Medaille auf Goethe von Hans
Heinrich Boltschauser, um 1780

Einflußnahme auf Herrscher und Herzogtum waren atemberaubend,
wiewohl erst durch das Niederringen der alteingesessenen, die eigenen Pfründen verteidigenden Hofkamarilla zu erreichen. Und da war
die Hofdame Charlotte von Stein, älter als Goethe, von beherrschter
Disziplin und doch attraktiv und anziehend, die neben der Reife noch
einen weiteren entscheidenden Vorzug vor den Frauen hatte, die der
junge Mann bislang kennen und lieben gelernt hatte: sie war verheiratet und also »unerreichbar«, sodann hoferfahren und bewegte sich
sicher auf diesem tückisch-glatten Parkett, das dem Frankfurter Neuland bedeutete. Nicht zuletzt stellte sich mit Wieland schnell ein
menschlich warmes Verhältnis her.

Ging also Goethes Leben in Weimar zunächst wie eine »Schlitten-
fahrt« vonstatten, klingelnd und lärmend, lustig und »wunderlich
Aufsehn« erregend,[110] so fühlte er sich wenige Wochen später schon
»tief in der See«, lernte aber »täglich mehr steuern auf der Woge der
Menschheit«.[111] Der Entschluß, auf dem Weimarer »Theatro mundi
was zu tragiren«,[112] reifte im Januar und Februar 1776 langsam, aber
stetig und mußte den Widerstand der alten Hofchargen berücksichti-
gen. »Lieber Bruder, wir habens von ieher mit den Scheiskerlen verdorben«, schrieb er Mitte Januar derb an Herder, den er als Generalsuperintendenten nach Weimar zu holen suchte, »und die Scheiskerle
sizzen überall auf dem Fasse.«[113] Am 22. März war die Vorentschei-

dung gefallen: »Ich bin nun ganz in alle Hof- und politische Händel verwickelt und werde fast nicht wieder weg können. Meine Lage ist vortheilhaft genug, und die Herzogthümer Weimar und Eisenach immer ein Schauplatz, um zu versuchen, wie einem die Weltrolle zu Gesichte stünde. Ich übereile mich drum nicht, und Freiheit und Gnüge werden die Hauptconditionen der neuen Einrichtung seyn, ob ich gleich mehr als jemals am Platz bin, das durchaus Scheisige dieser zeitlichen Herrlichkeit zu erkennen.«[114] Mitte Februar war der Entschluß zu bleiben definitiv gefaßt, was Goethe dem Freund Lavater im März mit nicht zu überbietender Entschiedenheit schrieb: »Ich bin nun ganz eingeschifft auf der Woge der Welt – voll entschlossen: zu entdecken, gewinnen, streiten, scheitern, oder mich mit aller Ladung in die Lufft zu sprengen.«[115] Am 16. März 1776 setzte Carl August seinem Günstling ein Jahresgehalt von 1 200 Talern aus, am 22. April schenkte er ihm das Gartenhaus am Stern, am 11. Juni wurde er zum Geheimen Legationsrat mit Sitz und Stimme im Geheimen Conseil ernannt. Eine Karriere sondergleichen, die nur in Weimar möglich schien!

Goethes Verbundensein mit der Stadt in den ersten zehn Jahren umfaßte viele Tätigkeitsfelder, die ebensooft wie ausführlich dargestellt worden sind, so daß hier nur Weniges für Vieles gelten möge. Als Textautor, Regisseur und Schauspieler stieg er binnen kurzem zur zentralen Figur des Weimarer Liebhabertheaters auf, dessen einzige Berufsschauspielerin die unter Goethes Mittun von Leipzig nach Weimar geholte Corona Schröter wurde. Auch für höfische Feste und Maskeraden verfaßte er Gelegenheitstexte und ist so einer der Hauptinitiatoren der Feste und Feten, ein »Maître de plaisir«. Mit diesem Liebhabertheater, dem luftigen Spiel in Ettersburg und Tiefurt, wurde jedoch unmerklich die Weimarer Schauspielkunst der Jahrhundertwende vorbereitet, die für Deutschland mustergültig werden sollte.

Von Weimar aus begann der junge Politiker seine amtliche Tätigkeit in Sachsen-Weimar-Eisenach: er übernahm verantwortlich die Leitung der Bergwerksangelegenheiten, des Straßenbauwesens, der Kriegskommission, schließlich noch die Leitung der Kammer, der herzoglichen Vermögensverwaltung – lauter Neuland, in dem sich der Anfänger erst vortasten, wo sich der Unerfahrene erst Sachkenntnis erwerben mußte, denn die Neider warteten nur auf das Straucheln des zugewanderten Fürstengünstlings. Privates und Öffentliches gingen dabei durchaus nebeneinander her: Mit der Einrichtung von Gartenhaus und Garten am Stern kam auch, von Wörlitz inspiriert, die Gestaltung des Parks an der Ilm voran.

1782 bezog Goethe, zunächst als Mieter, einen Teil des Hauses am Frauenplan, das er später ganz bewohnen und umgestalten würde. Zunächst hatte es vor allem den Vorteil der Nähe zur Steinschen Wohnung, deren Ausbau er 1777 persönlich leitete.

Die tiefe Lebenskrise Mitte der achtziger Jahre resultierte aus der durch Erfahrung gewonnenen Einsicht, daß die Hoffnung auf die Veränderungskraft einer »Weltrolle« irrig war. Dazu kamen Amtsmüdigkeit und Arbeitsüberlastung sowie das Versiegen des künstlerischen Hervorbringens durch die in eine Sackgasse geratene Beziehung zu Charlotte von Stein. Mit der Flucht nach Italien und dem fast zweijährigen, ihn beglückenden Studium der Künste, dem frohen Verkehr mit Gleichgesinnten und dem unbeschwerten Leben unter südlicher Sonne gelang ihm die Restitution als Künstler und das Wiederfinden des seelischen Gleichgewichts. Goethe vergaß Herzog Carl August nie, daß der ihm diese »Entwicklung« seiner Möglichkeiten zugebilligt, ja mitfinanziert hatte, und es trug gewiß viel zu dem schweren Entschluß bei, 1788 nach Weimar zurückzukehren. Goethe kannte nun sein Lebensziel, und er übernahm Aufgaben, die dem entsprachen, nämlich die Leitung und den Ausbau aller künstlerischen und wissenschaftlichen Einrichtungen des Landes, indes seine früheren anderen amtlichen Verpflichtungen zurücktraten. Seit 1791 leitete er das herzogliche Hoftheater, er führte die Geschäfte der Bibliothek und der herzoglichen Kunstsammlungen. Vor allem aber wurde die zunehmende Einflußnahme auf die Entwicklung der Universität Jena, die persönliche Anwesenheit Goethes in der benachbarten Saalestadt wichtig, wodurch sich der Begriff von der Doppelstadt Weimar-Jena mit Sinn und Inhalt erfüllte. Goethes eigene naturwissenschaftliche Interessen und Neigungen blieben von nun an immer auch mit dem Wohl der »Salana«, ihrer öffentlichen Ausstrahlung als hervorragende Bildungsstätte Deutschlands verklammert. Jena bot dem Weimarer zudem die zuweilen gewünschte Distanz zum Hof, zur Etikette, auch zur Familie, dafür die notwendige Ruhe zur schriftstellerischen oder wissenschaftlichen Arbeit, zum ungezwungenen geselligen Verkehr mit Freunden oder zum Austausch mit Professoren. Im Weimarer Jägerhaus, dann im Stadthaus am Frauenplan entwickelte sich ab 1789 das Familienleben Goethes, nachdem er Christiane Vulpius im Sommer 1788 kennengelernt und mit ihr, zunächst im Gartenhaus, monatelang heimlich zusammengelebt hatte; Ende 1789 wurde der gemeinsame Sohn August geboren, einziges überlebendes von den fünf Kindern Christianes und Goethes.

1794 begann in Jena der Freundschaftsbund zwischen Goethe und Schiller und setzte sich in Weimar bis zu Schillers Tod 1805 intensiv fort. 1796 wurde das *Xenien*-, 1797 das *Balladen*-Jahr beider, es folgten die Jahre der fruchtbaren Zusammenarbeit am Theater mit den epochemachenden Uraufführungen der *Wallenstein*-Trilogie und der anderen Dramen Schillers, der Ende 1799 nach Weimar übergesiedelt war und sich 1802 jenes Haus an der Esplanade kaufte, das heute seine Gedenkstätte beherbergt. Von 1799 bis 1805 versuchten Goethe und seine »Weimarer Kunstfreunde«, über Preisaufgaben die bildenden Künstler Deutschlands zu beeinflussen. Goethe war maßgeblich am Wiederaufbau des 1774 abgebrannten Stadtschlosses beteiligt, wozu bedeutende klassizistische Architekten wie Gentz oder Arens beitrugen. Auch am Bau des Römischen Hauses, des Sommersitzes des Herzogs am Steilufer der Ilm, hatte sich Goethe sehr intensiv beteiligt. Mit dem 1816 als Oberbaudirektor nach Weimar berufenen, ihm bald persönlich eng verbundenen Clemens Wenzeslaus Coudray prägte und gestaltete Goethe fast bis an sein Lebensende das klassizistische Weimarer Stadtbild: »vollkommen zweckmäßig, das heißt fest, bequem, schön und dabei ohne Verschwendung« zu bauen lautete die Devise, die bei öffentlichen Gebäuden und privaten Wohnhäusern, bei Plätzen, Fenstern, Gittern eingehalten wurde. Die Bürgerschule, einfache Torhäuschen, das Kulissenhaus gegenüber dem Theater, die Westfassade des Schlosses zeigen noch heute die glückliche Hand ihres Erbauers.

Goethes Spuren in der Stadt sind auch direkt zu verfolgen: Wohnte er zunächst beim Kammerpräsidenten von Kalb im »Deutschritterhaus«, zog er im Sommer 1776 in sein Gartenhaus im Park. Im Winter nutzte er Nebenwohnungen, zunächst gegenüber der Ruine des abgebrannten Schlosses, dann im Fürstenhaus, schließlich in der Seifengasse, Wand an Wand mit Frau von Stein. 1782 mietete er sich im Helmershausenschen Haus ein, 1789 zog er mit der schwangeren Christiane in das Jägerhaus, ein herzogliches Domizil an der Marienstraße. 1792 erfolgte der endgültige Wechsel in das große Haus am Frauenplan, das ihm der Herzog 1794 schließlich schenkte. Goethe verkehrte in zahlreichen Weimarer Adels- und Bürgerhäusern, von denen stellvertretend nur das Schopenhauersche am Theater oder das Voigtische am Graben genannt seien.

Goethe als hellstrahlender Stern lockte spätestens ab der Jahrhundertwende mehr und mehr große deutsche und europäische Persönlichkeiten in die kleine Residenz. Nicht das Schloß und sein fürstlicher Bewohner, Herzog Carl August, sondern der Dichterfürst Goethe inmitten seiner Sammlungen bildete fortan den geistigen Mittelpunkt der Ilmstadt. Unter den Besuchern sind z. B. die französische Schriftstellerin Anne Louise Germaine de Staël, der polnische Lyriker Adam Mickiewicz, der russische Schriftsteller Nikolai Karamsin; selbst Ludwig I., König von Bayern, besuchte den Jubilar zu seinem Geburtstag 1827.[116]

Schon zu Lebzeiten Goethes begann folglich der vor allem durch ihn ausgelöste Besucherstrom nach Weimar. Die Eröffnung des Goethe-Nationalmuseums 1885 und der Massentourismus des 20. Jahrhunderts haben diese Besucherströme vervielfacht und zu einer latenten Gefährdung originaler Bausubstanz geführt.[117] Weimars und Goethes Namen sind spätestens seit dem Tod des Dichters im Jahre 1832 als Synonyme für die einzigartige kulturelle Blütezeit dieser kleinen Residenzstadt verwendet worden. Die zahlreichen Kritiker Goethes, z. B. Heinrich Heine und die Jungdeutschen, haben sogar verstärkt dazu beigetragen.

Goethe, seinem Schreiber John diktierend.
Gemälde von Johann Joseph Schmeller, 1831

Wieland an Johann Heinrich Merck, 8. November 1777

Ich war gestern nachmittag bei Goethen auf seinem Altan. Kein liebe-
res, sich wärmer an einen anlegendes oder, wie die Schwaben sagen,
ein mehr anheimelndes Plätzchen auf Gottes Boden müssen Sie nie
gesehen haben. Es ist recht, als ob Goethens Genius das alles von
Jahrhunderten her so angelegt, gepflanzt und gepflegt hätte, damit
ers einst in Weimar völlig und fertig fände und sich nur hineinzulegen
brauchte.

Wielands Briefwechsel, 5, S. 679

Herder an Carl Ludwig von Knebel, 6. November 1784

Göthe hat uns seine Abhandlung vom Knochen vorgelesen, die sehr
einfach u. schön ist: der Mensch geht auf dem wahren Naturwege u.
das Glück geht ihm entgegen. Wir haben indeß neulich ausgemacht,
daß er alten Münzen nach, einmal in Rom dictator perpetuus u.
imperator unter dem Namen Julius Caesar gewesen; zur Strafe aber
nach beinah 1800. Jahren zum Geheimen Rat in Weimar avancirt u.
promovirt sei.

Herders Briefe, 5, S. 79

Herder an Johann Georg Hamann, 12. Juli 1782

Gestern ist der hiesige Kammerpräsident von hier abgegangen, mit
1 000. Thalern Gehalt verabschiedet. Er ist ein junger Mann unter
meinem Alter, der Göthe hiehergebracht, bei dem dieser zuerst
gewohnt hat, der sich nach der allgemeinen Stimme auf seine
Geschäfte sehr wohl verstand u. der Göthe an seine Stelle brachte. Er
ist mit großen Complimenten verabschiedet worden, »weil der Her-
zog kein Zutrauen auf ihn hat u. er gemerkt habe, daß Kalb (so heißt
er) auch keins an ihm habe«; u. nachdem seine Ehrenvolle Dimißion
im Conseil diktirt worden, ist Göthe zum Kammerpräsidenten

ernannt, doch ohne diesen Namen, der für ihn ohne Zweifel auch als
appendix zu klein ist. Er ist also jetzt Wirklicher geheimer Rath,
Kammerpräsident, Präsident des Kriegscollegii, Aufseher des Bau-
wesens bis zum Wegbau hinunter*, dabei auch directeur des plaisirs,
Hofpoet, Verfaßer von schönen Festivitäten, Hofopern, Ballets,
Redoutenaufzügen, Inscriptionen, Kunstwerken etc. Direktor der
Zeichenakademie, in der er den Winter über Vorlesungen über die
Osteologie gehalten, selbst überall der erste Akteur, Tänzer, kurz das
fac totum des Weimarschen u. so Gott will, bald der maior domus
sämmtlicher Ernestinischer Häuser, bei denen er zur Anbetung
umherzieht. Er ist baronisirt u. an seinem Geburtstage (wird seyn der
28. August anni currentis) wird die Standeserhebung erklärt werden.
Er ist aus seinem Garten in die Stadt gezogen u. macht ein adlich
Haus, hält Lesegesellschaften, die sich bald in Aßembleen verwan-
deln werden etc. etc. Bei alle dem gehts in Geschäften, wie es gehen
will u. mag: meine Gegenwart ist hier beinah unnütz u. wird mir von
Tag zu Tag lästiger.

Herders Briefe, 4, S. 226

Einmal (bei Bertuchs Schwiegervater) machte man Einsiedeln, der
gern lang im Bett liegen blieb, aus geriebenen u. eingerührten Pfeffer-
kuchen eine Sauce unter den Hintern ins Bettuch, weckte ihn nun, u.
schrie auf ihn, als einen Bettverunreiniger, los. Er sprang auf, zog das
besudelte Hemde aus, und verfolgte damit neckend alle Leute im
Hause. Göthe warf unterdessen das Bettuch durch ein Loch in die
Unterstube, u. brüllte: seht die Sau!

Karl August Böttiger, S. 40

Als ihn unser Rath Krause zuerst in Frankfurth kennen lernte, (Krau-
se suchte das Patrocinium seines Vaters, der viel im Rathe galt, um
den in einer Gilde verbundenen Malern zum Trotz eine Zeichenschu-
le in Frankfurt errichten zu können) schlotterte alles an ihm, er trug
ein großes Pflaster um den Hals, sah ekelhaft gelb im Gesicht, und

hatte beinahe keine Haare mehr am Kopf. So sehr hatten ihn seine Kämpfe auf dem Schlachtfelde der Venus volgivaga zum Invaliden gemacht. Jetzt hat er fast alles von seiner schlanken Apollofigur durch das sich überal ansetzende Fett verloren. Er extendirt sich täglich durch Embonpoint, u. seine Augen sitzen im Fett der Backen. Nur wenn er aus Voßens Iliade *vorließt, verherrlicht sich seine Gestalt, und da, sagte mir Schulz, der ihn vor 10 Jahren kannte, finde ich den alten Göthe wieder.*
Nichts ist einfacher, als seine jetzige Häußlichkeit. Abends sitzt er in einer wohlgeheitzten Stube eine weise Fuhrmannsmütze auf dem Kopf, ein Moltumjäckchen u. lange Flauschpantalons an, in nieder getretnen Pantoffeln u. herabhängenden Strümpfen im Lehnstuhl, während sein kleiner Junge auf seinen Knieen schaukelt. In einem Winkel sitzt stilschweigend und meditirend der Maler Meyer, auf der andern Seite die Donna Vulpia *mit dem Strickstrumpf. Dieß ist die Familiengruppe.*

Karl August Böttiger, S. 67 f.

So kam Göthe im Triumph in Weimar an, und Kalb logirte ihn, bis er selbst eine bequemere Wohnung hatte, bei seinem Vater, dem damaligen alten Kammerpräsidenten ein, erwieß ihm, da er bald merkte, daß dieß der alvermögende Liebling des 18jährigen Herzogs werden dürfte, alle möglichen Gefälligkeiten, u. Gastfreundschaft, und hatte selbst gegen die Liebelei, die der schmucke Göthe mit seiner damals noch unverheirateten Schwester, der jetzigen Fr[au] v. Seckendorf trieb, nichts einzuwenden. Nur der alte Kalb rief seiner Tochter ein: Mädchen mit Rath! *zu, u. rettete sie. Göthe vertauschte bald diese Liebe mit der Seladonschaft bey der damals reizend aufknospenden* Kotzebue, *nachmaliger* Gildemeister, *der zu gefallen er damals auch das liebliche kleine Stück:* Die Geschwister *schrieb, worinn er sich mit seiner Geliebten selbst kopirte. Später kamen die Liebschaften mit der Frau v. Stein, davon der Park ein so schönes Epigramm zum Denkmal enthielt.*

Das Genie Göthe *konnte seinen* Weltgeist *(damaliger Modeaus-druck) nicht in einer engen Ausdünstungspfütze, vulgo, Stadt gefan-gen nehmen.* Bertuch *mußte ihm seinen Garten am Park abtreten, und dort etablirte er nun seine Geniewirthschaft.* Billets, *wie folget, kamen gewöhnlich alle Morgen an den Herzog:*
»*Da sitz ich hier noch immer in der* Scheiserei, *in der abscheulichen* Scheiserei. *Wilst du, Lieber, bei mir diesen Mittag essen, so habe ich nichts vorzusetzen, als ein todgeschlagenes und der Jagd entrissenes Rebhuhn. Das übrige mußt du mitbringen.* – Wolfgang.«
Eine gewisse Gemeinschaft der Güter machte die Genies den Quä-kern u. Heilandsbrüdern ähnlich. So schickte G[oethe] oft zu Ber-tuchs Frau, u. ließ sich ein Schnupftuch holen. Hatte er keine weisen Canevaßweste u. Hosen (die damals Genietracht waren) so ließ er sich von der Herzog[lichen] Garderobe sein Bedürfniß holen. Ver-steht sich, daß nie etwas zurückgegeben wurde. Oft schickte er in ein Haus, und ließ sagen, er würde heute Abends da essen. Der Herzog selbst erstickte bald im Schmutz, wusch und kämmte sich nicht, und bekam endlich gar Ungeziefer. Ein fürchterlicher dicker Corporal-stock war seine Stütze.
Göthens *Affe und Pajazzo war der Major v.* Knebel, *der mit des Her-zogs Bruder, dem Prinzen Constantin, in Tiefurth im Kleinen alles so trieb, wie Göthe es im grösern mit dem Herzog machte. Auch behan-delte ihn G[oethe] ganz wie seinen Pickelhering, der jeden seiner Bockssprünge durch einen noch höheren Sprung in Karrikatur zu bringen suche. Encore plus haut, Pajazzo! –*
Göthes Fortun *zog zuerst* Lenzen *hieher, der gradezu als Hofnarr behandelt, als er aber einmal zwischen der alten Herzogin, die Göthen mehr als bloß gewogen war u. der begünstigten Liebhaberin der Frau v. Stein eine Klätschrei gemacht hatte, plötzlich fortgeschafft wurde, u. von* Kalben *noch einige L[ouis]d'or Reisegeld bekam. Dann kam der alles zermalmende, rohes Fleisch kauende* Klinger.

Karl August Böttiger, S. 72 f.

Göthe hat nicht den Muth, gewissen äusern Eindrücken zu wider-
stehn. Viele Menschen flieht er z. B. schon darum, weil sie Tabak rau-
chen, und weil ihm dieser Geruch unausstehlich ist. Neben seinem
Hause wohnt ein Leineweber. Das Pochen und Anschlagen an den
Webstuhl, was das Geschäft dieses Handwerkers mit sich bringt, ist
ihm so verhaßt, daß er alles angewendet hat, um diesen pochenden
Kobold zu bannen oder ihm zu entfliehn. Er wollte ihm sein Haus
abkaufen: vergeblich! Darauf hat sich Göthe entschlossen, lieber in
seinem Gartenhause vor der Stadt zu wohnen, das er seit vielen Jah-
ren nicht mehr bewohnt hatte, weil ihm die Erinnerungen an früher
dort verlebte Tage unangenehmer waren, – als den Leinweber zu
hören. Oft ist er deßwegen auch schon Wochenlang nach Jena gezo-
gen. Indeß muß er sich doch manches durch häußliche Umgebungen
eingeengt, gefallen lassen. Neulich fand es Dame Vulpius so gar für
gerathen, Schweine, deren Geruch ihm eine Pest ist, einzustallen.
Hier indeß drang sein Widerwille durch, und die Circeischen Gesel-
len mußten so gleich geschlachtet werden.

Karl August Böttiger, S. 98

ALLTAG IM »KLASSISCHEN« WEIMAR

Das Weimarer Alltagsleben um 1800 unterschied sich nicht von dem vergleichbarer kleiner Ackerbürgerstädte in Deutschland. Die Arbeitswelt war durch die überkommene patriarchalische Großfami- lie dominiert, es gab Schuhmacher, Schneider, Tischler, Schmiede, Böttcher, Anstreicher, Fleischer, Bäcker, Müller, Gastwirte und ähnli- che ubiquitäre Gewerbe, die heute überholt sind, z. B. Seifensieder, Gürtler, Nadler, Riemer, Flaschner oder Wagner. Neben dem Hand- werk betrieben die meisten Weimarer Kleinbürger Viehhaltung, Land- und Gartenwirtschaft, was zur Verunreinigung der nicht oder schlecht gepflasterten Straßen beitrug. Die nächtliche Beleuchtung

Hofjäger Hauptmann. Kolorierte Zeichnung von Theodor Goetz, um 1800

der Straßen war mangelhaft, unterblieb aus Finanzgründen zuweilen
völlig. Offene Kanäle und Bäche durchquerten die Stadt; Kehricht
wurde – obwohl verboten – kurzerhand hineingeschoben, was zu Ver-
stopfungen und zur vermehrten Rattenplage führte. Es dauerte Jahrzehnte, bis diese übelriechenden Wasserläufe überwölbt wurden. Die
kinderreichen Familien der Ärmsten, die etwa in der Jakobsvorstadt
zu finden waren, bewohnten kleine, enge, windschiefe Häuschen, die
sich engbrüstig aneinanderreihten, dazwischen lagen Scheunen und
Stallungen.

Die Ernährung von Großfamilien, überwiegend auf Getreidebasis
gestellt, gestaltete sich bei Mißernten als schwierig und existentiell
gefährdet; 1770/72 waren eben deswegen in ganz Deutschland Hun-
gerjahre. Feld- und Fischdiebstahl gehörten zur Normalität, obwohl
sie mit erheblichen Strafen belegt wurden. Die Kartoffel, seit Mitte
des 18. Jahrhunderts in der Weimarer Gegend bekannt, veränderte
die Ernährungsgewohnheiten nur allmählich, weil es noch Unsicher-
heiten in der Bevölkerung in Fragen der Verarbeitung und Aufbewahrung gab.

Die Bekleidung der Stadtbevölkerung war relativ teuer, einfach,
derb, praktisch und haltbar; Diebstähle an Textilien standen weit an
der Spitze. Modischer Putz war allenfalls beim Hof oder bei den intellektuellen bürgerlichen Familien zu finden. Aus dem Rahmen fielen
die Jenenser Studenten mit ihrer oft exotischen Tracht. Kleinkrimina-
lität war an der Tagesordnung, Diebstahl von Gegenständen stand an
der Spitze. Wegen Kapitalverbrechen wurden von 1813 bis 1824 fünf
Menschen in Weimar hingerichtet, teils auf grausame mittelalterliche
Art.

Die Hygiene des Weimarer Kommunalwesens zur Zeit von Wielands und Goethes Anwesenheit bildete sicher eines der Hauptproble-
me, jedenfalls aus heutiger Sicht. Siedlungsmüll gab es wenig, dafür
Mist und Fäkalien, letztere durften nur nachts aus der Stadt gefahren
werden, weswegen die Bürger menschliche und tierische Exkremente
mischten (was verboten war), um jener lästigen Auflage zu entgehen.
Immer wieder bildeten sich wilde Müllplätze, so daß ständig der
Stadtrat gefordert war. Ein ähnliches Problem stellte die Reinhaltung
der städtischen Brunnen dar, denn eigene Wasserzufuhr, wie etwa in
Goethes Haus am Frauenplan, stellte unermeßlichen Luxus dar.

Die Obsthökerin Barbara Nierlinger.
Kolorierte Zeichnung von Theodor Goetz, um 1800

Nachttöpfe wurden kurzerhand aus dem Fenster auf die Gasse ent-
leert, erst 1774 ließ Anna Amalia diese »Unfläterei« auf die Zeit nach
23 Uhr einschränken; 1793 wurde sie verboten. Es gehörte zum
Wohnalltag damaliger Stadtbevölkerung, einen ständigen Kampf
gegen Wanzen, Flöhe, Ratten und streunende Hunde zu führen; durch
Ungeziefer übertragene Krankheiten sowie Tollwutfälle waren an der
Tagesordnung. Krankheiten stellten beim Stand der damaligen Medizin immer existentielle Gefährdungen dar.

Eine idyllische Verklärung des Alltagslebens in Weimar ist Unsinn.
Auch das Leben der sogenannten großen Geister und ihrer Familien
fand letztlich unter diesen geschilderten Umständen statt. Die retro-
spektive Harmonisierung gerade des Alltagslebens der »klassischen«
Zeit Weimars ist Teil der Legende, die schon die Zeitgenossen Goethes durch ihre »Erinnerungen« zu weben begannen.[118]

*UnglücksFälle. An der verwichenen Mittwoche hat ein hiesiger Bür-
ger als er durch die Rittergasse gegangen, das Unglück gehabt, unter
einen Schwarm Gänse zu gerathen, welche ihm fast das Leben
genommen.*
  Weimarische Wöchentliche Frag- und Anzeigen, Nr. 7, 17. Februar 1759

*Man nannte uns nur die ›Sperlingsbrut‹, weil ich und einige Spielge-
fährten, die wir alle auf dem sogenannten Sperlingsberg wohnten,
uns durch die größte Wildheit auszeichneten. Wir hatten ein Häuschen, was am Abhang dieses Berges lag und dessen Räume in jeder
Beziehung niedlich waren. Die Belletage bestand aus einer Stube und
Kammer; eben so viel Piecen enthielt auch das Parterre nebst einer
Küche; ein kleiner Hof mit Federvieh, Holz- und anderm Stall, worin
sich die unvermeidliche Ziege befand, die jede weimarische Bürgerin
haben mußte, wollte sie für eine wirtschaftliche Hausfrau gelten. Für
Futter brauchte nicht gesorgt zu werden, denn in diesem netten Stadt-
viertel wuchs Gras genug auf den Straßen. Die Krone aber von diesem kleinen Rittergut war ein Garten, der wenigstens 20 Schritte*

im Quadrat hatte und in dem sich außer einigen Gemüsebeeten ein Apfel-, ein Birn-, ein Kirsch- und zwei Pflaumenbäume befanden. Lange bevor das Obst reif wurde, bewies ich meine Fertigkeit im Klettern, dann erscholl wohl aus dem Hinterfenster einer Nachbarin: ›Verfluchter Junge, willst de gleich vom Bome! se sinn ja noch nich reif!‹

Eduard Genast, 1, S. 9

Die Eigenthümer des unweit des Erfurterthores aufgefahrenen Mistes und Gassen-Kehrichts werden hiermit aufgefordert, denselben spätestens binnen hier und 8 Tagen von dort weg und auf die Felder schaffen zu lassen, widrigenfalls solcher alsdann an Denjenigen, welcher ihn in kürzester Zeit wegzuschaffen sich verbindlich macht, überlassen werden soll.

Weimarische Wochenzeitung, Nr. 35, 3. Mai 1814, S. 171

Das ungebührliche Aufhäufen von Dünger, Asche und Schutt vor dem Jacobsthor, am Asbach, kann ferner nicht gestattet werden, weil es einen Theils ein Uebelstand ist, andern Theils aber durch den Abfluß von Dünger die Straße verdorben wird. Es erhalten daher alle diejenigen, welche Dünger und Aschenhaufen daselbst liegen haben, hiermit Anweisung, bei Vermeidung von 1 Thaler Strafe solche binnen acht Tagen wegschaffen zu lassen, auch wird das fernere Anfahren von Dünger, Asche und Schutt hiermit bei ebenmäßiger Strafe verboten, und zugleich bekannt gemacht, daß aller Schutt auf den Graben, zu Erfüllung der Teiche, zu transportiren ist.

Weimarische Wochenzeitung, Nr. 27, 2. April 1819, S. 123

DIE REGIERUNGSZEIT CARL AUGUSTS

Dreiundfünfzig Jahre, von 1775 bis 1828, regierte Carl August sein Herzogtum. In diesem halben Jahrhundert mächtiger gesellschaftlicher Umbrüche veränderte Europa sein Antlitz stärker als in den zweitausend vorausgehenden Jahren. Die spätfeudale alteuropäische Gesellschaft, vorher schon brüchig geworden, wurde von der Französischen Revolution hinweggefegt, das fürstliche Gottesgnadentum erhielt derbe Schläge, von denen es sich auch nach 1815 nur noch scheinbar kurz erholte. Technische Errungenschaften wie die Bändigung der Dampfkraft revolutionierten die Produktion, der gewaltige Aufschwung von Montan- und Eisenindustrie läutete die Epoche der kapitalistischen Großproduktion ein. Napoleon annektierte fast ganz Europa, zerbrach an nationalen Befreiungsbewegungen großen Ausmaßes in Spanien, Rußland und Deutschland, wodurch in Deutschland der Prozeß der nationalstaatlichen Einigung eingeleitet wurde. Carl August, der kleine Duodezfürst, war persönlich in diese weltgeschichtlichen Prozesse involviert, Weimar, seine herzogliche Residenz, mehrfach direkt davon betroffen.

Als Erbprinz ein quirlig unberechenbares Kind, ein dickköpfiger Jüngling mit ungewöhnlichen Anlagen und Befähigungen, startete der 18jährige Herzog mit unbändigem Lebenshunger in seine herrschaftliche Freiheit. Wieland als Prinzenerzieher, Goethe als Mentor wirkten auf sein wachsendes Verantwortungsgefühl als Landesherr. Politische Ambitionen führten ihn in die Verwicklungen des Fürstenbundes, der vergebens eine dritte Kraft zwischen Habsburg und Hohenzollern zu etablieren versuchte. Carl August scheiterte und zog sich in sein Herzogtum zurück. Militärische Neigungen brachten ihm 1788 die preußischen Generalsepauletten eines Aschersleber Kürassierregimentes ein, schließlich 1792 die Teilnahme an der Kanonade von Valmy und die nachfolgende schmähliche Flucht der Verbündeten vor den Truppen des revolutionären Frankreich. Carl August scheiterte noch einmal und triumphierte am Ende, denn auch bei der Belagerung von Mainz 1793 war er dabei. Doch öffneten ihm die weiterschwelenden Differenzen zwischen Preußen und Österreich allmählich die Augen; 1794 zog er sich aus dem preußischen Militärdienst in sein kleines Land zurück. 1796 trat Sachsen-Weimar-Eisenach dem Sonderfrieden von Basel bei. Dieser Entschluß Carl Augusts führte das Land aus dem Reichskrieg gegen Frankreich heraus; der zehnjährige Frieden des klassischen Weimar begann, die Jahre, die die bedeutendsten künstlerischen und wissenschaftsorganisatorischen Leistungen Jena-Weimars hervorbrachten. Mit dem Wiedereintritt in die preußische Armee 1798 warf Carl August sein Los für das Jahr 1806. Als Chef der Avantgarde gar nicht in die Kampfhandlungen der Doppelschlacht von Jena und Auerstädt verwickelt, riß ihn der Untergang der ehemals gefürchteten Armee Friedrichs des Großen mit in das Unglück. Erneut scheiterte der Weimarer Herzog, wieder zog er sich in sein Herzogtum zurück, das ihm mit Mühe und verwandtschaftlichem Kalkül – seine Schwiegertochter war die Schwester des Zaren – erhalten blieb.

Erst 1813 konnte er die Seiten wechseln und mit den Verbündeten am endgültigen Sturz Napoleons mitwirken, bescheiden zumindest durch den niederländischen Feldzug.

1815 zum Großherzog erhoben, gab er seinem Land als erster deutscher Fürst eine liberale landständische Verfassung und führte damit die Pressefreiheit ein. Oppositionelles Zeitschriftenwesen in Jena, Wartburgfest und Burschenschaftsgründung zogen ihm den versammelten Zorn der europäischen Restauration zu: Metternich in Wien und Nikolaus in Petersburg schickten ihm, der als »Altbursche von Weimar« diffamiert wurde, drohende Depeschen nach Weimar. Als Carl Ludwig Sand, Jenaer Student, den als russischen Spitzel enttarnten August von Kotzebue, Sproß einer verdienten Weimarer Beamtenfamilie und Lustspieldichter, in Mannheim erdolchte, wankte der politische Boden unter Carl August, der bis dahin mutig widerstanden hatte. Er mußte weichen, Professoren entlassen, die Selbstauflösung der Burschenschaft einleiten, das Einlenken gegenüber Wien und Petersburg vollziehen. Wieder gescheitert, zog er sich nach Weimar zurück und versuchte, in den letzten Lebensjahren die wirtschaftliche und kulturelle Entwicklung in Sachsen-Weimar-Eisenach zu stärken und zu fördern, vor allem die innerdeutschen Zollschranken zu Fall zu bringen; englische Erfahrungen lehrten ihn dies. Als er 1828 starb, endete ein vielbewegtes Leben. Wenig hatte der liberale Herr-

Carl August. Gemälde von Georg Melchior Kraus nach Johann Friedrich
August Tischbein, 1795

scher erreicht, doch vieles kam später, was er ähnlich wollte: die Zoll-
union, die wirtschaftliche Entwicklung und Einigung Deutschlands,
Pressefreiheit, Verfassungstexte.

Was er in geradezu exemplarischer Weise verkörperte, war die
unter ihm praktizierte Symbiose von Macht und Geist. Die über
50jährige Freundschaft mit Goethe, die allen Wechselfällen des
Lebens, allen politischen und sonstigen Differenzen standhielt und
stets gegenseitige Hochachtung und Akzeptanz des anderen einschloß, bildete dazu die sichere Basis. Er setzte das Lebenswerk seiner
Mutter Anna Amalia fort. Wenn der Begriff des »Geistes von Weimar« überhaupt zutreffend ist, geht er auf die Regierungszeit Carl
Augusts zurück. Nach seinem Tod, spätestens nach Goethes Hin-
scheiden 1832, fielen beide Komponenten, Macht und Geist, auch in
Weimar wieder auseinander.[119]

Merck an Johann Kaspar Lavater, 9. Januar 1778

*Der Herzog ist einer der merkwürdigsten Jungen Leute, die ich je
gesehen habe. Das tiefste Gefühl für Schönheit der Natur in Bäumen
u. Menschen, das er wie einen Schatz im Busen trägt, voller Taciturni-
tät, u. einer unglaublichen Toleranz gegen alles Schiefe, was ihn an
Menschen u. Sachen umgiebt. Seine Liebe zum häuslichen, u. freund-
schafftlichen Leben, kurz seine Popularität ward mir in kurzem so
heilig, daß ich nicht weiß, wie man diesen Menschen manquiren kan,
u. wenn man auch zehn Jahre mit ihm in einem Zimmer schliefe, u.
Tobak rauchte. Ist er unter vier Augen, so läßt er sich zwar in seinen
Anmerkungen heraus, u. diese sind so scharf, u. treffend, daß man
nicht begreiffen kan, wie ein Junger Mensch von 20 Jahren u. Ein
Mann von Gewalt, von diesem scharfen Kritischen Sinn keinen Mißbrauch machen mag. Er riecht Schmeicheleyen, sogar solche die Goethen gemacht werden, auf hundert Meilen weit.*

Schriften der Goethe-Gesellschaft, 16, S. 352 f.

Klein ist unter den Fürsten Germaniens freilich der meine;
Kurz und schmal ist sein Land, mäßig nur, was er vermag.
Aber so wende nach innen, so wende nach außen die Kräfte
Jeder; da wär's ein Fest, Deutscher mit Deutschen zu sein.

WA I 1, S. 315

Carl August an Goethe

W(eimar,) d. 7. Juny 96.
Die Frau des K. K. Kammerherrn von Stein in Nordheim, Mutter
unseres Forstmeisters, hat mich um das Quartier im Schloße zu Jena
bitten laßen, weil sie sich durch Starcken an einer Crebsbrust ope-
riren laßen will: Ich konnte ihr dieses nicht abschlagen, weil ich seit
langer Zeit in freundschaftlichen Verhältnißen mit der Steinischen
Familie stehe, sie schwerlich ein Quartier in Jena bekommen konnte,
wie sie eines braucht, indem sie gewiß jemanden von ihrer Familie zu
ihrer Pflege mitbringen wird, und sie bey einen so gefährlichen Unter-
nehmen einen ruhigen Auffenthalt wünschen muste. Keinen andern
Platz habe ich ihr einzuräumen als die ganze mittlere Etage des
Schloßes, und da du diese jezt mit Milkau einnimmst, und es wohl
nicht unbillig ist, daß die gesunden einer sehr Krancken weichen, so
muß ich dich bitten der Frau von Stein diesen Raum abzutreten. Du
wirst wohl leicht einen andern Ort finden, wo du die wenige Zeit
zubringen kannst, die du noch abwesend bleiben mögest, und solte
dieses sich nicht in Jena finden, so wolte ich dir das Schloß in Etters-
burg vorschlagen, wo du recht abgeschnitten von allen Zerstreun-
gen leben könntest. Milkauen biethe ich heute aus, der mag sich einst-
weilen wo anderst unterthun. Leb wohl, ich hoffe, daß deine Arbei-
ten gut von Statten gehen.

Carl August
Hans Wahl, 1, S. 206

»›Wie leid tut es mir‹, sagte ich [Eckermann], ›daß ich nicht viel mehr
von ihm gekannt habe als sein Äußeres; doch das hat sich mir tief eingeprägt. Ich sehe ihn noch immer auf seiner alten Droschke, im abgetragenen alten Mantel und Militärmütze und eine Zigarre rauchend,
wie er auf die Jagd fuhr, seine Lieblingshunde nebenher. Ich habe ihn
nie anders fahren sehen als auf dieser unansehnlichen alten Droschke, auch nie anders als zweispännig. Ein Gepränge mit sechs Pferden
und Röcke mit Ordenssternen scheint nicht sehr nach seinem
Geschmack gewesen zu sein.‹
›Das ist‹, erwiderte Goethe, ›jetzt beim Fürsten überhaupt kaum
mehr an der Zeit. Es kommt jetzt darauf an, was einer auf der Waage
der Menschheit wiegt; alles übrige ist eitel. Ein Rock mit dem Stern
und ein Wagen mit sechs Pferden imponiert nur noch allenfalls der
rohesten Masse, und kaum dieser. Übrigens hing die alte Droschke
des Großherzogs kaum in Federn. Wer mit ihm fuhr, hatte verzweifelte Stöße auszuhalten. Aber das war ihm eben recht. Er liebte das Derbe und Unbequeme und war ein Feind aller Verweichlichung.‹
›Spuren davon‹, sagte ich, ›sieht man schon in ihrem Gedicht ›Ilmenau‹, wo Sie ihn nach dem Leben gezeichnet zu haben scheinen.‹
›Er war damals sehr jung‹, erwiderte Goethe, ›doch ging es mit uns
freilich etwas toll her. Er war wie ein edler Wein, aber noch in gewaltiger Gärung. Er wußte mit seinen Kräften nicht wo hinaus, und wir
waren oft sehr nahe am Halsbrechen. Auf Parforcepferden über Hekken, Gräben und durch Flüsse, und bergauf bergein sich tagelang
abarbeiten, und dann nachts unter freiem Himmel kampieren, etwa
bei einem Feuer im Walde; das war nach seinem Sinne. Ein Herzogtum geerbt zu haben war ihm nichts, aber hätte er sich eins erringen,
erjagen und erstürmen können, das wär ihm etwas gewesen.
Das Ilmenauer Gedicht‹, fuhr Goethe fort, ›enthält als Episode eine
Epoche, die im Jahre 1783, als ich es schrieb, bereits mehrere Jahre
hinter uns lag, so daß ich mich selber darin als eine historische Figur
zeichnen und mit meinem eigenen Ich früherer Jahre eine Unterhaltung führen konnte. Es ist darin, wie Sie wissen, eine nächtliche Szene
vorgeführt, etwa nach einer solchen halsbrecherischen Jagd im Gebir-
ge. Wir hatten uns am Fuße eines Felsens kleine Hütten gebaut und
mit Tannenreisern gedeckt, um darin auf trockenem Boden zu über-
nachten. Vor den Hütten brannten mehrere Feuer, und wir kochten

und brieten, was die Jagd gegeben hatte. Knebel, dem schon damals die Tabakspfeife nicht kalt wurde, saß dem Feuer zunächst und ergötzte die Gesellschaft mit allerlei trockenen Späßen, während die Weinflasche von Hand zu Hand ging. Seckendorff, der schlanke mit den langen feinen Gliedern, hatte sich behaglich am Stamm eines Baumes hingestreckt und summte allerlei Poetisches. Abseits in einer ähnlichen kleinen Hütte lag der Herzog im tiefen Schlaf. Ich selber saß davor, bei glimmenden Kohlen, in allerlei schweren Gedanken, auch in Anwandlungen von Bedauern über mancherlei Unheil, das meine Schriften angerichtet. Knebel und Seckendorff erscheinen mir noch jetzt gar nicht schlecht gezeichnet, und auch der junge Fürst nicht in diesem düstern Ungestüm seines zwanzigsten Jahres.

Der Vorwitz lockt ihn in die Weite,
Kein Fels ist ihm zu schroff, kein Steg zu schmal;
Der Unfall lauert an der Seite
Und stürzt ihn in den Arm der Qual.
Dann treibt die schmerzlich überspannte Regung
Gewaltsam ihn bald da, bald dort hinaus,
Und von unmutiger Bewegung
Ruht er unmutig wieder aus.
Und düster wild an heitern Tagen,
Unbändig, ohne froh zu sein,
Schläft er, an Seel und Leib verwundet und zerschlagen,
Auf einem harten Lager ein.

So war er ganz und gar. Es ist darin nicht der kleinste Zug übertrieben. Doch aus dieser Sturm- und Drangperiode hatte sich der Herzog bald zu wohltätiger Klarheit durchgearbeitet, so daß ich ihn zu seinem Geburtstage im Jahre 1783 an diese Gestalt seiner früheren Jahre sehr wohl erinnern mochte.

Ich leugne nicht, er hat mir anfänglich manche Not und Sorge gemacht. Doch seine tüchtige Natur reinigte sich bald und bildete sich bald zum Besten, so daß es eine Freude wurde, mit ihm zu leben und zu wirken.‹«

Johann Peter Eckermann, S. 602 ff.

Die Freie Zeichenschule und Georg Melchior Kraus

Friedrich Justin Bertuch, allseits tätiger, ideenübersprudelnder Mann, schlug bereits 1774 der Herzogin Anna Amalia vor, eine Zeichenschule einzurichten, die die neuen klassizistischen Formen und Bildinhalte, einem Winckelmann folgend, einer breiteren Öffentlichkeit zueignen und geschmacksbildend sein sollte. Carl August rief die »Fürstliche Freie Zeichenschule« 1776 ins Leben und setzte Georg Melchior Kraus als ersten Direktor ein. Der bereits vielgereiste Frankfurter Zeichner und Maler, Schüler Johann Heinrich Tischbeins d. Ä., nach Boucher, Watteau und Greuze sich in Paris vervollkommende, in der Schweiz und Norddeutschland wirkende Künstler fand bereits 1773 nach Weimar, wo ihn Jeanette Louise von Werthern, Schwester des späteren Reformers Freiherrn vom Stein, eingeführt hatte. Seine in der Residenz entstandenen Arbeiten bekam nach Kraus' Rückkehr auch Goethe zu Gesicht, was dessen Interesse an der Ilmstadt zusätzlich geweckt haben mag.

Einen Monat vor Goethes Ankunft ließ sich Kraus in Weimar nieder und begann seine vielseitige Tätigkeit. Der Besuch der Zeichenschule war kostenfrei, die Ateliers lagen zuerst im Fürstenhaus, dann im Roten Schloß. Wer mindestens zwölf Jahre alt und leidlich begabt war, bekam Unterricht; Mann wie Frau, Adliger wie Bürgerlicher, Handwerker und Hofbeamter übten sich mit Stift und Pinsel, auch hier einen Zirkel bildend, der Standesschranken zeitweilig überwand. Das Wirken der Zeichenschule kam Jahre später der Buch- und Verlagsproduktion von Bertuchs Industrie-Comptoir ebenso zugute wie einer allgemeinen Hebung des öffentlichen Geschmacks in der Stadt, wofür vor allem das »Journal des Luxus und der Moden« verantwortlich war.

Kraus' Wirken ist darüber hinaus mit der gesamten Geselligkeit des »klassischen« Weimar verbunden. Im Kreise Anna Amalias, Carl Augusts, des Liebhabertheaters, Goethes zeichnete und porträtierte er. Die gesamte Entwicklung des Parkes hielt er in zahlreichen Blättern fest und dokumentierte es gewissermaßen bildlich. Seine heute

Das Haus des Hoffischers an der Sternbrücke.
Gemälde von Georg Melchior Kraus, undatiert

berühmtesten Bilder sind die »Tafelrunde« bei Anna Amalia, Porträts
der Fürstin, des soeben in Weimar eingetroffenen Goethe, der Schauspielerin Corona Schröter und der jungen Herzogin Louise. Am 14.
Oktober 1806, dem Abend der schicksalhaften Jenaer Schlacht, von
marodierenden französischen Soldaten zusammengeschlagen und
ausgeraubt, starb er drei Wochen später im Hause Bertuchs, wohin
sich der Unglückliche geflüchtet hatte. Johann Heinrich Meyer wurde
sein Nachfolger. »Durch Vedute und Porträt, in Aquarell und Radie-
rung, illustrierte er das Phänomen, das wir uns gewöhnt haben, klassisches Weimar zu nennen«, faßte Effi Biedrzynski zusammen. »Dem
geistigen Ereignis gesellte er das liebenswerteste Bildelement.«[120]
Kraus hat – ungewollt – mit seinem umfangreichen Bildœuvre zur
Weimarer Legendenbildung im 19. Jahrhundert beigetragen.

*Alles dergleichen konnte unser Kraus in sein Talent sehr wohl aufneh-
men; er bildete sich an der Gesellschaft zur Gesellschaft, und wußte
gar zierlich häusliche freundschaftliche Vereine porträtmäßig darzu-
stellen; nicht weniger glückten ihm landschaftliche Zeichnungen, die
sich durch reinliche Umrisse, massenhafte Tusche, angenehmes
Colorit dem Auge freundlich empfahlen; dem innern Sinn genügte
eine gewisse naive Wahrheit, und besonders dem Kunstfreund sein
Geschick: alles was er selbst nach der Natur zeichnete sogleich zum
Tableau einzuleiten und einzurichten.*

*Er selbst war der angenehmste Gesellschafter: gleichmüthige Heiter-
keit begleitete ihn durchaus; dienstfertig ohne Demuth, gehalten
ohne Stolz, fand er sich überall zu Hause, überall beliebt, der thätigste
und zugleich der bequemste aller Sterblichen. Mit solchem Talent
und Charakter begabt empfahl er sich bald in höhern Kreisen und
war besonders in dem freiherrlichen von Stein'schen Schlosse zu Nas-
sau an der Lahn wohlaufgenommen, eine talentvolle, höchst liebenswürdige Tochter in ihrem künstlerischen Bestreben unterstützend,
und zugleich die Geselligkeit auf mancherlei Weise belebend.*

*Nach Verheirathung dieser vorzüglichen jungen Dame an den Grafen
von Werthern nahm das neue Ehepaar den Künstler mit auf ihre
bedeutenden Güter in Thüringen, und so gelangte er auch nach Weimar. Hier ward er bekannt, anerkannt und von dem dasigen hochge-
bildeten Kreise sein Bleiben gewünscht.*

WA I 29, S. 168 f.

Goethe an Carl August, zwischen dem 19. und 26. Oktober 1806

*Der gute Kraus ist auch in diesen Schicksalen zerkniescht worden.
Wir haben gesucht das Institut, das gewiß ein Lebenspunckt der Weimarischen Thätigkeit ist, frisch zu erhalten. Meyer zeigt seine alte
didacktische Tugendenden und die Schüler vermehren sich wöchentlich. Sie wollen das Unheil vergessen und etwas für die Folgezeit werden. Daß das nicht in's Blaue gehe dafür ist durch Ernst gesorgt.*

WA IV 19, S. 201

Goethe an Christian Gottlob von Voigt, 6. November 1806

Soeben vernehm' ich, daß Rath Kraus an den Folgen jener traurigen Tage verschieden ist. Da mir die Sorge für das Zeicheninstitut obliegt, so frage ich den Ew. Excellenz an, ob es nicht wohlgethan sey, seine durch die Plünderung in Unordnung gekommenen Wohnzimmer einstweilen versiegeln zu lassen. Von unsrer Seite könnte Professor Meyer, von jener der jüngere Bertuch etwa gegenwärtig seyn, und der Kupferstecher Müller, der ein Vertrauter des Verstorbenen war, dabey assistiren. Man erwartete, ob ein Testament zum Vorschein kommt, und sonderte alsdann dasjenige, was den Erben, und dasjenige, was dem Institute gehört, von einander ab. Zum großen Theile ist auch dieses schon früher separirt gewesen und, was dem Institut gehört, an Portefeuillen, Vorzeichnungen, Kupfern, steht in dem Vorsäälchen nach der Regierung zu. Dieses und den großen Saal behielte man offen und setzte die Schule unter Direction des Professor Meyers fort, wie auch gestern schon der Anfang gemacht worden.

WA IV 19, S. 229 f.

»LENZENS ESELEY«

»Lenzens Eseley«[121] hat die Goethe-Forschung jahrelang zu den unterschiedlichsten Interpretationen und Spekulationen angeregt, ohne eine Version schlüssig beweisen zu können. Ob es eine Indiskretion war, vielleicht Goethes Gefühle für die Herzogin Louise oder Charlotte von Stein betreffend, oder ein Faux pas allgemein gesellschaftlicher Natur, muß offen bleiben. Goethes spätere Beurteilung des ehemaligen Freundes und Schriftstellerkollegen aus Straßburger Zeiten, Jakob Michael Reinhold Lenz sei nur ein »vorübergehendes Meteor«[122] am Horizont der deutschen Literatur gewesen, ist jedenfalls durch die unangenehme Erinnerung an den Vorfall von 1776 negativ eingefärbt worden, wie überhaupt die Darstellung Lenzens in *Dichtung und Wahrheit* sehr abwertend ist.[123] Beide haben aber in ihren Texten aufeinander reagiert, und Goethe ist gewiß durch den später so unglücklichen Dichter beeinflußt worden; Carl Augusts Einschätzung, Lenz sei »Goethes Affe«[124] gewesen, trifft das Verhältnis sicher nicht.

Fast ein Dreivierteljahr weilte Lenz in Weimar und Umgebung. Angekommen am 3. April 1776 als armer »Landläuffer«, mußte er sich von Goethe und Bertuch erst mit Wäsche, Kamm, Socken und Schuhen versorgen lassen, um halbwegs gesellschaftsfähig zu werden. Die kommenden Monate verbrachte er in Weimar, dann in Berka, einem kleinen Ilmort in der Nähe, wo verschiedene literarische Arbeiten entstanden, z. B. *Der Waldbruder*. Im September 1776 lud Charlotte von Stein ihn nach Kochberg ein, zum Ärger Goethes, wo Zeichnen und englische Sprache geübt wurden. Im November 1776 kam es dann in Weimar zu jener mysteriösen »Eseley«, die die rabiate herzogliche Ausweisung des – pathologischen – Störenfrieds aus Weimar nach sich zog.[125] Lenz endete im Wahnsinn; 1792 fand man ihn tot in einem Moskauer Rinnstein. Das Ereignis hat, gesteuert durch Goethes Verdikt, die Lenz-Rezeption bis in die Gegenwart entscheidend beeinflußt, ja verhindert. Der Besuch Lenzens in Weimar verdeutlichte, wie die Anziehungskraft der Ilmresidenz mit Goethes Anwesenheit schlagartig zugenommen hatte; die kolportierten Berichte über die dort stattfindenden Tollheiten taten das ihre.

Dieß kann niemand mit so viel Laune und Sachkunde schildern, als der Leg(ations) Rath Bertuch, der als Chatouiller des Herzogs die Genies kleiden und füttern mußte. Es lassen sich in dem Weimarschen Geniewesen mehrere Epochen fixieren. Die erste, wo der Geniedrang am heftigsten und der Herzog selbst am stärksten dafür eingenommen war, fängt sich bald nach Göthes Ankunft in Weimar und Verbrüderung mit dem Herzog an. Von allen Seiten walfahrteten Kraft- und Dranggenies hieher, um auf Göthes Flügeln auch mit zur Sonne aufzufliegen, in deren wohlthätigen Stralen sich jener so schön sonnete. Da kam aus Reval der seiner Anomalieen wegen von seinem

Vater enterbte Lenz (sonst auch Mendoza oder der tolle Lenz
genannt). In der größten Sommerhitze trug er einen blauen Sammt-
rock, und als er im Winter auf der Post reißte, zog er sich, während
die andern Passagiere für Frost klapperten, barfuß aus, weil es ihm
unausstehlich heiß sei. Bei einem Hofball setzte er einmal die ganze
Noblesse in Alarm, als er sich erdreistete, uneingeführt im Ballsal
einzutreten, und ein Fräulein zur Menuet einzuführen. Der Herzog,
der innerlich seinen Wohlgefallen daran hatte, ließ ihn dann doch auf
sein Zimmer rufen, und scheuerte ihn tüchtig. Dieser Lenz hat sich in
der Folge noch lange in Deutschland herumgetrieben, und solche
Anfälle von Tollheit gehabt, daß er hat gebunden werden müssen. In
den lichten Intervallen lehrte er Tacktik, wenn sich ihm ein Schüler
darinnen anvertrauen wollte; zuletzt kam er als Lehrer der Cadetten
nach Petersburg, und noch jetzt irrt er in den Russischen Provinzen
unstät herum. Fast zu gleicher Zeit mit Lenzen wanderte auch das
Kraftgenie Klinger ein, ein roher, ungeschlachter Naturmensch.
Einst sah er beim Rath Krause zum Fenster heraus auf eine gleich
unten befindliche Fleischbude. Auf einmal fing er beim Anblick der
schönen Schöpskeulen gewaltig über die Ausartung des Menschen-
geschlechts zu wehklagen an, und prieß das Zeitalter, wo die Menschen das Fleisch noch roh verzehrt hätten. R[at] Krause fragte: ob er
nicht Lust habe, zur Ehre jener Heroen ein Stück rohes Fleisch
sogleich auf der Stelle zu verschmausen. Warum nicht? sagte Klinger.
Man wettet, u. Krause läßt augenblicklich durch seine Bediente ein
Pfund Fleisch in seiner natürlichen Sauce heraufholen. Diesen Ernst
hatte Klinger nicht vermuthet, er fing an Ausflüchte zu machen, und
sagte endlich, da Krause immer dringender wurde: er habe die Sache
gar nicht so gemeint. Es sei bloß eine poetische Phantasie geweßen.

                                            Karl August Böttiger, S. 35 f.

Als Göthe nach Weimar gekommen war, vernahm Lenz seines
H[errn] Bruder Glücksfall, und machte sich nun auch auf den Weg,
um diesem Stern sich zu nähern. Er kam eines Tages sehr zerlumpt

*und abgerissen in Weimar im Erbprinzen an, und schickte sogleich
eine Karte an Göthe, der dem Herzog eben bei einer Unpäßlichkeit
Gesellschaft leistete, des Inhalts: »Der lahme Kranich ist angekommen. Er sucht, wo er seinen Fuß hinsetze. Lenz.« Göthe lacht laut
auf, als er dieß Billet erhielt, u. weißt es dem Herzog, der so gleich
befiehlt, er solle geholt werden. Sein Ansehn war äuserst lächerlich.
Eine kleine zusammengedrückte Figur, aber voll Selbstgefühl und
Keckheit. Die er denn auch gleich den folgenden Abend bewieß. Da
war Hofball, über welchen damals der zeremonieuse Graf Görz noch
seine Hand hielt, so sehr sich auch der Herzog darüber formalisirte.
Lenz hört im Erbprinzen, es sei diesen Abend Hofball en masque. Er
läßt sich einen rothen Domino hohlen, u. erscheint so Abends im
Saal, wo nur Adliche Tanzrecht und Zutritt haben. Ehe man ihn noch
durchbuchstabiren kann, hat er schon ein Fräulein v. Lasberg (die
sich nachmals mit Werthers Leiden in der Tasche in der Ilm ersäuft,
weil sie ihr Liebhaber, ein Lievländer, sitzen ließ) an der Hand, u.
tanzt frisch weg. Es wird ruchbar, daß ein bürgerlicher Wolf unter die
Heerde gekommen sei. Alles wird aufrührisch. Der Hofball desorga-
nisirt sich. Der Kammerherr von Einsiedel kommt athemlos zum
Herzog herauf, u. erzählt ihm die Geschichte. Dieser befiehlt, Lenzen
heraufzuholn, und ließt ihm ein derbes Kapitel. Nun wird er von Fuß
auf gekleidet, und bei allen Geniestreichen als plastron gebraucht.
(…) In Belvedere sonnte er sich einmal nach dem er an der Krippe
geweßen war, und rief aus: ach mir ist so wohl, wie einem Kuhblatter!*

Karl August Böttiger, S. 45 f.

(...) Übertraf nun Lenz alle übrigen Un- oder Halbbeschäftigten, welche ihr Inneres untergruben, und so litt er im Allgemeinen von der Zeitgesinnung, welche durch die Schilderung Werthers abgeschlossen sein sollte; aber ein individueller Zuschnitt unterschied ihn von allen Übrigen, die man durchaus für offene redliche Seelen anerkennen mußte. Er hatte nämlich einen entschiedenen Hang zur Intrige, und zwar zur Intrige an sich, ohne daß er eigentliche Zwecke, verständige, selbstische, erreichbare Zwecke dabei gehabt hätte; vielmehr pflegte er sich immer etwas Fratzenhaftes vorzusetzen, und eben deßwegen diente es ihm zur beständigen Unterhaltung. Auf diese Weise war er Zeitlebens ein Schelm in der Einbildung, seine Liebe wie sein Haß waren imaginär, mit seinen Vorstellungen und Gefühlen verfuhr er willkürlich, damit er immerfort etwas zu thun haben möchte. Durch die verkehrtesten Mittel suchte er seinen Neigungen und Abneigungen Realität zu geben, und vernichtete sein Werk immer wieder selbst; und so hat er niemanden den er liebte, jemals genützt, niemanden den er haßte, jemals geschadet, und im Ganzen schien er nur zu sündigen, um sich strafen, nur zu intriguiren, um eine neue Fabel auf eine alte pfropfen zu können.

Aus wahrhafter Tiefe, aus unerschöpflicher Produktivität ging kein Talent hervor, in welchem Zartheit, Beweglichkeit und Spitzfindigkeit mit einander wetteiferten, das aber, bei aller seiner Schönheit, durchaus kränkelte, und gerade diese Talente sind am schwersten zu beurtheilen. Man konnte in seinen Arbeiten große Züge nicht verkennen; eine liebliche Zärtlichkeit schleicht sich durch zwischen den albernsten und barockesten Fratzen, die man selbst einem so gründlichen und anspruchslosen Humor, einer wahrhaft komischen Gabe kaum verzeihen kann. Seine Tage waren aus lauter Nichts zusammengesetzt.

WA I 28, S. 246 f.

Das Gartenhaus am »Stern«

Ein Gebäude an der Stelle des heutigen Gartenhauses ist bereits für das 16. oder frühe 17. Jahrhundert bezeugt, vermutlich war es ein Weinberghäuschen, das im Laufe der Jahrhunderte mehrfach umgebaut und erweitert wurde. Goethe erwarb es im April 1776, wobei die Kaufsumme aus dem herzoglichen Säckel beglichen wurde. Haus und Grundstück befanden sich zu der Zeit in einem äußerst verwahrlosten bzw. verwilderten Zustand, so daß erst Dach, Fenster, Fußböden und Esse erneuert werden mußten, ehe Goethe am 19. Mai einziehen konnte. Als einzige Neuerung war an der östlichen Hauswand ein Altan angebracht worden, der allerdings 1797 wieder entfernt wurde.

Über sechs Jahre lang bewohnte Goethe das schlichte Gartenhaus mit seinem Diener Seidel; dann zog er als Mieter in das bequemere, größere Helmershausensche Stadthaus am Frauenplan um. Das Wohnen in dem abgelegenen und einsamen Haus war einfach und spartanisch. So naturselig und ruhig es im Sommer zuging – was die poetische Produktivität des Dichters ebenso beflügelte wie die Liebe zu Charlotte von Stein –, so naß, kalt und ungemütlich dürfte es in der nicht unterkellerten Bleibe im Frühjahr, Herbst und Winter zugegangen sein, da die feuchten Ilmwiesen häufig Nebel verursachen. Indes kam auch dieser Umstand der gewollten physischen Abhärtung Goethes entgegen, der in der nahen Ilm bis in den Dezember hinein badete. Teile der Prosafassung der *Iphigenie*, des *Wilhelm-Meister*-Romans, des *Tasso* entstanden hier und zahlreiche naturlyrische Dichtungen wie etwa *An den Mond*, *Rastlose Liebe* und *Jägers Abendlied*. Das Gartenhaus blieb auch nach 1782 als Pendant zur Hektik des Hofes ein Fluchtpunkt, eine Quelle erneuernder Lebenskraft, wo auch der Liebling Fritz von Stein vor 1786 Aufnahme fand.

Während der Italienreise nutzten Frau von Stein oder der Freund Knebel zeitweilig das Haus, der dort u. a. Schiller und Johann Georg Forster empfing. Noch kurz vor seinem Lebensende ließ Goethe die klassizistische Gartenpforte, von Coudray entworfen, zur Ilmseite

Goethes Gartenhaus im
Park an der Ilm.
Foto: Roland Dreßler

hin setzen und gestaltete den hangseitigen Eingangsbereich mit schwar-
zen und weißen Saalekieseln nach pompejanischen Mosaikvorlagen.
Das Gartenhaus Goethes am »Stern«, somit eng mit dem Leben und
Wirken vor allem des jungen Goethe in Weimar verbunden, wurde
nachgerade zu einem Wahrzeichen des klassischen Weimar, denn seit
1922 wurde es zu einem Goethemuseum um- und ausgebaut. Gelegen
im Park an der Ilm, dem einzigen »lebendigen« Denkmal der Weimarer
Klassik, ist es eine der meistbesuchten Örtlichkeiten der Stadt.

> Goethe an Auguste Gräfin zu Stolberg, 17.–24. Mai 1776
>
> *Hab ein liebes Gärtgen vorm Thore an der Ilm schönen Wiesen in*
> *einem Thale. ist ein altes häusgen drinne, das ich mir repariren lasse.*
> *Alles blüht alle Vögel singen.*
> *(…) 12 Uhr in meinem Garten. Da lass ich mir von den Vögeln was*
> *vorsingen, und zeichne Rasenbäncke die ich will anlegen lassen,*
> *damit Ruhe über meine Seele komme, und ich wieder von vorne mög*
> *anfangen zu tragen und zu leiden.*
>
> WA IV 3, S. 64 f.

Friedrich Maximilian Klinger –
Dichter und General

Der mit Goethe fast gleichaltrige Friedrich Maximilian Klinger
schrieb 1776 das Drama *Sturm und Drang*, das einer ganzen literarischen Epoche den Namen gab. 1778 ging er in österreichische, 1780
in russische Dienste, brachte es 1811 zum Generalleutnant sowie
1803 zum Kurator der Universität Dorpat und schrieb gesellschaftskritische und realistische Romane – allerdings als Anonymus. Vor dieser Karriere gehörte Klinger aber 1776 zu jenen Kunstjüngern, die in
das neuerdings vielbeschriene Museneldorado Weimar zogen, um
vielleicht dort ihr Glück zu machen. Am 24. Juni traf er ein, Ende September verließ der 25jährige enttäuscht die Residenz, um in Leipzig
als Theaterdichter sein Auskommen zu suchen. In Weimar hatte ihm
sein junggenialisch-derbes Auftreten, so viel auch ansonsten in der
damaligen Umgebung Carl Augusts und Goethes gelärmt, getrampelt
und getobt wurde, wenig Sympathie eingebracht, so daß sich seine
wie auch immer gehegten Hoffnungen auf eine Anstellung bald zer-
schlugen. Zudem unternahm Goethe, den literarischen Konkurrenten
witternd, in Weimar kaum etwas, um seinem Frankfurter Landsmann

das Bleiben zu erleichtern. Freilich hatte Goethe ihm mit 100 Gulden vorher die Existenz ermöglicht, ihn nach dem Eintreffen in Weimar noch umarmt,[126] was Klinger jubilieren ließ: »Mit Goethe steht's fest wie Felsen und geht alles den großen, simplen Gang.«[127] Doch dann kühlte sich das Verhältnis ab. Der notorische Optimismus von Goethes Mutter im Mai 1776 bestätigte sich in Klingers Fall nicht: »Weimar muß vors Wiedergehn ein gefährlicher Ort sein, alles bleibt dort. Nun, wenn's dem Völklein wohl ist, so gesegne's ihnen Gott!«[128]

Auch Klinger kam nach Emmendingen, als er von Weimar verabschiedet war. Lerse fragte ihn, warum er sich nicht lieber in Weimar eine Stelle verschafft habe, wo sein Landsmann (Klinger ist auch ein Frankfurter) für ihn sorgen könne. Da erzählte er, daß Goethe eben ihn fortgebracht habe. Man habe damals im Gange des herzoglichen Wohnhauses sich oft im Schießen nach dem Ziele geübt. Dabei sei es Sitte gewesen, statt der Zielscheibe ein Porträt hinzusetzen. Er habe einst Goethes Porträt hingesetzt, wonach wirklich geschossen worden. Dies habe ihm Goethe nie verzeihen können. Indes waren, wie Bertuch bemerkt, eher andere Gründe seiner Ungnade vorhanden. Er hatte allerhand Klätschereien zwischen hohen Damen gemacht und wurde als ein tracassier verabschiedet.
Karl August Böttiger, 1, S. 19 f.

Klingers Äußeres – denn von diesem beginne ich immer am liebsten – war sehr vorteilhaft. Die Natur hatte ihm eine große, schlanke, wohlgebaute Gestalt und eine regelmäßige Gesichtsbildung gegeben; er hielt auf seine Person, trug sich nett, und man konnte ihn für das hübscheste Mitglied der ganzen kleinen Gesellschaft ansprechen. Sein Betragen war weder zuvorkommend noch abstoßend, und, wenn es nicht innerlich stürmte, gemäßigt.
Man liebt an dem Mädchen was es ist, und an dem Jüngling was er ankündigt, und so war ich Klingers Freund, sobald ich ihn kennen lernte. Er empfahl sich durch eine reine Gemütlichkeit, und ein unverkennbar entschiedener Charakter erwarb ihm Zutrauen. Auf

ein ernstes Wesen war er von Jugend auf hingewiesen; er, nebst einer eben so schönen und wackern Schwester, hatte für eine Mutter zu sorgen, die, als Witwe, solcher Kinder bedurfte, um sich aufrecht zu erhalten. Alles was an ihm war, hatte er sich selbst verschafft und geschaffen, so daß man ihm einen Zug von stolzer Unabhängigkeit, der durch sein Betragen durchging, nicht verargte. Entschiedene natürliche Anlagen, welche allen wohlbegabten Menschen gemein sind, leichte Fassungskraft, vortreffliches Gedächtnis, Sprachengabe besaß er in hohem Grade; aber alles schien er weniger zu achten als die Festigkeit und Beharrlichkeit, die sich ihm, gleichfalls angeboren, durch Umstände völlig bestätigt hatten.

WA I 28, S. 253 f.

DIE ANGEBETETE CORONA SCHRÖTER

Als im August 1802 die am 23. verstorbene Sängerin und Schauspielerin Corona Schröter, gerade 51 Jahre alt, in Ilmenau in die Erde versenkt wurde, stand als einziger der ehemaligen Weimarer Freunde und Verehrer Carl Ludwig von Knebel an ihrem Grab. Corona Schröter verkörperte geradezu den künstlerischen Anspruch Weimars vor Goethes Italienreise. Einer bürgerlichen Musikerfamilie entsprossen, vom strengen Vater stimmlich ausgebildet, entpuppte sich das heranwachsende Mädchen als ein künstlerisches Multitalent. Sie sang schön, tanzte perfekt, musizierte leicht auf verschiedenen Instrumenten, komponierte gefällig, faszinierte als Schauspielerin, sprach neben der Muttersprache Deutsch fließend Polnisch, Italienisch, Französisch, Englisch; sie zeichnete, malte, lachte, ritt, glänzte und brillierte, kurz: sie war seit ihrem Erscheinen in Weimar am 16. November 1776 die von der Stadtbevölkerung begaffte, von den Künstlerkreisen bewunderte »Hofvocalistin«; die Männer lagen ihr zu Füßen.

Goethe, der sie aus Leipziger Studententagen bereits kannte, hatte

»Iphigenie auf Tauris«,
Liebhaberaufführung mit
Corona Schröter und Goethe.
Gemälde von Georg Melchior
Kraus, 1779

sie geholt – 400 Taler jährlich auf Lebenszeit bildeten eine verläßliche
materielle Altersversorgung für eine damals noch unsichere Künstler-
existenz. Corona wurde die künstlerische Hauptfigur des Liebhabertheaters, das, bis 1782 fast wie eine Leidenschaft betrieben, die Dichter und Komponisten der Ilmstadt in Bewegung und Atem hielt. Von
Goethes *Fischerin* mit Coronas Vertonung des *Erlkönigs*, an den
Ufern der Ilm in Tiefurt inszeniert, bis hin zur Uraufführung der Prosafassung von *Iphigenie*, mit Corona in der Hauptrolle und Goethe
als Orest, reicht die Kette der Theater- und Konzertvergnügungen, die
in Weimar deutsche Bühnengeschichte schrieben oder vorbereiteten.
Es mußte so kommen, daß die bewunderte und begnadete Aktrice
auch als Frau eine Rolle im Leben spielte: sie war jung, schön, stolz
und geistvoll, eine begehrenswerte Person. Was zwischen 1777 und
1779 zwischen Corona Schröter, Goethe und Carl August vorfiel,
wissen wir nicht. Es muß aber zu fürchterlichen Auftritten und Aus-
brüchen gekommen sein, so daß es am Ende eine ethische Meisterlei-
stung aller Betroffenen war, durch Mäßigung, Rücksicht und Verzicht
weiteres Miteinander möglich zu machen. Corona besaß die geistige
Größe und charakterliche Noblesse, aus den Wirrnissen äußerlich

unbeschadet hervorzugehen. Auch 1784, als Bellomos Truppe in Weimar engagiert wurde, spielte sie ihren vornehm zurückgezogenen Part
in Weimar fort: anmutig-klassizistisch die hohe Gestalt im weißen
Kleid, gab sie Schauspielunterricht, zeichnete sie und erschien als gern
gesehener Gast in allen Weimarer Künstler- und Dichterfamilien. Eine
späte und stille Liebe zu Hildebrand von Einsiedel erfüllte sich nicht.
Ein Brustleiden, das sich offenbar früh ankündigte, führte sie 1801 in
die Heilung versprechende Waldluft Ilmenaus, wo sie 1802 starb.[129]

Schiller an Christian Gottfried Körner, 12./13. August 1787

Dieser Tage hatte ich auch Gelegenheit Mlle Schröder kennen zu ler-
nen. Ich traf sie von ohngefehr beim Kammerherrn von Einsiedel.
Ihre Figur und die Trümmer ihres Gesichts rechtfertigen Deine Ver-
plemperung. Sie muß in der That schön gewesen seyn, denn 40 Jahre
haben sie noch nicht ganz verwüsten können. Uebrigens dünkt sie
mir ein höchst gewöhnliches Geistesprodukt zu seyn. Die übertrei-
bende Bewunderung guter Köpfe hat ihr eine bessere Meinung von
sich selbst aufgedrungen, als sie sich angemaßt haben würde, als sie
gegen ihr Selbstgefühl vielleicht behaupten kann. Ihr richtiges Ver-
dienst glaube ich wäre, einer Haushaltung vorzustehen, von der
Kunst scheint sie mir sehr genügsame nüchterne Begriffe zu haben.
Man hat sich übrigens ganz gut und bequem in ihrem Umgang, aber
man geht ruhig und leer von ihr hinweg.

SNA, 24, S. 129

Schiller an Christian Gottfried Körner, 14. Oktober 1787

Gestern hatte ich einen angenehmen Abend. Die Schrödern hat Char-
lotten und mir die Iphigenia, nach Göthens erstem Mscrpt wie es hier
gespielt wurde, vorgelesen. Es ist eigentlich auch in Jamben, aber mit
Einmischung prosaischer Stellen, so daß es für eine poetische Prosa
gilt. Ich war darum auf daßelbe neugierig weil es doch die erste
Geburt, die gedruckte Iphigenia aber Ausarbeitung ist. Im Ganzen

Corona Schröter zeichnend,
Aquarellzeichnung von
Georg Melchior Kraus, 1785

Corona Schröter.
Gemälde von unbekanntem
Künstler, undatiert

genommen ist die leztere doch viel vollkommener(...)
Die Schrödern liest gut, sehr gut, weit weniger gezwungen als Gotter,
mit Affekt und richtiger Auseinandersetzung. Als ich sie lesen sah
und hörte wurde die Erinnerung jener Zeit in mir lebendig, wo sie
daßelbe in ihrer Blüthe gethan haben soll. Sie war mir dadurch inte-
eßanter, das kannst Du leicht denken. Wir sehen einander jezt oft,
fast 3-4 mal die Woche, sie ist doch eigentlich eine von unsern behag-
lichsten Bekanntschaften und uns sehr attachiert.

SNA, 24, S. 163 f

Goethe an Corona Schröter, undatiert

Wie offt hab ich nach der Feder gegriffen mich mit dir zu erklären!
Wie offt hat mirs auf den Lippen geschwebt. Ich habe gros Unrecht,
daß ich es solang habe hängen lassen und kan mich nicht entschuldi-
gen ohne an Saiten zu rühren die zwischen uns nicht mehr klingen
müssen. Wollte Gott du mögtest ohne Erklärung Friede machen und
mir verzeihen. Mein Zutraun hast du wieder, meine Freundschaft
hast du nie verloren, auch ienes nicht.
Bin ich irre geworden; so wars so menschlich. Aber darinne hab ich
am meisten gegen dich gefehlt daß ich dich die lezte Zeit nicht mit
einer eifrigen Erklärung beruhigte. Ich will nicht anführen was mich
entschuldigen könnte, vergieb mir, ich habe dir ia auch vergeben und
las uns freundlich zusammen leben. Das Vergangne können wir nicht
zurückrufen, über die Zukunft sind wir eher Meister wenn wir klug
und gut sind.
Ich habe keinen Argwohn mehr gegen dich, stos mich nicht zurück,
und verdirb mir nicht die Stunden die ich mit dir zubringen kan, denn
so muß ich dich freylich vermeiden. Noch einmal verzeih mir! Mehr
han ich nicht sagen ohne dich aufs neue zu kräncken. Mein Herz ist
gegen dich gesinnt wie du es wünschen kannst, nimm es so an. Ver-
langst du mehr; so bin ich auch bereit dir alles zu sagen. Adieu! Mögde
doch das so lange schwebende Verhältniss endlich fest werden. G.
Dancke für Kuchen und Lied, und schicke dagegen einen bunten Vogel.

WA IV 7, S. 260 f.

Das Wirken des Liebhabertheaters

Anna Amalias musikalischen und theatralischen Neigungen schien nach dem Schloßbrand von 1774 der Boden entzogen, denn die kleine Bühne mit allen Requisiten im Ostflügel war dabei vernichtet worden. Der gesellige Kreis adliger und bürgerlicher Laien, der dies durch eigenes Spiel im Redoutenhaus sowie an den unterschiedlichsten Lokalitäten im Sommer zu kompensieren suchte, bildete das sogenannte Liebhabertheater. In den Jahren von 1775 bis 1781 erlebte es seinen Höhepunkt, Goethe war ab 1776 sein entscheidender Spiritus rector. Höfische Feierlichkeiten, Geburtstage, Jubiläen bildeten oft die äußerlichen Anlässe, zu denen kleine Stücke, meist Singspiele, extra verfaßt oder auch Texte anderer bekannter Autoren einstudiert wurden. Voltaires *Nanine*, Molières *Der Geizhals* oder Goethes Lustspiel *Die Mitschuldigen* und das Schäferspiel *Die Laune der Verliebten* kamen zur Aufführung. Die Stücke *Erwin und Elmire* mit Kompositionen von Anna Amalia, *Jery und Bätely* mit Kompositionen von Carl Friedrich Siegmund von Seckendorff und das Schelmenstück *Das Jahrmarktsfest zu Plunderweilern* verfaßte Goethe direkt für das Liebhabertheater.

Im unkonventionellen Spiel zwischen den beteiligten Adligen und Bürgerlichen fielen Standesschranken. Fast alle bedeutenden Geister Weimars nahmen teil, entweder als Autoren oder als Akteure: Musäus, Bertuch, Kraus, Knebel, Goethe, Wieland sowie die Angehörigen des Hofs mit der Göchhausen, Amalie Kotzebue, Karl und Amalie von Lyncker. Auch die herzogliche Familie mit Anna Amalia, Carl August und dessen Bruder Constantin gehörten gelegentlich zu den Spielenden. Einzige Berufsschauspielerin war Corona Schröter. Der Theatermeister und Tischler Johann Martin Mieding ist durch Goethes Gedicht *Auf Miedings Tod* in die Literaturgeschichte eingegangen. Als theatergeschichtliche Glanzlichter gelten die Uraufführungen der *Iphigenie auf Tauris* 1779 und des Singspiels *Die Fischerin*. Goethes spätere Theaterpraxis fand im »Liebhabertheater« ihre Vorbereitungszeit. Für die Herausbildung der Weimarer Klassik kommt ihm eine herausragende literarische wie auch gesellschaftlich-soziale Funktion zu.[130]

Welch ein Getümmel füllt Thaliens Haus?
Welch ein geschäftig Volk eilt ein und aus?
Von hohen Bretern tönt des Hammers Schlag,
Der Sonntag feiert nicht, die Nacht wird Tag.
Was die Erfindung still und zart ersann,
Beschäftigt laut den rohen Zimmermann.
Ich sehe Hauenschild gedankenvoll;
Ist's Türk', ist's Heide, den er kleiden soll?
Und Schumann froh, als wär' er schon bezahlt,
Weil er einmal mit ganzen Farben mahlt.
Ich sehe Thielens leicht bewegten Schritt,
Der lust'ger wird, jemehr er euch verschnitt.
Der thät'ge Jude läuft mit manchem Rest,
Und diese Gährung deutet auf ein Fest.

WA I 16, S. 133

DER BAU DES KOMÖDIENHAUSES

Anton Georg Hauptmann, der rührig-geschäftstüchtige Bauunternehmer, erbaute auf dem Platz vor dem Wittumspalais 1779 das Komödienhaus. 55 Jahre Lebenszeit waren dem schlichten, frühklassizistischen Theatergebäude beschieden; als es 1825 niederbrannte, ging ein Stück klassisches Weimar zugrunde. War das Liebhabertheater seit 1775 entweder weiter im Redoutenhaus oder im Sommer in den Landschlössern von Ettersburg und Tiefurt aufgetreten, erhielt es nun ab 1780 eine feste Spielstätte, die auch für Tanzveranstaltungen u. ä. genutzt wurde. Die technischen Möglichkeiten sowie der Zuschauerraum hielten sich in bescheidenen Grenzen, und Hauptmann hatte kaum die Absicht und die Fähigkeit, nach den praktischen Erfordernissen der Theaterarbeit zu bauen. Die Aufführungen fanden dreimal wöchentlich statt, die Galerie kostete 2, das Parterre maximal

12 Groschen, der Hof hatte freien Eintritt. Erst nachdem der Herzog das Gebäude Anfang der neunziger Jahre erworben und Goethe ab 1791 die künstlerische Leitung übernommen hatte, ergaben sich die Möglichkeit und die Notwendigkeit eines Umbaus; 1798 veränderte der Stuttgarter Baumeister Nicolaus Friedrich Thouret, der wegen des Schloßbaus in Weimar weilte, den Innenraum, wodurch bessere Platz- und Sichtverhältnisse für die Zuschauer erreicht werden konnten. Ohne größeren Aufwand war auch eine festlichere Raumgestaltung gelungen: Der länglich elliptische Raum erhielt ein Parkett und eine Galerie, wurde mit Theatermotiven ausgemalt und besser beleuchtet. Mit August von Kotzebues Stück *Die Korsen* und Friedrich Schillers *Wallensteins Lager*, das enthusiastisch aufgenommen wurde, fand im Oktober 1798 die Wiedereröffnung statt.

Vor ein paar Jahren zogen die Jenaischen Bursche noch fasst jedesmal mit ziemlichen Lärmen und Toben in Weimar ein; ihre Gegenwart kündigte sich allemal durch ein Gebrüll an, welches sie mit dem Namen Gesang belegen; aber jezt ist das nicht mehr so. Ohne Lärmen geht es freilich nicht ab, aber jenes wilde Toben ist ihnen einigemal untersagt worden, und ohnerachtet der angenommenen Verachtung gegen die Laubfrösche – mit welchem Namen sie die Weimarische Garnison wegen ihrer grünen Uniform zu belegen pflegen – haben sie doch eine kleine Furcht, dass man sie wohl, nach ihrem Ausdruck, schleppen könnte, wenn sie es zu bunt machten. Sie sind also lieber ruhig, und bedauern im Stillen den Verlust ihrer wohlerworbenen akademischen Gerechtsame – ungezogen zu seyn.
Indessen sind sie doch in Weimar angenehm. Das Schauspiel würde besonders darunter leiden, wenn sie nicht herkämen. Ohne ihre Gegenwart würde manchmal das Haus halb leer seyn, und die Gastwirthe würden ihren Verlust ebenfalls empfinden. Sie kommen gewöhnlich Nachmittags, und fahren oder reiten nach dem Schauspiele wieder fort. Diejenigen, welche da bleiben, treiben sich dann noch bei Ortelli, auf dem Kaffeehause, oder auf den Gassen herum.
Die Kleidung dieser jungen Leute sieht seltsam gegen den decenten Anzug der Weimarischen Herren aus. Thurmförmige Mützen mit

> *mancherlei bunten Zierrathen, als Schnüren, Troddeln und Quasten
> von allerlei Farben zieren ihre Häupter, unter denen ein dickes Haar
> hervorhängt, das um ihr Kinn zusammenschlägt und den grössten
> Theil ihres Gesichts bedeckt. Sie schütteln darum alle Augenblicke
> das Haar, wie der Löwe seine Mähne schüttelt, um sehen zu können.
> Eine kurze Jacke mit Aufschlägen von anderer Farbe, gehört noth-
> wendig zu diesem Anzuge, und ihre Schenkel sind mit langen Reitho-
> sen bedeckt, deren eine Seite mit Leder besezt ist.*
>
> Friedrich Albrecht Klebe, S. 94 f.

DIE BELLOMOSCHE THEATERTRUPPE

Joseph Bellomo gastierte mit seiner 1779 gegründeten Theatergruppe
im Dezember 1783 in Weimar und wurde daraufhin von Carl August
unter Vertrag genommen; Spielstätte für die jeweils drei Aufführungen pro Woche war das Komödienhaus. Knapp acht Jahre spielten
seine zwanzig Schauspieler in Weimar und führten an 643 Spieltagen
282 Werke auf. Singspiele und leichte Kost dominierten, doch wagten
sich die Akteure auch an Opern von Mozart, Benda und Gluck, an
Stücke von Shakespeare, Lessing und Schiller heran, was immer ein
doppeltes Risiko darstellte, denn der Publikumsgeschmack entschied
über die Einnahmen. Entscheidender war aber, daß solche Inszenie-
rungen, wenn sie gelingen sollten, ein bestimmtes künstlerisches
Niveau erforderten, und das genau war der Punkt, wo die ständig
wachsende Kritik an dieser Schauspielertruppe einsetzte. »Bellomos
Schlendrian« und dessen »mittelmäßige Truppe«[131] konnten den
Weimarer ästhetischen Ansprüchen nicht standhalten und ver-
schnupften die großen Geister immer mehr. Schon Ende 1784 schrieb
Goethe an Carl August: »Die Commödie schleicht in einem Torpore
hin der nur bey unserer Nation möglich ist. Die Ackermann liegt
kranck und die übrigen behelfen sich wie sie können.«[132] Das war

nicht eben viel; ein Jahr drauf war »unsre kleine Theaterwelt sehr am Schwanken,«[133] was wohl einen Dauerzustand charakterisierte. 1791 kündigte der Herzog den Vertrag. Goethe, der neue Theaterleiter, übernahm einige Schauspieler; der Rest verließ mit Bellomo die Stadt in Richtung Graz.

Als ich [Caroline Jagemann] von Mannheim kam, war das Verhältnis öffentlich etabliert und, daß die Vulpius bei Goethe wohnte, für die kleine Stadt etwas Unerhörtes. Er war der erste und einzige, der es wagte, die öffentliche Meinung ohne Scheu zu verachten, und man fand das um so verletzender, als man darin einen Mißbrauch des Vorrechts erkannte, das ihm die fürstliche Freundschaft in mancherlei Hinsicht gewährte. Der Totaleindruck, den ich von dem großen Manne erhielt, war kein ganz vorteilhafter, und wenn man sich meiner selbstgeschaffenen Grundsätze erinnert, wird man diese Wendung begreiflich finden. Als ich ihm durch das Theater näherkam, fanden sich neue Gründe zur Unzufriedenheit, wenn auch nur künstlerische, die sich gleich bei meinem ersten Auftreten offenbarten. In Mannheim war alles einfach, aber anmutig arrangiert, die Versöhnungsszene Oberons und Titanias malerisch geordnet; hier legte Goethe der Wiedervereinigung Schwierigkeiten in den Weg, indem er hinter dem Wolkenwagen, in dem sich Oberon der Erde nähert, um mit der Gattin in die Lüfte zu entschweben, eine durch eine Wolke schlecht versteckte Leiter anbringen ließ, auf der zwei Genien – wieder jene hausbackenen Seminaristen – über den Häuptern der neu Versöhnten einen Kranz halten mußten. Durch die Leiter blieben aber die Gatten getrennt, konnten nur die Arme sehnsüchtig ausstrecken und sich einander zuneigen, während das Verschweben in den Wolken ganz wegfallen mußte. Daß meine Titania ein gestreiftes Musselinkleid anhatte, hochfrisiert war und statt fleischfarbener Sandalen schwarze, rauhlederne Schuhe mit Schnallen trug, indignierte mich ebenfalls, und die kleinen steifen Röschen, die hie und da auf Kleid und Frisur angebracht waren, konnten mich mit dem lächerlichen Ganzen nicht versöhnen. Ich kam von einer Bühne, die nach Regeln geleitet wurde und auch darin zum Muster dienen konnte, daß der Ton, der unter den Künstlern herrschte, anständig und fein war, während hier

Willkür und Despotismus regierten. Das Personal war mit geringer Ausnahme von unglaublicher Roheit, der allgemeine Ton nicht viel von einer herumziehenden Truppe unterschieden. Wie ich früher schon sagte, gehörte es zu den Grundsätzen des Hofkammerrats [Kirms], die Schauspieler durch Vorschüsse zu fesseln. Die Abzüge versetzten dieselben in die drückendste Lage, und so mußte ich mit armen, unzufriedenen Leuten und wenig bedeutenden Talenten – ich spreche nicht von der Oper allein – meine Aufgaben ausführen, daß mir alle Freude zu neuen Rollen verging. Diese Mängel schrieb ich dem Lenker des Theaters zu und war böse, daß er geschehen ließ, was so leicht besser gemacht werden konnte, auch, daß er für alle Nebendinge kein Interesse hatte, die dem Schauspieler gleichwohl wichtig sind, weil er bei der ersten Auffassung der Rolle sein Spiel daran anknüpft. Wenn zum Beispiel in einem Stücke eine Grotte vorgeschrieben war, die mit Kränzen geschmückt werden, eine Laube, in der man lauschen, ein Wasserfall, an dessen Rande man einschlummern sollte, so wurde in der Probe nichts von diesen Requisiten vorgeführt oder auch nur angedeutet, vielmehr rief Goethe aus dem Parterre, wo er zuweilen, aber nicht oft, den Proben beiwohnte: »Das supponiere man!« Wenn man sich aber wirkungsvollere Aktionen bis zur Vorstellung supponieren soll, so ist das ein sehr großes Hindernis für die Darstellung und verdirbt dem Künstler die Freude an der Arbeit. Diese Einzelheiten von Goethes Persönlichkeit und Theaterpraxis werden es begreiflich machen, daß ich mich damals, wo Eindrücke allein über mich entschieden, von ihm mehr abgestoßen als angezogen fühlte.

Barbara und Günter Albrecht, S. 172 f.

Ein missgelaunter Prediger –
Johann Gottfried Herder

Wieland und Goethe initiierten – gegen Weimarer Widerstand – bei Herzog Carl August die Idee, Johann Gottfried Herder, zu der Zeit Hofprediger in Bückeburg, auf die seit 1771 vakante Stelle des Generalsuperintendenten zu berufen, Lavater, Herzogin Louise und Anna Amalia rieten zu. Nachdem Goethe noch das spätere Wohnhaus der Familie hinter der Stadtkirche hatte herrichten lassen, kam der Freund aus Straßburger Tagen am 1. Oktober 1776 mit Frau und Kind in Weimar an; am 20. Oktober hielt er bereits seine Antrittspredigt. Nicht nur das Predigtamt und die Seelsorge in seinem Sprengel waren ihm zugefallen, sondern ihm unterstand die gesamte Kirchen- und Schulverwaltung des Herzogtums, was eine große Arbeitsbelastung mit sich brachte. Dennoch war Herder unentwegt schriftstellerisch tätig. Die vierteiligen *Ideen zur Philosophie der Geschichte der Menschheit* entstanden 1784/91, von 1793 bis 1797 formulierte er die *Briefe zu Beförderung der Humanität* und 1794 bis 1798 seine *Christlichen Schriften.* Die 1778/79 herausgegebene *Volkslieder*-Sammlung, nach Herders Tod im Jahre 1807 neu herausgegeben unter dem bis heute populären Titel *Stimmen der Völker in Liedern,* verschaffte ihm einen hervorragenden Ruf. Er galt als einer der bedeutendsten Schriftsteller in Deutschland, mußte aber schon in den siebziger Jahre begreifen, daß Goethes Stern den seinen überstrahlte.

Wieland, Knebel, Jean Paul, Herzogin Louise blieben den Herders lebenslang freundschaftlich zugetan. Schwieriger gestaltete sich das Verhältnis zu Goethe und Schiller, deren Geschichts- und Humanitätskonzept vor allem auf langfristige ästhetische Erziehung abzielte, während Herder der aktiven, geschichtsgestaltenden Tat des Einzelindividuums, natürlich im Rahmen der göttlichen Führung, seine Zustimmung gab. Besonders die kontrovers diskutierten Ereignisse der Französischen Revolution mußten unter diesen Umständen eine geistige Entfremdung herbeiführen, und in der Tat gingen die Wege zwischen Herder und Goethe in den neunziger Jahren immer weiter auseinander, wozu auch Schiller, zu dem Herder kein vertrauliches

Johann Gottfried Herder.
Stahlstich von Stichling nach Anton Graff, um 1844

Verhältnis herstellen konnte, beitrug. Persönliche Dinge, z. B. der Streit um die Ausbildungszuschüsse für die sechs Söhne, und schriftstellerische Animositäten taten ein übriges.

Als sich Herder 1801 bei Kurfürst Maximilian Joseph aus materiellen Gründen noch das pfalzgräfliche Adelsdiplom ausbedingte, fühlte sich Herzog Carl August endgültig und öffentlich brüskiert. Herders Polemik gegen Kant brachte die Jenaer Universität, eine Hochburg dieser Philosophie, gegen ihn auf und natürlich Goethe und Schiller. Verbittert und in ständige private und literarische Gefechte verwikkelt, zunehmend von Krankheiten heimgesucht, manövrierten sich die Herders um die Jahrhundertwende in eine zum Teil selbst verschuldete Isolation in Weimar hinein. Herders Frau, ebenso eloquent und gebildet wie hyperaktiv und undiplomatisch intrigant, Goethe und der Herzogin Louise bereits aus Darmstädter Zeiten bekannt, trug zu diesen schwierigen Verwicklungen nicht unwesentlich bei.[134] Nach dem Tod ihres Mannes 1803 verließ sie Weimar im Zorn, fand aber 1807 zurück.

Johann Gottfried Herder, der sich neben seinem Ruhm als Autor um das Weimarer Schulwesen, um die Lehrer- und Seminaristenausbildung größte Verdienste erworben hatte, wurde in seiner langjährigen Wirkungsstätte, der Weimarer Stadtkirche St. Peter und Paul, beigesetzt. Eine Bronzeplatte im Fußboden, mit seinem Motto »Licht. Liebe. Leben« und der Lebensschlange geschmückt, markiert die Stelle, wo er seine letzte Ruhe fand. Der umgangssprachliche Name »Herderkirche« deutet an, wie stark sich sein Wirken in das Bewußtsein der Stadtbevölkerung über die Generationen eingegraben hat, auch wenn eine Rezeption seiner Schriften heute nur noch bei Spezialisten stattfindet. Gerade auch das Spannungsverhältnis zwischen Goethe – Herder – Carl August darf als Beispiel dafür gelten, daß von einer allgemeinen Harmonie im sogenannten »klassischen« Weimar mitnichten die Rede sein kann und sich die geistigen Leistungen der hier eng beieinander Lebenden auch aus aufreibenden Kontroversen ergaben.

Goethe an Johann Gottfried Herder, 10. Juli 1776

Hier ein Brief. Schreib mir doch lieber Bruder wie du kommst,
schreib mir wie dirs mit Meubels gehn wird du kommst in ein leer
Haus. Es ist noch ganz gut gebaut, hat einen großen Garten in dem
aber die Igel brüten. mit dem Detail der Reparatur schinden sie mich
noch was ehrlichs. Da hat der Gottskasten kein Geld, da sollen die
Alten Fenster bleiben, da ist der ein Schlingel und iener ein Maz. Und
so gehts durch – der Präsident hat den besten Willen – Gestern hatt
ich alles dort und wird schon gehn – Und, Bruder, war auch zum
erstenmal in der Kirche. Ich dacht schon dir wirds doch wohl werden
Alter wenn du da oben stehst, und rechts in dem Chor des unglückli-
chen Johann Friedrich Grab, und seinen Nachkommen den besten
iungen gegen dir über, der wohl die Thur werth wäre, werth dass das
schicksaal dem wieder gäb was es ienem nahm. und Herzog Bern-
hards Grab in der Ecke und all der braven Sachsen Gräber herum und
auf des Altar Blats Flügel den Johann Friedrich wieder in Undacht
und die seinen von seinem Cranach und in der Sacristey Luther in
drey Perioden von Cranach, immer ganz Luther und ein ganzer Kerl.
ganz Mönch, ganz Ritter und ganz Lehrer – – Das wusch mich wieder
von allem Staub und so reinige uns der heilige Geist von allem Skwal
eh er fingers dick auf uns sizt wie auf den Gräbern der Helden.
Addio.

WA IV 3, S. 85 f.

Herder an Johann Georg Hamann, 20. März 1778

Ich habe den Winter einsamer gelebt, als ich in meinem Leben je
gelebt habe: die Kirchmauer, die gerade vor mir steht, scheint mir
unaufhörlich die wahre Bastille und ich habe von jeher mein Haus,
groß, und verschnitzelt, unbewohnbar u. wo es bewohnt wird einge-
klemmt und drückend, als das wahre Symbol meines Amts angese-
hen. Unsere erste Sorge war, nur hie u. da Thüren hineinzuschaffen,
daß man einen Weg fände, sodann den Abtritt wegzubringen, der mir

Bibliothek, Archiv der Superintendentur u. Alles verdarb: weiter ists
auch im Amt noch nicht gekommen. Ich hoffe, mich Sommers in
andre Zimmer über Garten und Berg hin zu quartieren; wolle Gott,
auch in meinen Geschäften, die ich, müde u. ermattet, den Winter
über so habe ruhen laßen, daß ich wenn der Frühling anbricht, mit
Schauer wieder daran denke. Es ist und bleibt doch immer ein elend
Leben, sich früh auf die hölzerne Folterbank zu spannen, u. unter
dem alten Sächsischen Dreck zu wühlen. Dies Land von jeher von
Kindern u. Schwaben beherrscht u. eine erbärmliche Apanage der
Reformation zwischen den Gebürgen – doch gnug deßen! Klagelie-
der zu schreiben, ist noch zu früh.

Herders Briefe, 4, S. 59 f.

Herder an Christian Gottlob Heyne, etwa 25. August 1782

(...) was ich suche, was ich in der Welt allein suche, wohnt nicht auf
einer Universität. Es ist nämlich – Ruhe, Entfernung vom Gedräng
der Menschen, diese mögen sich in der Hofluft oder in einer Haupt-
stadt oder gar auf einer Universität drängen; mit jeder Universität
verlöre ich immer, was ich hier habe. Mir fehlts nicht an Achtung
und Liebe, noch weniger an Brod: aber was mir fehlt – habe ich
schon gesagt, und mags nicht gern schreiben. Könnte ich eine etwas
distinguirte geistliche Stelle in Ihrem Lande erhalten, etwa im Schoß
einer guten Natur, eines Gebirges, wenns auch nur so eine General-
superintendentur in Clausthal wäre, wo ich bloß Geistlicher sein
dürfte und Ruhe für mich hätte, übrigens freilich vom Consistorio
weder durch ein Colloquium, noch sonst chikanirt würde: wie wohl
wäre es mir auf einige Jahre! Wie gesagt, mich treibt und drückt hier
nichts als mein innerer Mensch; der drückt mich aber sehr, macht
mich widrig gegen die Menschen und wird schlechter. Ich sehe rings
um mich Personen wirken, die mir nicht gefallen, und die Anlage auf
die Zukunft macht mir noch weniger fröhliche Aussicht: in welchem
letztern ich mich aber auch irren könnte. Kurz, lieber Heyne, ent-
decken Sie mir freundschaftlich den Rath Ihres Herzens, und dann
verbrennen Sie diesen Brief. Sie sind in dieser Sache nur mein und

meiner Frauen Vertrauter; lassen Sie das Geheimniß unseres einzigen
Zutrauens zu Ihnen auch unter uns dreien bleiben.

Herders Briefe, 4, S. 236

Schiller an Christian Gottfried Körner, 29. August 1787

Von den hiesigen großen Geistern überhaupt kommen einem immer
närrische Dinge zu Ohren. Herder und seine Frau leben in einer egoi-
schen Einsamkeit und bilden zusammen eine Art von heiliger Zwei-
Einigkeit, von der sie jeden Erdensohn ausschließen. Aber weil beide
stolz beide heftig sind, so stößt diese Gottheit zuweilen unter sich
selbst aneinander. Wenn sie also in Unfrieden gerathen sind, so woh-
nen beide abgesondert in ihren Etagen, und Briefe lauffen Treppe auf,
Treppe nieder, biß sich endlich die Frau entschließt in eigner Person in
ihres Ehgemals Zimmer zu treten, wo sie eine Stelle aus seinen Schrif-
ten recitiert, mit den Worten: Wer das gemacht hat muß ein Gott seyn
und auf den kann niemand zürnen – Dann fällt ihr der besiegte Her-
der um den Hals und die Fehde hat ein Ende. Schlechter sind diese
Gottheiten bestellt, wo sie wieder an die Sterblichkeit gränzen. So
weiß man zum Beispiel daß Fleischer und Schneider hunderte an sie
zu fordern haben, und zwar seit acht und zehen Jahren. Einer Magd
die aus dem Dienst geschickt wurde und welche ihren sehr hochange-
lauffenen Lohn forderte setzte die Frau Generalsuperintendenten
höchsteigenhändig eine Rechnung von allem zerbrochenen Küchen-
geschirre auf, daß nur noch 2 oder 3 Thaler zu bezahlen übrig blieben
– Preiset Gott, daß ihr nicht unsterblich seid!
Bertuch und Herder hassen einander wie die Schlange und des Men-
schensohn. Bei Herdern geht es soweit daß sich alle seine Züge verän-
dern sollen, wenn Bertuchs Name genannt wird. Aber auch der
geschmeidige Bertuch ist an dieser einzigen Stelle sterblich und fühlt
etwas höchstseltenes – Leidenschaft. Übrigens aber freue ich mich
Herdern wieder zu besuchen. Es ist ein eigener Mensch und in so fern
ein Genuß für den Beobachter.

SNA, 24, S. 145 f.

Johann Gottfried Herder. Punktierstich von Carl Hermann Pfeiffer
nach Johann Friedrich August Tischbein, 1800

> *»Zwei Dinge sind schändlich hier in Weimar. Der falsch erborgte*
> *Schimmer, mit dem wir auswärts Gleisnerei treiben, u. die jämmerli-*
> *che Geistes und Bücherarmuth, in der wir hier schmachten. Ich [Her-*
> *der] werde künftig Breitkopfs Buchdruckerzeichen:* der Bär, der an
> seiner Tatze saugt, *zur Titelvignette aller meiner Bücher nehmen mit*
> *der Ueberschrift: ipse mihi sum nutrimentum.*
> *Auch die Völker haben ihr eigenes Schicksal wie die Individua. Aber*
> *dieß mag ich nicht schreiben.«*
> *Seine aus Leberverstopfung u. Hämorrhoiden komplicirte Krankheit*
> *nennt er einen ehernen Reif, der um seine Lenden gelegt sei.*
> *»Die genievollsten Menschen* sonnen *sich am liebsten. Der König v.*
> *Preußen ließ sich zuweilen recht durchsengen u. ausrösten. Herder*
> *ging vorigen Sommer in den brennen[d]sten u. zurückprallenden*
> *Stralen am Mittag spaziren, um sich auszukochen. Insolatio der*
> *Alten.«*
>
> Karl August Böttiger, S. 107

FRIEDRICH JUSTIN BERTUCHS
»LANDES-INDUSTRIE-COMPTOIR«

»Eigentlich kein Zentralstern, wohl aber ein Sternenbündel« mit
Namen Bertuch sei der Mann gewesen, schreibt Paul Saupe, und ver-
weist auf eine zweite Besonderheit: der spätere erfolgreiche Unterneh-
mer ist »Weimarer Eingeborener«. Nach dem Theologiestudium verbrachte Bertuch drei prägende Jahre bei dem gebildeten, weltoffenen
Adligen Bachoff von Echt, der als dänischer Gesandter lange am spanischen Hof arbeitete. Diesem Aufenthalt verdankte der junge Mann
die Kenntnis der spanischen Sprache und Literatur sowie seinen
Geschäftssinn. Wieland zog Bertuch zurück nach Weimar und
beschäftigte ihn in der Redaktion des *Teutschen Merkur,* über dessen
Korrespondenz neue Verbindungen geknüpft wurden. Eigene lyrische

Versuche scheiterten, nicht aber die Übersetzung des *Don Quijote* ins Deutsche. Durch Bertuch, einen »Stern zweiter Größe«, wurde im Weimar Goethes die Pforte zur spanischen und portugiesischen Literatur und Kultur aufgeschlagen.

Bertuch tanzte auf vielen Hochzeiten, Goethe nannte ihn »Allerweltskerl«: 1775 wurde er Schatullier und Geheimsekretär des Herzogs Carl August, 1796 erbat er seine Demission, die er, ungern, erhielt. Neben seinem Amt blieb er Mitarbeiter und Redakteur an Wielands *Merkur*, begründete die Freie Zeichenschule mit, verdiente an Verpachtung von parzelliertem Land, gab in Herders Lehrerseminar Unterricht über Obstbau und rief schließlich das Geographische Institut ins Leben, das Landkarten und Globen herstellte.

Eine Vielzahl von Verlags- und anderen Unternehmungen verbarg sich hinter dem Namen »Landes-Industrie-Comptoir«, das bereits 1791 als gemeinnützig-private Anstalt von Bertuch konzipiert und ins Leben gerufen worden war. Verlagsunternehmen wie Fach- oder Kinderbücher, Papier- und Farbenherstellung, Handel mit künstlichen Blumen und Früchten, Spielwarenproduktion, Herstellung und Vertrieb von Kunstblättern und Weimar-Souvenirs, Spielkarten, Kachelöfen, künstlerischer Keramik, Gipsabgüsse von Skulpturen, Herstellung optischer und physikalischer Geräte – alles das brachte das »Landes-Industrie-Comptoir« hervor; etwa 10 Prozent der Weimarer Bevölkerung lebten von dieser einzigen frühkapitalistischen Unternehmung Weimars. Künstler wie Georg Melchior Kraus, Martin Gottlieb Klauer, Theodor Goetz oder Carl August Schwerdgeburth haben sich unmittelbar von Bertuchs Einrichtungen mit ernährt; aber auch viele Handwerker fanden bei ihm ihr Brot, so Kupferstecher, Kolorierer und Buchdrucker.

Bis zu – allerdings gescheiterten – Versuchen, am Überseehandel mit Amerika und an der Salzgewinnung teilzuhaben, reichte der unternehmerische Aktionskreis Bertuchs, der sich auch zu aktuellen sozialen Fragen äußerte: *Wie versorgt ein kleiner Staat seine Armen und steuert der Betteley* war eine Studie betitelt, die 1782 anonym erschien. Bertuch starb 1822; Schwiegersohn und Enkel führten das »Landes-Industrie-Comptoir« weiter.[135]

In der Weimarschen Genieperiode war Göthe Bertuchs Plagegeist, der ihm auch in seiner Brautnacht einen solchen muthwilligen Streich spielte, daß B[ertuch] gefährlich krank darauf wurde. Bertuchs Frau gestand mir, daß sie mehrere Jahre Göthen nicht habe begegnen können, ohne entweder blaß oder roth zu werden!

(...) Bertuch war, als die Genieperiode grassirte, immer das Stichblatt des Spottes bey den Genies und dem Herzog, u. hieß κατ᾽ ἐξοχήν *der Spießbürger. An eben dem Abend, wo er seine Frau zuerst nach Weimar in sein Logis gebracht hatte, erhielt er noch vom Herzog u. Göthe einen Besuch. Der Herzog debütirte damit, daß er gehört habe, er habe sich verteufelt spießbürgerisch eingerichtet, einen prächtigen Nachtstuhl machen lassen, und triebe großen Luxus. Er müsse doch also sehen, was daran sey. Sogleich fielen ihm ein paar neue schöne Spiegel ins Auge, die er mit seinem Hieber zertrümmern wollte, sich aber doch, als Bertuch vorstellte, daß er sie auf des Herzogs Unkosten noch einmal so kostbar anschaffen würde, zureden ließ, u. mit der Aeuserung abstand, daß man die Spiegel um der Frau willen lassen müsse, damit sich diese bespiegeln könne. Darauf hielt der Herzog Revision auf Bertuchs Schreibepult, fand einen Roman von Göchhausen, mit dem er so gleich eine Exekution vornahm, Blätter herausriß, u. herausbrannte, Taback hineinstreute, u. so die Bescheerung der Fräulein v. Göchhausen versiegelt unter Bertuchs Namen zuschickte. Endlich hieb u. stach er in die neuen Tapeten, weil dieß verflucht spießbürgerisch sei, daß man die nackten Wände überkleistern wollte. Die junge Ehefrau schlich sich, wie vom Donner gerührt, über diese Behandlung davon. Bertuch verbiß seinen Aerger, ward aber einige Tage darauf sterbenskrank. Als der Arzt von Todesgefahr sprach, kam der Herzog noch um Mitternacht um gleichsam Abbitte zu thun, u. Göthe ging mit Thränen aus der Kammer, u. drückte der tiefgekränkten Frau die Hand mit den Worten: sie habe einen harten Anfang.*

Karl August Böttiger, S. 285 und 289

Schiller an Christian Gottfried Körner, 18./19. August 1787

Bertuchen habe ich kürzlich besucht. Er wohnt vor dem Thore und hat ohnstreitig in ganz Weimar das schönste Haus. Es ist mit Geschmack gebaut und recht vortreflich moeublirt, hat zugleich, weil es doch eigentlich nur ein Landhaus seyn soll, einen recht geschmackvollen Anstrich von Ländlichkeit. Nebenan ist ein Garten, nicht viel größer als der Japanische, der unter 75 Pächter vertheilt ist, welche 1 – 2 Thaler jährlich für ihr Pläzchen erlegen. Die Idee ist recht artig, und das ökonomische ist auch dabei nicht vergessen. Auf diese Art ist ewiges Gewimmel arbeitender Menschen zu sehen, welches einen fröhlichen Anblick gibt. Besäße es einer, so wäre der Garten oft leer. An dem Ende des Gartens ist eine Anlage zum Vergnügen, die Bertuchs Geschmack wirklich Ehre macht. Durch ein wildes buschreiches Wäldchen, das vielleicht nicht größer als der Raum ist, den das Japanische Palais einnimmt, ist ein Spazierweg angelegt, der 8 biß 10 Minuten dauert, weil er sich in Labyrinthen um sich herumschlingt. Man wird wirklich getäuscht, als ob man in einer weitläufigen Parthie wäre, und einige gut gewählte Anlagen und Abwechselungen machen diesen Schattengang äuserst angenehm. Eine Grotte, die ihm zufälligerweise das Gewölb einer Brücke über einen jezt vertrockneten Bach dargeboten hat, ist sehr benutzt. Hier hat er einen großen Theil seines Don Quixote dictiert. Die Bertuchs müssen in der Welt doch überall Glück haben. Dieser Garten, gestand er mir selbst, verinteressiert sich ihm zu 6 pro Cent und dabei hat er das reine Vergnügen umsonst! Wie hoch mußt Du dieses anschlagen!

SNA 24, S. 136

So kann denn auch, daß wir noch schließlich dieses Umstandes gedenken, mancher Künstler wünschen, daß seine Arbeit, nach der Ausstellung hier am Ort einem Liebhaber überlassen werde, theils um von seinen Bemühungen einigen Genuß zu haben, theils um Kosten und Gefahr der Rücksendung nicht zu übernehmen.
Wir können gegenwärtig, da Herr Legationsrath Bertuch die rühmli-

che Anstalt, welche dem einheimischen Kunst- und Gewerbefleiß eigentlich gewidmet war, dergestalt erweitert hat, daß sie auch den Auswärtigen zu statten kommen wird, den Künstlern einen Weg zum Verkauf ihrer eingeschickten Zeichnungen, Gemählde und Sculpturen anzeigen.

Man darf nur, bei Einsendung des Concurrenzstücks, einen versiegelten Zettel, mit Adresse an das Fürstl. Sächsische privilegirte Landes-Industrie-Comptoir zu Weimar beilegen, worin der Name und der genaueste Preis der Arbeit verzeichnet ist.

Mit diesem Zettel wird das Stück nach aufgehobener Ausstellung an gedachtes Comptoir ausgeliefert, welches die Commission ohne weitere Unkosten übernimmt, dem Künstler den erfolgten Verkauf mit Übermachung des Betrags ohne Abzug meldet. Die Stücke können jedoch von dem Künstler zu jeder Stunde gegen Einsendung des ersten Scheins zurückgefordert werden. Dabei behalten wir uns vor zu bestimmen, was wir ungefähr für verkäuflich halten oder nicht, um keine vergebliche Hoffnung zu erregen. Im Übrigen bleibt alles bei der bisherigen Einrichtung, und die Packete werden an Unterzeichneten eingesandt.

WA I 48, S. 54 f.

DAS TIEFURTER JOURNAL

Vom August 1781 bis Juni 1784 erschien als Kuriosum des Kreises um Anna Amalia das *Tiefurter Journal.* Die in diesem Künstlerkreis verkehrenden Frauen und Männer brachten in loser Folge Scherze, Gedichte, Preisfragen, kurze Übersetzungen ein, die, von Louise von Göchhausen und Friedrich Hildebrand von Einsiedel redigiert, als handschriftlich vervielfältigte Stücke kursierten; maximal 11 Exemplare pro Stück wurden kopiert. Als Vorbilder galten die aufklärerisch gesinnten, ebenfalls handschriftlich erstellten *Correspondance littéraire* und die Zeitschrift *Journal de Paris.*

Die Beiträger im *Tiefurter Journal* blieben anonym, waren aber natürlich bekannt. Goethes Ode *Edel sei der Mensch, hülfreich und gut* (später als *Das Göttliche* in die Werke übernommen) gehörte zu den literarischen Spitzentexten, aber auch mancher Literatur gewordene Beitrag von Herder, Wieland, Knebel findet sich. Zeitweilig wurden auch Merck in Darmstadt und Goethes Mutter in Frankfurt mit Exemplaren des *Tiefurter Journals* bedacht, von wo aus sie üblicherweise weitere Leser in die Hand bekamen. Unter den von Weimar ausgehenden, schließlich das literarische Deutschland erreichenden Journalen und Zeitschriften war das *Tiefurter Journal* das kleinste, herstellerisch billigste und in der Auflage bescheidenste Periodikum. Aber es war zugleich das gesellschaftlich-intimste und literarisch originellste, das als eine poetische Widerspiegelung der »Tafelrunde« Anna Amalias und des regen künstlerischen Lebens der Stadt weit über Weimar hinaus gewirkt haben dürfte.

DAS »JOURNAL DES LUXUS UND DER MODEN«

Als erste deutsche Modezeitschrift wurde das *Journal der Moden* 1786 von Bertuch gegründet; ein Jahr später erweiterte er den Namen. Georg Melchior Kraus betreute den reichhaltigen Bildteil, der mit seinen vielen kolorierten Kupferstichen auch das Sinnliche der Leser ansprach, aktuelle Medientrends vorwegnehmend. Französische Vorbilder aufgreifend, wurde das *Journal des Luxus und der Moden* zur führenden Zeitschrift dieses Genres in Deutschland, schließlich in Europa; sie bestand bis 1827.

Vor allem Kraus' Beziehungen nach Paris ermöglichten, daß in kürzeren Abständen als in den französischen Konkurrenzwerken Modekupfer erschienen, was zum wirtschaftlichen Erfolg, zum Absatz auch außerhalb Deutschlands beitrug. Berichtet wurde aus den europäischen Modezentren Paris, Rom und London, wodurch gewissermaßen die damalige europäische Moderne nach Weimar geholt und dort, in der Zeitschrift komprimiert, wie in einem Brennspiegel zusammengefaßt wurde. Der hohe Informations- und Schauwert des Journals umfaßte weibliche und männliche Kleidung, Accessoires, Putz, Schmuck, Nippes, Möbeltrends, Tisch- und Trinkgeschirr, Equipagen, Pferdeschmuck und Livreen, Häuser- und Zimmereinrichtungen, Gärten und Landhäuser, politische Nachrichten, Gesundheitspflege, Kindererziehung. Die breite Palette (ein *Gartenlaube*-Konzept) sprach breite Leserkreise an, die Texte waren aufklärerisch modern, allein schon die Abbildungen geschmacksbildend. Ein zeitweilig beigefügtes *Intelligenzblatt* brachte Rezensionen und bewarb in modernem Sinn Modeartikel und Handelswaren aus Bertuchs eigener Produktion. Nicht zuletzt ging es den beiden Herausgebern Kraus und Bertuch um einen sozialen und ökonomischen Effekt, nämlich die heimischen Handwerker wie Schneider, Tischler, Maurer, Goldschmiede, Posamentierer, Kupferstecher, Zinngießer usw. usf. durch ausländische Vorbilder zu besserer Arbeit anzureizen und zugleich entsprechende Nachfrage zu fördern. Durch den Druck des in hoher Auflage erscheinenden Journals selbst erhielten in Gotha und ab 1790 in Weimar viele Arbeit und Brot. Bis nach Österreich-Ungarn, Skandinavien und dem Baltikum verbreitete sich die Zeitschrift, die auch kommerziell zu einem Erfolg führte.[136]

DIE »JENAISCHE ALLGEMEINE LITTERATUR-ZEITUNG«

Als ein weit verbreitetes Rezensionsorgan galt die 1785 begründete *Allgemeine Litteratur-Zeitung*, die der Jenaer Professor Christian Gottfried Schütz herausgab. Als dieser 1803 nach Halle abwanderte und »seine« Zeitung mitnahm, setzte Goethe alles daran, eine der Literaturhochburg Jena und Weimar und nicht zuletzt dem Renommee der Universität dienende Literaturzeitschrift zu erhalten. Der Altphilologe und Bibliothekar Heinrich Karl Abraham Eichstädt übernahm ab 1804 die Herausgabe der *Jenaischen Allgemeinen Litteratur-*

Zeitung, die sich bald großer Popularität erfreute. Sie erschien täglich, war auswärts in gebundenen Monatsbänden über die Post zu beziehen und brachte im beiliegenden *Intelligenzblatt* zusätzliche Nachrichten aus der gelehrten Welt.

Zwischen alter und neuer Literatur-Zeitung, die nachgerade konkurrierten, zwischen dem preußischen Halle und dem sächsisch-thüringischen Jena, schwebte zudem als Stellvertreterkrieg die Auseinandersetzung zwischen der Kantischen Philosophie (Halle) und der in Jena favorisierten Naturphilosophie, die Goethe förderte. Daß sich dieser Streit in beiden Rezensionsblättern wiederfand, steigerte die Rezeption des interessierten Publikums.

Goethe selbst setzte in der *Jenaischen Allgemeinen Literatur-Zeitung* Maßstäbe für fundierte Buchkritik. Als Beispiele werden die Rezension zu Vossens *Lyrischen Gedichten* und zu *Des Knaben Wunderhorn* von Arnim und Brentano angeführt. Eichstädt, Goethe und zahlreiche weitere Beiträger leisteten mit diesem literarischen Periodikum zugleich eine eminent wichtige politische Arbeit, indem sie eine deutsche Literatur in einem kulturell einheitlichen Deutschland voraussetzten. Das war ab 1804 ohne Zweifel indirekte Arbeit an der politischen Einheit des Landes, so visionär und fern sie auch noch liegen mochte. Zugleich war es unbewußte patriotische Vorbereitung der studentischen Leser auf die bevorstehenden Befreiungskriege.

DIE MOZART-REZEPTION IN WEIMAR

Mozarts Bühnenstücke *Entführung aus dem Serail*, 1782, *Figaros Hochzeit*, 1786, *Don Juan*, 1787, und *Die Zauberflöte* wurden im musik- und theaterbegeisterten Weimar der Herzogin Anna Amalia sehr bald einstudiert und aufgeführt. Goethe berichtete, daß seine und des befreundeten, in Zürich lebenden Komponisten Christoph Kaysers Bemühungen um die Verbesserung des deutschen Singspiels um 1785 scheiterten. »Alles unser Bemühen daher, uns im Einfachen und Beschränkten abzuschließen, ging verloren, als Mozart auftrat. *Die Entführung aus dem Serail* schlug alles nieder ...«[137] Seit Wielands *Alceste*-Aufführung von 1773, des »ersten deutschen Singspiels«, hatte diese Kunstform in Weimar eine feste Tradition: die Döbbelinsche, die Starkesche, die Kochsche, die Seylersche Truppe hatten das Singspiel gepflegt und zahlreiche solche Stücke aufgeführt. Weimars Ruf als Pflegestätte der Musikkultur hatte stark mit Anna Amalias Vorliebe für die Musik zu tun, eine Neigung, die ihr Prinzenerzieher Wieland mit ihr teilte. Im Streit zwischen der italienischen Musik und der leidenschaftlichen Musik Glucks stand Wieland auf der Seite des deutschen Komponisten, der am 7. August 1776 an den Weimarer Dichter schrieb, könnte er eine Lustreise durch Deutschland machen, wäre Weimar eines seiner ersten Ziele, »um da eine der schönsten Versammlungen großer Männer zu sehen, und da neuen Enthusiasmus aus der Quelle zu schöpfen«.[138] Auch die Mozart-Rezeption setzte in Weimar durch Wieland ein, der dem Salzburger Komponisten um die Jahreswende 1777/78 in Mannheim begegnet war und sich seitdem euphorisch für dessen Musik einsetzte. Die Theatertruppe von Joseph Bellomo führte bereits 1785 *Die Entführung aus dem Serail* auf und begeisterte damit die Weimarer Besucher. Für die *Zauberflöte*-Inszenierung von 1794 entwarf Goethe selbst das Bühnenbild, ersann Kostüme und überwachte die Proben, was ungewöhnlich war. Die Mozart-Oper *Don Giovanni* war bereits vorher in Weimar zu sehen gewesen.[139] Die von diesem Zeitpunkt an praktizierte »beispielhafte Mozartpflege im klassischen Weimar« führte bereits 1799 zur Errichtung des ersten Mozart-Denkmals auf deutschem Boden, ein von Heinrich Meyer entworfener und von Martin Gottlieb Klauer ausgeführter antiker Rundaltar mit der Widmung »Mozart und den Musen«. Es bleibt zu bedauern, daß der künstlerisch so anspruchsvolle »Tafelrunden«-Kreis der musikbegeisterten Herzogin keinen wirklich bedeutenden Musiker besaß; außer der Sängerin Corona Schröter waren es durchweg dilettierende Laien, auch wenn Anna Amalia und Einsiedel die Kompositionen zu verschiedenen Bühnenwerken des Liebhabertheaters schufen. Mit dem Bau des Komödienhauses und Goethes Theaterleitung begann die feste Etablierung Mozartscher Bühnenwerke im Weimarer Repertoire.

Was die Oper anlangt so kamen uns die Dittersdorfischen Arbeiten auf das beste zu statten. Er hatte mit glücklichem Naturell und Humor für ein fürstliches Privat-Theater gearbeitet, wodurch seinen Productionen eine gewisse leichte Behaglichkeit zu Theil ward, die auch uns zu Gute kam, weil wir unser neues Theater als eine Liebhaber-Bühne zu betrachten die Klugheit hatten. Auf den Text, im rhythmischen und prosaischen Sinne, wendete man viel Mühe, um ihn dem obersächsischen Geschmack mehr anzueignen; und so gewann diese leichte Waare Beifall und Abgang.

Die aus Italien wiedergekehrten Freunde bemühten sich die leichteren italiänischen Opern jener Zeit, von Paisiello, Cimarosa, Guglielmi und andern herüber zu führen, wo denn zuletzt auch Mozarts Geist einzuwirken anfing. Denke man sich daß von diesem allem wenig bekannt, gar nichts abgebraucht war, so wird man gestehen daß die Anfänge des Weimarischen Theaters mit den jugendlichen Zeiten des deutschen Theaters überhaupt oder zugleich eintraten und Vortheile genossen, die offenbar zu einer natürlichen Entwickelung aus sich selbst den reinsten Anlaß geben mußten.

WA I 33, S. 252 f.

… die ersten schmucklosen italienischen Opern, »Das gute Mädchen«, »Robert und Kalliste«, »Die eingebildeten Philosophen« schlossen sich an, und die Directoren fanden es sehr bequem mit sehr wenigem Aufwand von Naturell und Talent das Publicum zu unterhalten, ja zu entzücken. Man erinnere sich der Zeit, in welcher ein Ackermann lange auf dem Weimarischen Theater für den ersten Buffo und seine Frau wenigstens als zweite Sängerin gelten mußte. Man erinnere sich der Gattin des Director Bellomo, die mit einer leidlichen Stimme, einem völlig oberdeutschen Dialect und einem unscheinbaren Äußeren mehrere Jahre die ersten Liebhaberinnen vortrug.

Dieser Art, auf eine genügsame Weise sich zu vergnügen, gab Dittersdorf neue Nahrung. Personen aus dem gemeinen Leben, lebhafte Intriguen, allgemein faßlicher Gesang verschafften seinen auf einem Privattheater entstandenen Opern einen allgemeinen Umlauf, und

> *wer in Weimar mag sich nicht gern des »Rothen Käppchens« erin-*
> *nern, mit dessen heiterer Erscheinung das jetzige Hoftheater eröffnet*
> *wurde.*
> *In einem ganz entgegengesetzten, höheren Sinne hatte Mozart durch*
> *die »Entführung aus dem Serail« Epoche gemacht. Diese Oper, noch*
> *mehr aber »Die Zauberflöte«, die eigentlich nur den Theatermei-*
> *stern Mühe machte, wurde unzähligemal wiederholt, und beide*
> *brachten das darauf Verwendete reichlich ein, weniger die folgenden*
> *Zauberopern, die auch nach und nach alle von der Bühne verschwun-*
> *den sind.*
>
> WA I 53, S. 267 f.

Die Shakespeare-Pflege

Erneut war es Wieland, der sich als Vorreiter für die deutsche Rezeption eines großen ausländischen Dichters erwies. Während sechs
bedrückender Biberacher Jahre übersetzte der junge Kanzleibeamte
22 Dramen des englischen Klassikers ins Deutsche. Wie hoch diese
Leistung zu bewerten ist, erhellt der Umstand, daß sich der Autodi-
dakt, wiewohl sprachbegabt, in seinen Zürcher Jahren lediglich mit
Hilfe von Lektüre, Wörterbuch und einer Grammatik das Englische
beigebracht hatte. Das Mammutunternehmen erforderte seinen ganzen Fleiß und äußerste Disziplin, aber die 1762/66 erschienenen
Theatralischen Werke befanden sich gewissermaßen in seinem literarischen Gepäck, als er 1772 von Anna Amalia nach Weimar berufen
wurde. Die Kritik hatte die Übersetzungen seinerzeit überwiegend
positiv aufgenommen, und auch Goethe rühmte »des geistvollen Wielands« Prosa-Übertragung.
    Auf die jungen aufstrebenden Dichter des Sturm und Drang übte
Shakespeares Werk eine große Wirkung aus. Daß sich der Übersetzer
dabei sprachschöpfend betätigte, sei am Rande erwähnt: »Stecken-

pferd«, »Kriegserklärung«, »Liebeswort«, »Schafsgesicht« und »Milchmädchen« flossen ebenso in die deutsche Umgangssprache ein wie z. B. »honigtriefend« oder »kummerbeladen«.[140] Auch wenn die späteren Shakespeare-Übersetzungen von Eschenburg, vor allem dann von August Wilhelm Schlegel und Ludwig Tieck eine größere Verbreitung in Deutschland erfuhren, waren doch Wielands Prosa-Texte für Bühnenbearbeitungen vorhanden. Im April 1785 wurde das Trauerspiel »Hamlet, Prinz von Dänemark« in Weimar aufgeführt. Shakespeare-Bearbeitungen sind denn auch verschiedentlich unter Goethes Theaterleitung zur Aufführung gekommen und haben dazu beigetragen, die Werke des englischen Klassikers zu verbreiten.

Auf diesem festen Fundament begründete sich eine Weimarer Tradition, die mit der Gründung der Deutschen Shakespeare-Gesellschaft 1864 in Weimar, den sieben Königsdramen-Inszenierungen Franz Dingelstedts 1864 und dem Shakespeare-Denkmal von Otto Lessing 1904 sichtbare Höhepunkte erfuhr. Die über 10 000 Bände umfassende Shakespeare-Bibliothek beherbergt die Herzogin Anna Amalia Bibliothek. Weimar in klassischer Zeit war ein wichtiger Ort in Deutschland, wo europäische Literatur erschlossen und dem Publikum nahegebracht wurde.

So waren wir denn an der Gränze von Frankreich alles französischen Wesens auf einmal bar und ledig. Ihre Lebensweise fanden wir zu bestimmt und zu vornehm, ihre Dichtung kalt, ihre Kritik vernichtend, ihre Philosophie abstrus und doch unzulänglich, so daß wir auf dem Puncte standen, uns der rohen Natur wenigstens versuchsweise hinzugeben, wenn uns nicht ein anderer Einfluß schon seit langer Zeit zu höheren, freieren und eben so wahren als dichterischen Weltansichten und Geistesgenüssen vorbereitet und uns erst heimlich und mäßig, dann aber immer offenbarer und gewaltiger beherrscht hätte.
Ich brauche kaum zu sagen, daß hier Shakespeare gemeint sei, und nachdem ich dieses ausgesprochen, bedarf es keiner weiteren Ausführung. Shakespeare ist von den Deutschen mehr als von allen andern Nationen, ja vielleicht mehr als von seiner eigenen erkannt. Wir

haben ihm alle Gerechtigkeit, Billigkeit und Schonung, die wir uns
unter einander selbst versagen, reichlich zugewendet; vorzügliche
Männer beschäftigten sich, seine Geistesgaben im günstigsten Lichte
zu zeigen, und ich habe jederzeit was man zu seiner Ehre, zu seinen
Gunsten, ja ihn zu entschuldigen gesagt, gern unterschrieben(...)
Gegenwärtig will ich nur die Art, wie ich mit ihm bekannt geworden,
näher anzeigen. Es geschah ziemlich früh, in Leipzig, durch Dodds
beauties of Shakespeare. *Was man auch gegen solche Sammlungen*
sagen kann, welche die Autoren zerstückelt mittheilen, sie bringen
doch manche gute Wirkung hervor (...)
Nun erschien Wielands Übersetzung. Sie ward verschlungen, Freun-
den und Bekannten mitgetheilt und empfohlen. Wir Deutsche hatten
den Vortheil, daß mehrere bedeutende Werke fremder Nationen
auf eine leichte und heitere Weise zuerst herüber gebracht wurden.
Shakespeare prosaisch übersetzt, erst durch Wieland, dann durch
Eschenburg, konnte als eine allgemein verständliche und jedem Leser
gemäße Lectüre sich schnell verbreiten, und große Wirkung hervor-
bringen. Ich ehre den Rhythmus wie den Reim, wodurch Poesie erst
zur Poesie wird, aber das eigentlich tief und gründlich Wirksame, das
wahrhaft Ausbildende und Fördernde ist dasjenige was vom Dichter
übrig bleibt, wenn er in Prose übersetzt wird. Dann bleibt der reine
vollkommene Gehalt (...)

WA I 28, S. 71 ff.

EIN WELTUMSEGLER IN WEIMAR – GEORG FORSTER

Neun Jahre vor seinem Tod 1794 weilte Johann Georg Adam Forster
in Weimar. Gemeinsam mit seinem Vater Johann Reinhold hatte er,
anfangs gerade 18jährig, an der zweiten Weltumseglung von James
Cook in den Jahren 1772 bis 1775 teilgenommen. Noch bekannter
sollte der Naturforscher und Autor von Reisebeschreibungen freilich

durch seine politische Vita werden. Als leidenschaftlicher Anhänger
der Französischen Revolution, besonders der Jakobiner, war er als
Politiker und Publizist führend an der Gründung der sogenannten
Mainzer Republik im Mai 1793 beteiligt.

Als sich Georg Forster am 12. und 13. September 1785 kurz in der
Stadt aufhielt, lag das alles noch in weiter Ferne. Der berühmte Forscher und seine Frau kamen von ihrer Hochzeit aus Göttingen und
befanden sich auf der Heimreise nach dem polnischen Wilna, wo er seit
1784 eine Professur für Naturgeschichte innehatte. An Charlotte von
Stein berichtete Goethe am 16. September: »Der jüngere Forster war
hier mit seinem jungen Weibgen, einer gebohrnen Heyne von Göttingen, sie asen Abends bey mir mit Herders, Wieland und Amalie Seidler,
die von Gotha aus eine Vertraute der jetzigen Forster ist.«¹⁴¹ Das
Gespräch könnte sich um Wilnaer und Göttinger Stadt- und Universi-
tätsfragen gedreht haben – Forsters Frau Marie Therese war die älteste
Tochter des berühmten Göttinger Universitätsbibliothekars und Philo-
logen Christian Gottlob Heyne –, aber auch naturwissenschaftliche
Gegenstände sind vorstellbar. Goethe sei munter und artig gewesen,
schrieb Forster Tage später an seinen Schweigervater, und »diese drei
vorzüglichen Männer [Herder, Wieland, Goethe] auf einen so freundschaftlichen Ton untereinander gestimmt zu sehen, zu bemerken, daß
sie sich aufs Wort sogleich verstanden […] ist Weisheit des Altertums
und griechische Eleganz ihnen allen geläufig, ihrer aller Muster.«¹⁴²

1792 traf Goethe, auf dem Weg zur »Campagne in Frankreich«, in
Mainz Forster wieder, der dort seit 1788 als Universitätsbibliothekar
tätig war. Mit Sömmering, Huber und anderen Freunden verbrachte
der Weimarer »zwei muntere Abende«. »Von politischen Dingen war
die Rede nicht, man fühlte, daß man sich wechselseitig zu schonen
habe: denn wenn sie republicanische Gesinnungen nicht ganz ver-
läugneten; so eilte ich offenbar mit einer Armee zu ziehen, die eben
diesen Gesinnungen und ihrer Wirkung ein entschiedenes Ende machen sollte.«¹⁴³ Da Forster im März 1793 nach Paris gereist war, um
als Deputierter des Rheinisch-deutschen Nationalkonvents den
Anschluß der Rheinlande an Frankreich zu beantragen, erlebte er die
Belagerung von Mainz nicht vor Ort, indes Goethe Augenzeuge des
Geschehens wurde. Forster starb, seit der Cook-Reise kränkelnd,
nach kurzer, schwerer Krankheit am 10. Januar 1794 in Paris.

DICHTKUNST CONTRA KRANKHEIT –
FRIEDRICH SCHILLER

Als Schiller im Juli 1787, Monate beglückender Harmonie und kraft-
spendender Freundschaft mit Körner, Huber und deren Frauen Dora
und Minna hinter sich, erstmals in Weimar eintraf, verfolgte er damit
keine festen Pläne. Die Residenz »seines« Herzogs zu besuchen, der ihn
Jahre zuvor, mit dem bescheidenen Titel eines »Rats« versehen hatte,
spielte weniger eine Rolle, als mit den »drei weimarischen Riesen« in
nähere Berührung zu kommen. Goethe weilte in Italien; aber bei Wieland und Herder gedachte er sich vorzustellen, um dann eventuell nach
Hamburg weiterzureisen. Es sollte anders kommen; Schiller blieb für
den Rest seines Lebens im Weimar–Jenaer Umfeld. Die noch 1804 ernsthaft betriebene Übersiedlung nach Berlin ließ der Dichter, vielleicht aus
dem Wunsch heraus, Goethes Nähe nicht zu verlieren, wieder fallen. Der
größere Wirkungsbereich in der preußischen Residenz habe ihn mehr als
gereizt, schrieb der schon Schwerkranke an den Freund Körner, aber
auch die Bequemlichkeit geschreckt. »Hier in Weimar bin ich freylich
absolut frei und im eigentlichsten Sinn zu Hause.«[144]

Beim ersten Besuch 1787 fühlte er sich schnell heimisch, die Mann-
heimer Vertraute Charlotte von Kalb, die ihn schwärmerisch anhim-
melte, führte ihn in die Gesellschaft ein. Der schwäbische Landsmann
Wieland nahm ihn letztlich herzlich auf, und der oft komplizierte
Herder sagte ihm bald freundliche Sätze zum *Don Carlos*, den der
Besucher überreicht hatte. Knebel lernte er kennen, Herzogin Anna
Amalia in Tiefurt, er feierte mit Bekannten Goethes Geburtstag in
dessen Gartenhaus und besuchte im benachbarten Jena den Schwiegersohn Wielands, den Philosophen Reinhold, wo ihm Tätigkeits-
chancen an der Universität angedeutet wurden. Dergestalt mit dem
sehr prosaischen Boden des heimlich bewunderten Geistes von Weimar und Jena vertraut geworden, war der selbstbewußte Entschluß
des stolzen Dramatikers gewachsen, in der Stadt zu bleiben und die
Zeit durch fleißigste Arbeit zu nutzen. Historische Abhandlungen wie
der *Abfall der Vereinigten Niederlande* wurden in Angriff genommen,
1789 siedelte er nach Jena über.

Schiller auf dem Esel.
Zeichnung von Johann Christian Reinhart, 1787

Hatte er also schon zarte Wurzeln in den Boden der neugefundenen
Thüringer Wahlheimat getrieben, entstand mit der Bekanntschaft zu
den beiden Rudolstädter Lengefeld-Töchtern eine Bindung, die ihn
endgültig hielt. Charlotte wurde am 21. Februar 1790 seine Frau, die
in über vierzehn schwierigen Ehejahren erfolgreich in ihre Rolle an
der Seite dieses Kranken hineinwuchs und ihm zwei Söhne und zwei
Töchter schenkte.

Schillers Berufung als Professor für Geschichte löschte zwar seinen
Namen von »der Liste der literarischen Vagabunden«[145] und brachte
ihm euphorischen Jubel der Jenaer Studierenden ein, aber die bedrän-
genden Schulden und die Not, seine Familie über den Tag zu bringen,
linderte erst eine dreijährige dänische Ehrengabe von jeweils 1000
Talern, die ihm seine Verehrer, der Finanzminister Graf Schimmel-
mann und der Erbprinz Friedrich Christian, zukommen ließen.

Schwierig ließ sich auch das Verhältnis zu Goethe an, der besonders
Die Räuber verabscheute und sich von einigen späteren Beiträgen
Schillers angegriffen fühlte. Schiller wiederum glaubte sich von der
Kälte und dem scheinbaren Egoismus des Älteren abgestoßen, man
»haßte« einander im stillen und ging sich in der Öffentlichkeit aus
dem Weg, allen vermittelnden Versuchen von Freunden zum Trotz.
Erst jenes zufällige, glückliche Gespräch vom Juli 1794 im Anschluß
an eine Sitzung der Naturforschenden Gesellschaft in Jena, an der beide teilgenommen hatten, brachte die Wende, ein sich anschließender
werbender, gegenseitig wertschätzender Briefwechsel begründete den
folgenden, erst durch Schillers Tod endenden Freundschaftsbund mit
Goethe, der beide befruchtete und ihrem Schaffen neue Impulse verlieh, eine in der europäischen Geistesgeschichte einzigartige Konstel-
lation.[146]

Schiller fand dadurch 1795 zu seiner Berufung als Dichter, als Dramatiker zurück. Die Musenalmanache, die Xenien, die Balladen, vor
allem die Dramen der letzten Jahre entstehen vor diesem Hintergrund
der geistigen Schaffensgemeinschaft mit Goethe. Die *Wallenstein*-Tri-
logie, nach dem Umzug der Familie 1799 nach Weimar gemeinsam
und erfolgreich am Hoftheater inszeniert, ebenso das Trauerspiel
Maria Stuart, die Bearbeitung von Shakespeares *Macbeth*, die Arbeit
an der *Jungfrau von Orleans*, die Dramatisierung des *Tell*-Stoffs, die
Braut von Messina und der Fragment gebliebene *Demetrius* bezeich-

Friedrich Schiller. Steinzeichnung von Gottfried Schadow, 1804

nen die Stationen eines rastlos schöpferischen Dicherlebens. Unter welchen unglaublichen Umständen sich der Schwerkranke diese immensen Leistungen abrang, wird immer Schillers Geheimnis bleiben. Das bescheidene Haus an der Esplanade, das immerhin im Grünen lag und der Familie ausreichend Platz bot, wurde 1802 erworben, im gleichen Jahr erfolgte die Nobilitierung. Schillers in den produktiven Jahren bis 1805 entstandenes Œuvre bleibt für immer mit dem Namen Weimars verbunden.

Schiller an Christian Gottfried Körner, 10. September 1787

Ich fange an, mich hier ganz leidlich zu befinden und das Mittel wodurch ich es bewerkstellige – Du wirst Dich wundern, daß ich nicht früher darauf gefallen bin – das Mittel ist, ich frage nach niemand. Das hätt' ich zwar schon in den ersten Wochen wegkriegen können, denn wohin ich nur sehe, pflegt hier jeder ein gleiches zu thun. Soviele Familien, eben so viele abgesonderte Schneckenhäuser, aus denen der Eigenthümer kaum herausgeht, um sich zu sonnen. In diesem Stücke ist Weimar das Paradies. Jeder kann nach seiner Weise privatisieren, ohne damit aufzufallen. Eine stille, kaum merkbare Regierung läßt einen so friedlich hin leben und das Bischen Luft und Sonne geniessen. Will man sich anhängen, eindrängen, brillieren so findet man allenfalls seine Menschen auch. Anfangs hab ich mir alles viel zu wichtig zu schwer vorgestellt. Ich habe mich selbst für zu klein und die Menschen umher für zu groß gehalten. Jeden glaubte ich meinen Richter, und jeder hat genug mit sich selbst zu thun, um mich auszulauren.

Jezt gehe ich sehr wenig aus. Tags 2 mal zu Charlotten und 2 mal spazieren, wozu ich mir den Stern erwählt habe. Hier begegnen mir doch zuweilen Menschen, und, will ich, so kann ich auch ganz allein seyn. Alle andre Tage besuche ich Boden, Bertuch, Herdern, Vogt oder sonst jemand. Montags gehe ich in den Clubb. Die übrige Zeit bin ich zu Hause und arbeite.

SNA 24, S. 152

Schiller an Christian Gottfried Körner, 14. August 1787

*(...) vor einigen Tagen besuchte ich ihn [Wieland] zum erstenmal
wieder, er war krank, wir kamen aber so ins Gespräch daß ich 3 Stunden blieb. Da hab ich mich ganz vortreflich unterhalten. Wir waren
recht herzlich miteinander und das Intereße das wir dabei nahmen
gab den frivolsten Dingen einen Werth. Er ließ sich in das Detail der
ganzen Haushaltung mit mir ein, wobei er mir vielen Spaß machte.
An Wieland ist das vorzüglich merkwürdig, daß er einen noch so
jugendlichen Geist hat in einem alten Körper. Von euch sprach ich
dismal viel, ich gab ihm meinen Wunsch zu erkennen, euch in Weimar
zu wißen denn ich bin überzeugt daß wenn ihr oder wir hier wären
und blieben, wir müßten und könnten den Ton der Geselligkeit in
Weimar verändern. Wieland und seine äuserst gute Frau, häßlich wie
die Nacht aber brav wie Gold und biß zur kindlichen Einfalt natürlich und munter, Herder und seine Frau beide voll Geist und Genie,
Bertuch und seine Frau (welche im Umgang recht sehr genießbar
sind) Bode, Vogt, Hufland, Riedel, Schmidt und seine Tochter (welche immer soviel werth sind, als die guten Dresdnermenschen) die
Schrödern, die Frau von Stein und ihre Schwester die Imhof, Knebel
und noch andre – lauter Menschen die man in einem Ort nie beisammen findet, müßten einen recht schönen Hintergrund zu unserer
Freundschaft abgeben. Das wären, mit uns, schon 22 Menschen um
die man leben könnte!! Man ist hier arm und es läßt sich mit wenigem
Gelde schon angenehm leben. Ich sagte Wieland, nachdem ich euch
der Reyhe nach beschrieben, daß ich wünschte Du würdest hier
Hofrath mit einer leidlichen Besoldung. Der Herzog und alle Weima-
rianer würden gewinnen und ich, der ich mich von euch nicht trennen
würde, könnte dan auch hier existieren. Das leuchtete Wieland ganz
erstaunlich ein.*

SNA 24, S. 164 f.

Schiller an Christian Gottfried Körner, 29. August 1787

Ich habe am 28gsten August Göthens Geburtstag mit begehen hel-
fen, denn Herr von Knebel in seinem Garten feierte, wo er in Göthens
Abwesenheit wohnt. Die Gesellschaft bestand aus einigen hiesigen
Damen, Vogts, Charlotten und mir. Herders beide Jungen waren
auch dabei. Wir fraßen herzhaft und Göthens Gesundheit wurde von
mir in Rheinwein getrunken. Schwerlich vermuthete er in Italien, daß
er mich unter seinen Hausgästen habe, aber das Schicksal fügt die
Dinge gar wunderbar. Nach dem Soupee fanden wir den Garten illu-
miniert und ein ziemlich erträgliches Feuerwerk machte den Be-
schluß. An diesem Tage sah ich die junge Herzogin. Sie begegnete mir
im Stern als ich Charlotten zu Knebeln führte, aber es blieb nur beim
bloßen Vorbeigehen. Es ist eine schöne und edle Figur aber viel Stolz
und Fürstlichkeit im Gange.(...)
Die hiesigen Damen sind ganz erstaunlich empfindsam. Da ist beina-
he keine, die nicht eine Geschichte hätte oder gehabt hätte. Erobern
möchten sie gern alle. Da ist zum Beispiel eine Frau von Schardt die
Du in jeder andern Gesellschaft für eine ausgelernte Fille de Joye
erklären würdest, ein feines nicht häßliches Gesicht, lebhafte aber
sehr begehrliche Ausgen. Sie wollte sich uns nach Jena mit aufhängen,
aber wir schüttelten sie ab. Weil ich die hiesigen Theeaßembleen nie
besuchte, so legte man es Charlotten als einen Despotismus über
mich aus. Man kann hier sehr leicht zu einer Angelegenheit des Her-
zens kommen, welche aber freilich bald genug ihren ersten Wohnplaz
verändert.
Beim vorigen Clubb mußte ich Bertuchs Gast seyn. Ich machte mir
die Lust ihn auf sein Steckenpferd zu setzen und verbreitete mich
ganz erstaunlich weise und mit einer Art Begeisterung über Commer-
cespeculationen. Er wurde warm und machte mir große Confiden-
cen, unter andern auch die Idee eines teutschen Bücherhandels nach
Paris, Amsterdam und England, den er gar sehr in Affection genom-
men hat. Ich sprach mit soviel Achtung von dem Handel daß ich ihn
bald ganz weg hatte und er mir am Ende einfiel ob ich – stelle Dir vor!
ich! nicht Lust hätte mich in eine solche Carriere einzulaßen. Als wir
auseinander giengen drückte er mir die Hand und sagte: Es freue ihn,
daß wir einander nun hätten kennen lernen! Der Mann bildet sich

ein, daß wir Berührungspunkte hätten und denkt mich auf einer neuen Seite betreten zu haben. Uebrigens aber gestehe ich Dir werde ich Bertuchs Bekanntschaft nie ganz aufgeben. Wer weiß ob nicht Du vielleicht einmal von seiner Thätigkeit, seinem Handelsgeist und seinem Glücke profitieren kannst, wenn sich Fälle ereignen sollten. Vielleicht auch ich selbst.

SNA 24, S. 129 f.

Schiller an Christian Gottfried Körner, 24. August 1791

So ist mirs denn hier ganz leidlich. Ich sehe oft Menschen bei mir und werde es so einrichten, daß ich einige Abende regelmäßig Gesellschaft bey mir haben kann. Zwey Tage in der Woche sind schon durch 2 privat-Clubbs unter guten Freunden besetzt, nun will ich noch 2 dazu bestimmen. Viel Ausgabe machen diese Butterbrodsgesellschaften nicht; wenn ich das halbe Jahr 4 Louisdors mehr dran wende, so kann ich alle Wochen 2 mal 3 auch 4 Menschen bitten, und zu meinem Wohlseyn ist dieß so nöthig. Nun fehlt mir bloß Equipage, um jeden Tag spazieren zu fahren, dadurch würde mir sehr viel geholfen seyn, aber diesem Wunsch muß ich freilich entsagen.

Für meine Lotte wünsche ich wohl einige leidlichere Frauengesellschaften, denn in diesem Stücke sieht es hier sehr traurig aus. Es ist ein Glück, daß sie Liebhabereyen hat mit denen sie sich beschäftigt, wenn ich zu thun habe. Meine Krankheit hat dadurch, daß sie mich ganz ausser Thätigkeit setzte, uns so aneinander gewöhnt, daß ich sie nicht gern allein laße. Auch mir macht es, wenn ich auch Geschäfte habe, schon Freude, mir nur zu denken, daß sie um mich ist, und ihr liebes Leben und Weben um mich herum, die kindliche Reinheit ihrer Seele und die Innigkeit ihrer Liebe gibt mir selbst eine Ruhe und Harmonie, die bey meinem hypochondrischen Uebel ohne diesen Umstand fast unmöglich wäre. Wären wir beide nur gesund, wir brauchten nichts weiter, um zu leben wie die Götter.

SNA 26, S. 105

Französische und polnische Emigranten an der Ilm

Das 1789 durch den Sturm auf die Bastille eingeläutete Ende der alteuropäischen Gesellschaft kündigte sich Anfang der neunziger Jahre auch im provinziell abgelegenen Weimar an, wenngleich leise und nur indirekt. Erst anderthalb Jahrzehnte später, nach der Schlacht von Vierzehnheiligen, fiel die Geschichte mit wuchtigen Schlägen über die Stadt her.

Kein Geringerer als der ehemalige Präsident der Französischen Nationalversammlung, der in Grenoble geborene Jean Josèphe Mounier, kam 1795 als Exilierter nach Weimar, um hier eine Erziehungsanstalt zu gründen. Herzog Carl August stellte ihm in Schloß Belvedere, in den Kavaliershäusern, Räume zur Verfügung. Ab 1797 begann der Unterricht in der »Akademie zur Ausbildung künftiger Staatsmänner«. Gelehrt wurden Politik, Militärwissenschaft, Philosophie, Geschichte, Recht und Staatswissenschaft. Die meisten Schüler kamen aus vermögenden englischen Familien. 1801 konnte Mounier nach Frankreich zurückkehren. Carl Augusts Großzügigkeit, gekoppelt mit einer kurzen angeblichen Liebschaft des Herzogs zu einer französischen Emigrantin im Sommer 1794 wurde sogar der Gegenstand eines Artikels im *Moniteur,* demzufolge diese Umstände zu einem solchen Zuzug französischer Adelsflüchtlinge nach Weimar und Eisenach geführt hätten, daß die Lebensmittelpreise in die Höhe geschnellt seien.[147]

Waren die französischen Flüchtlinge Feinde der Revolution, gab es andererseits in Weimar polnische Exilierte, die die Revolution in Frankreich begrüßten und später ihre größten Hoffnungen, wiewohl vergeblich, auf Napoleon setzten. Die polnische Adelsrepublik war 1795 zum dritten und letztenmal geteilt und sodann eliminiert worden. Preußen, Österreich und Rußland teilten sich die Beute; sie waren auch die Feinde des revolutionären Frankreich. So ist es kurios, daß es neben Männern wie Mounier auch verfolgte Polen nach Weimar zog. In den Jahren 1801/03 hielt sich hier Graf Tadeusz Morski auf, ehemaliger Kammerherr des entmachteten Wahlkönigs Stanislaus II. Augusts und Gesandter der Krone Polens in Madrid. Morski hatte am polnischen Aufstand unter Tadeusz Kościuszko teilgenommen, floh aus seiner Heimat und widmete sich in Weimar seinen Studien in der Bibliothek, wo er auch mit Goethe in Kontakt kam.[148] Die Toleranz des Herzogs machte es offenbar möglich, daß auch politisch Andersdenkende in seiner Residenz Aufnahme fanden.

Johannes Daniel Falk – Satiriker und Sozialpädagoge

Der gebürtige Danziger kam als 20jähriger »Privatgelehrter« 1797 nach Weimar, nachdem er sich vorher in Halle mit theologischen, philosophischen und literarischen Gegenständen befaßt hatte. Schon hier trat seine Befähigung, sein Talent an den Tag, spitz und polemisch, scharf und satirisch die Schwächen seiner Zeit und Zeitgenossen journalistisch aufzuspießen. Von Wieland nach Weimar geholt, gab er dieser literarischen Betätigung u. a. mit dem 1796 bis 1800 erscheinenden *Taschenbuch für Freunde des Scherzes und der Satire* einen festen institutionellen Rahmen. Zudem gehörte Falk bald zu den geistigen Honoratioren der Residenz, ohne mit der »ersten Reihe« konkurrieren zu wollen.

Falks bedeutendere Leistung liegt in seiner zweiten Lebenshälfte. Nach dem Einmarsch der Franzosen zunächst zum vermittelnden – und wo möglich – Härten mildernden Dolmetscher des Weimarer Stadtkommandanten ernannt, dann zum Dolmetscher und Geheimsekretär des französischen Generalintendanten aufgestiegen, verhandelte er sogar mit dem Grafen Daru, dem »Obergeldeintreiber« Napoleons, um die drückenden Finanzforderungen der Besatzer an Sachsen-Weimar-Eisenach zu erleichtern – natürlich vergeblich. Dennoch waren die Jahre zwischen 1806 und 1813 seine erfolgreichsten. Da trifft ihn 1813 die Kriegsfurie. Vier seiner sechs Kinder sterben kurz hintereinander an Seuchen, die durch die kriegerischen Ereignis-

se nach Weimar eingeschleppt worden waren. Mit seiner Frau Caroline Charlotte zutiefst erschüttert, deutete er sein Schicksal, seinen Verlust als Wink Gottes, sich als Vater nun der fremden, verwaisten Kinder anzunehmen, die in großer Zahl, eine traurige Folge der Kriegs-
jahre, auch in der Residenz anzutreffen waren. Falk gründete im Mai
1813 die »Gesellschaft der Freunde in Not«, nahm Kriegswaisen und
verwahrloste Kinder allen Alters auf, die er schulisch und beruflich
ausbildete und denen er ein neues Zuhause gab. Bis zu seinem Tode
1826 baute er diese sozialpädagogische Einrichtung unter größtem
persönlichem Einsatz und unter zum Teil haarsträubender Finanzie-
rungsnot organisatorisch immer weiter aus. Ende 1813 bevölkerten
bereits 30 Kinder sein Haus, 1816 betreute er pädagogisch etwa 500
Kinder, die er teils bei Handwerkern und Bauern untergebracht hatte.
1821 zog das »Falksche Institut«, von zahlreichen Spenden unterstützt, in den »Lutherhof«, den er mit seinen Zöglingen selbst ausbau-
te. 1829 übernahm das Großherzogtum die Trägerschaft. Falk wurde
zum Begründer der sozialen Fürsorge in Deutschland und zu einer der
sozialpädagogischen Leitgestalten in ganz Europa. Die englische
Sozialerziehung sieht ihn als ihren geistigen Wegbereiter; ein Mann
wie Wichern sah in Falk sein Vorbild beim Ausbau der Inneren Missi-
on.[149]

DIE EINFÜHRUNG DER KUHPOCKENIMPFUNG

Angesichts der unübersehbaren Masse von Literatur zum »klassischen« Weimar verblüfft es, daß das Thema Medizingeschichte sehr
stiefmütterlich behandelt wurde. Und doch hat die Doppelstadt Jena-
Weimar in dieser Zeit einige bedeutende Ärzte hervorgebracht, deren
Leistungen in der deutschen, ja europäischen Medizin Spuren hinter-
lassen haben.
Johann Friedrich Hufeland war seit 1765 erster Leibarzt der Herzogin Anna Amalia. Sein Sohn Christoph Wilhelm unterstützte die

Christoph Wilhelm Hufeland. Kupferstich von Friedrich Müller
nach Johann Heinrich Wilhelm Tischbein

väterliche Praxis und wurde 1796 von Herzog Carl August als Professor der Medizin an die Universität Jena berufen. Dort wirkte seit 1778 bereits Justus Christian Loder, Professor für Anatomie, Chirurgie und Hebammenkunst. Beide durch ihre Forschungen und Fachpublikationen berühmten Ärzte sorgten dafür, daß im letzten Jahrzehnt des 18. Jahrhunderts die Jenaer Medizinausbildung den Ruf erwarb, die beste Deutschlands zu sein, womit die bislang führende Universität, die Georgia Augusta in Göttingen, an der beispielsweise Albrecht von Haller und Georg Christoph Lichtenberg wirkten, auf den zweiten Rang verdrängt wurde. Die stark gestiegene Zahl der Jenaer Medizinstudenten belegte u. a. diese Tatsache. Das echte Interesse der Weimarer Fürstlichkeiten am Fortschreiten medizinischer Kenntnisse und Fähigkeiten, die ostentative Gunst, die Anna Amalia und Carl August ihrer Ärzteschaft entgegenbrachten, trug viel zu der innovativen Situation bei. Die Gründung des Accouchierhauses 1778, zunächst selbst von Ärzten und Professorenkollegen als »Kindermordanstalt« verteufelt, leitete einen großen Fortschritt in der Geburtshilfeausbildung ein, brauchte aber noch lange, ehe es sich gegen öffentliche Vorurteile und kirchliche Widerstände behauptet hatte.

Gleiches gilt für die Anatomie. Hufeland hatte sich bereits in seiner Weimarer Zeit mit der am häufigsten auftretenden Krankkeit, den Pocken oder Blattern, befaßt, darüber auch in Wielands *Merkur* publiziert und Isolierung der Krankheitsträger empfohlen. 1777 und 1788 grassierten solche Epidemien in Weimar, denen vor allem kleine Kinder zum Opfer fielen. Es zeugt vom Mut Carl Augusts, daß er seine beiden Kinder in diesem Jahr »inokulieren«, d. h. impfen ließ, denn es wurden aktive Erreger der Menschenpocken eingesetzt; keines der etwa 100 geimpften Weimarer Kinder starb. Erst Edward Jenner entwickelte 1796 die Methode der Kuhpockeninokulation, die im Jahre 1800 von Samuel Thomas Sömmering in Frankfurt übernommen wurde.[150] In Weimar fand diese Methode, die Hufeland in seinem 1798 erschienenen Werk *Die Kunst, das menschliche Leben zu verlängern* empfohlen hatte, im Jahre 1801 erstmals Anwendung. Hufeland wurde 1801 Direktor der Berliner Charité, königlicher Leibarzt und 1810 Professor an der neugegründeten Universität. Vierhundert zum Teil populäre Werke veröffentlichte er neben seiner ärztlichen Praxis und seiner Lehrtätigkeit.

Eine Gesellschaft hochgebildeter Männer, welche sich jeden Freitag bei mir [Goethe] versammelten, bestätigte sich mehr und mehr. Ich las einen Gesang der Ilias von Voß, erwarb mir Beifall, dem Gedicht hohen Antheil, rühmliches Anerkennen dem Übersetzer. Ein jedes Mitglied gab von seinen Geschäften, Arbeiten, Liebhabereien, beliebige Kenntniß, mit freimüthigem Antheil aufgenommen. Dr. Bucholz fuhr fort die neusten physisch-chemischen Erfahrungen mit Gewandtheit und Glück vorzulegen. Nichts war ausgeschlossen, und das Gefühl der Theilhaber, welches Fremde sogar in sich aufnahmen, hielt von selbst alles ab, was einigermaßen hätte lästig sein können. Akademische Lehrer gesellten sich hinzu, und wie fruchtbar diese Anstalt selbst für die Universität geworden, geht aus dem einzigen Beispiel schon genugsam hervor, daß der Herzog, der in einer solchen Sitzung eine Vorlesung des Doctor Christian Wilhelm Hufeland angehört, sogleich beschloß ihm eine Professur in Jena zu ertheilen, wo derselbe sich durch mannichfache Thätigkeit zu einem immer zunehmenden Wirkungskreise vorzubereiten wußte.

WA I 35, S. 68 f.

Wir haben schon einige Beispiele von Unterstützung angeführt, die Seine Herzogliche Durchlaucht [Carl August] den Künsten und Wissenschaften zum gemeinen Besten ihres Landes, und besonders zur Aufnahme der Universität Jena, haben angedeihen lassen. Jetzt haben wir das Vergnügen, ein anderes ähnliches Beispiel, als einen Beweis, wie hoch sich jetzt die gesunde Vernunft über die Vorurteile der vorigen Zeiten empor geschwungen habe, bekannt zu machen. Vor einigen Wochen mußte der Herr Professor Loder in Jena, auf Befehl seiner Durchlaucht des Herzogs, nach Weimar kommen, um Ihnen [Carl August, Herzogin Louise, Herder, Goethe], in Gegenwart des Leibarztes [Johann Friedrich Hufeland, Vater des berühmten Arztes] und verschiedener andern Herren an ihrem Hofe, eine anatomische Demonstration über das Gehirn zu halten. Ein Beispiel von dieser Art ist uns noch nicht bekannt, und es ist dieses vermutlich das erste. Ein paar Monate zuvor kamen schon der verwitweten Frau Herzogin [...] Durchlaucht [Anna Amalia] nach Jena, bloß um sich eine

anatomische Demonstration an ein paar Kindern auf dem dasigen
anatomischen Theater halten zu lassen, und sie fanden so viel Unter-
haltung ihrer Wißbegierde, daß sie bald wiederzukommen sich
äußerten.
Noch vor ohngefehr 15 Jahren hatte die Anatomie noch so viel Vorur-
teil in Jena gegen sich, daß [der Chirurg Karl Friedrich] Kaltschmid
[1706–1769] allemal, wenn ihm ein Kadaver gebracht ward, es mit
dem Siegel der medizinischen Fakultät bezeichnen mußte, weil es
sonst kein Student anzugreifen getrauete, ohne für unehrlich gehalten
zu werden. In der Mitte des vorigen Jahrhunderts war es noch ärger.
Werner Rolfink [1599-1673], der damals Professor der Arzneige-
lahrtheit in Jena war, und daselbst die Anatomie zuerst in Gang
brachte, kam darüber beim Pöbel in einen solchen Haß, daß man ihm
auf der Straße mit Steinen nachwarf, und daß die Deliquenten vor
ihrer Hinrichtung sich es noch zur einzigen Gnade ausbaten, man
möchte sie nach ihrem Tode nicht rolfinken, (d. i. anatomieren) las-
sen. Jetzt wollen zwar die gemeinsten und ärmsten Leute noch nicht
gern ihre unehelichen Kinder anatomieren lassen, indes ist es schon
genug zur Ehre der Vernunft, daß Herr Professor Loder nicht allein
seine Kadaver unbesiegelt vom Karren schleppen darf, sondern, daß
sogar Fürsten und Fürstinnen es für anständig und wichtig genug
ansehen, die Maschine des menschlichen Körpers kennenzulernen.

Manfred Wenzel, S. 32 ff.

Der Wanderer – Johann Gottfried Seume

Ein abenteuerliches Schicksal war dem 1763 in Sachsen geborenen
Seume bereitet. Zwangsrekrutiert, als Soldat nach Amerika verscha-
chert, zurückgekehrt, mehrfache Versuche zu desertieren, ab 1787
Student in Leipzig, Grafenerzieher, 1792 russischer Militärdienst,
Augenzeuge des Kościuszko-Aufstandes, 1794 in Warschau, Rück-

kehr nach Leipzig, Korrektor bei Göschen, 1801 riskante Fußwanderung von Grimma nach Syrakus. Schriftstellerisches Ergebnis dieser abenteuerlichen Unternehmung war der Sensation im literarischen Deutschland machende Titel *Spaziergang nach Syrakus*, ebenso das Buch *Mein Sommer 1805*, dem ein Fußmarsch des »berühmten Wanderers« von Leipzig über Petersburg nach Moskau, zurück nach Petersburg, durch Finnland, Schweden und Dänemark zurück nach Leipzig zugrunde lag. Gesellschaftskritische und sozialkritische Beobachtungen machten beide Reiseberichte und seine übrigen Werke zu Zeitdokumenten, die ein vielfältiges Echo fanden, z. T. sogar verboten wurden. Seume kam 1801/02 auf seiner Fußreise von Grimma nach Sizilien und zurück jeweils durch Weimar. Er besuchte Anna Amalia in Tiefurt, hielt sich aber nicht lange auf. Ein letzter Besuch erfolgte 1810; da war der »Wanderer« aber schon sichtbar von Krankheit gezeichnet, wohl auch eine Folge der Reisestrapazen.

»GOLDMUND« UND »MANNWEIB« – MADAME DE STAËL

Die französische Schriftstellerin Anne Louise Germaine de Staël-Holstein war die Tochter des Schweizer Bankiers Jacques Necker, der kurz vor Ausbruch der Französischen Revolution noch Finanzminister König Ludwigs XVI. gewesen war. Ihr Roman *Delphine* hatte ihr in Deutschland längst ein positives Vorurteil eingebracht, als sie im Dezember 1803 in Begleitung ihrer Tochter Albertine und ihres Landsmanns, des Schriftstellers und Politikers Henri-Benjamin Constant, in Weimar eintraf. Napoleon hatte sie aus Frankreich ausgewiesen, und sie befand sich in den folgenden Jahren auf ausgedehnten Reisen in Europa. Ihr Weimar-Besuch von 1803/04, den sie zu zahlreichen Besuchen und Gesprächen nutzte, bildete eine wichtige Quelle für ihr 1810 erschienenes Buch *De l'Allemagne*, in dem sie die Literaturszene und Kultursituation Deutschlands schilderte und mit der

Frankreichs verglich. Ihr überwiegend emphatisches und idealisiertes Weimar-Bild erwuchs aus ihrer nachträglichen Verklärung der vorgefundenen Verhältnisse. Sie trug entscheidend zur Legendenbildung über das »klassische« Weimar bei.

Madame de Staël verkörperte den neuen Typ einer schreibenden, emanzipierten, intellektuellen Frau, wie sie auch in den deutschen romantischen Künstlerkreisen so häufig anzutreffen war. In Weimar und später auch in Berlin sei sie »als echtes Wundertier bestaunt« worden, was im übrigen der Eitelkeit der selbstgewissen und selbstgefälligen Frau durchaus geschmeichelt habe.[151] Böttiger nannte sie despektierlich »ein Mannweib«; sie »befinde sich nur im Kreise der Männer wohl, weil sie zu häßlich sei, um durch den Gürtel der Venus zu erobern, wolle sie durch Witz und Gelehrsamkeit glänzen usw.«[152]

Insbesondere Goethe hatte sie sich zum Gegenstand ihrer Studien und Beobachtungen auserkoren, doch wußte er sich die Besucherin auf Distanz zu halten. Wieland nannte sie ironisch »Goldmund« oder »die liebenswürdigste aller Hexen«.[153] Ihr ausführlicher Besuch in Weimar zu Beginn des 19. Jahrhunderts ist ein Beweis für den bereits verbreiteten literarischen Ruf der Residenz, das von ihr geprägte Wort von der »schöngeistigen Hauptstadt Deutschlands« verfestigt diesen Ruf in der Folge zur Legende.

Endlich den 23 Januar [1804] kam es zu der längst gewünschten Unterredung. Sie [Madame de Staël] fuhr früh in Begleitung ihres Freundes Constant zu ihm [Goethe] und brachte fast eine Stunde bei ihm zu, nachdem sie ihm schon den Tag vorher ihre Uebersetzung von seinem Geistergruß zugeschickt hatte. Der Gegenstand der Unterhaltung betraf vorzüglich den Unterschied zwischen der französischen u. deutschen Poesie. Jene, sagte Göthe sei Poesie der Reflexion, diese der Situation. Der Franzose schildere das Erscheinen, der Deutsche das Seyn. Uebrigens bemerkten beide bei ihrer Unterredung, daß er sehr ungern sich etwas abfragen oder auf sich eindringen lasse; daß dann gleichsam seine ganze Natur reculire und sich in sich zusammenziehe. Freilich schonte ihn Frau Stahl nicht immer. Sie

sprach z. B. mit tiefem Bedauern von Herder und gieng so weit, sehr
freundschaftlich von mir zu urtheilen und meinen Abgang von Weimar
für einigen Verlust zu erklären, ohngeachtet sie wohl wußte, wie
ungern Göthe dieß höre. Seine ganze Antwort auf alle diese Bemerkun-
gen war: es ist einmal so, die ältern müssen den Jüngern Platz machen!!

Karl August Böttiger, S. 362

Es war eine große Freude, sagt eine liebenswürdige und scharfbeob-
achtende Frau, die Frau v. Stael [und Goethe] in vertrautem Tischge-
spräche einander gegen über zu sehn. Die Frau v. Stael ist ganz
Gemüth, Sentiment, moralische Empfinderin, voll glühendem
Enthusiasmus, aber eben deßwegen zur ruhigen ästhetischen Kunst-
beschauung und zu einem reinen Kunsturtheil wenig geschickt. Sie
hat treffliche Blicke über Menschenleben u. Charaktere, über politi-
sche Erregungs- und Besänftigungstheorieen, über Umgang, Reize
der Geselligkeit, Lebensphilosophie. Dieß alles ist bei ihr zu einem
moralischen Schnellgefühl und Tact sublimirt, der ihr im Umgang mit
den entgegengesetzten Menschenclassen u. Charakteren die höchste
Sicherheit und Gewißheit, Geister, welche sie will, zu erobern und die
eroberten festzuhalten, auf immer gewährt. Göthe hat stets nur
starksinnliche Eindrücke und rein ästhetische Bildung in sich
genährt. Er ist in allem weit mehr Form und formelle Anschauung.
Die feinere Grazie des Umgangs fehlt ihm ganz. Denn auch die Wei-
ber gewährten ihm stets nur in so fern Reiz, als er sie begehrte, oder
von ihnen mit dem Weihrauchfaß in der Hand begehrt wurde. Zarte
Sittlichkeit war ihm von jeher ein Greuel u. die Geständnisse einer
schönen Seele im Wilhelm Meister sind nicht von ihm. Man denke
sich nun diese zwei so organisirten Psychen einander gegenüber, in
engem Wechsel sich berührend und anziehend und dann wieder flie-
hend u. abstoßend. Bald fällte die Frau v. Stael über Kunst ein Urtheil,
wobei Göthe erstarrte. Bald sprach Göthe ein schneidendes Wort
über die falsche Sentimentalität und die verruchte moralische Ten-
denz, die alle Kunstreinheit beflecke. Da bebte die Frau v. Stael ob sol-
cher Ketzerei zurück. Neue Annäherung, neue Abstoßung. So ging es

in endloser divergirender und zuneigender Linie, eine lange Conver-
sations-Menuet, die endlich mit zwei tiefen Verneigungen endigte.
                                        Karl August Böttiger, S. 389 f.

DIE SCHLACHT VON JENA UND
DIE PLÜNDERUNG WEIMARS

Der 71jährige preußische Oberbefehlshaber, der Herzog von Braunschweig, ein Bruder der Weimarer Herzogin Anna Amalia, befehligte im
Oktober 1806 etwa 110000 Mann. Diese Truppen waren im Raum
Jena – Weimar – Auerstedt konzentriert, als der unerwartet schnell her-
anrückende Napoleon mit seinen drei Stoßkeilen, bestehend aus
160000 Mann, am 14. Oktober die Entscheidungsschlacht suchte. Die
Franzosen stiegen von Jena aus die steilen Saalehänge empor und
erreichten fast kampflos das sich in Richtung Weimar erstreckende,
leicht hügelige Hochplateau. Vor dem Dorf Vierzehnheiligen spielten
sich die entscheidenden Szenen der Schlacht ab: Mit Hurra und klingen-
dem Spiel, im Gleichschritt, unter stetigem Salvenfeuer, in weit ausein-
andergezogenen, dreigliedrigen Pelotons griffen die bunt uniformierten
preußischen Bataillone auf freiem Feld an. Das war die alte friederiziani-
sche Lineartaktik, der desertionswillige Soldat blieb unter der Kontrolle
des Offiziers. Große Truppenmassen konnten so maschinenmäßig diri-
giert werden. Die Franzosen dagegen »sprangen wie die Katzen und
einige schrien immer ›en avant!‹ Sie sahen wild und unordentlich aus,
die meisten hatten bunt gestreifte lange Hosen an und Hüte auf, an
denen Haarbusch und häufig auch eine Krempe herabhing«, beschrieb
ein preußischer Soldat die Gegner.[154] Das war die Schwarmtaktik. Aus
dem zerschossenen Vierzehnheiligen heraus veranstalteten die gedeckt
feuernden Franzosen fast drei Stunden lang ein blutiges Scheibenschießen auf die ungedeckt auf freiem Feld stehenden Preußen, deren Kom-
mandeur sich nicht zum Bajonettangriff entschließen konnte.

Nach achtstündiger Schlacht war der preußische Widerstand gebrochen, die taktisch unklug angreifende Reserve fiel den Kartätschenschüssen der nachrückenden Franzosen zum Opfer. Eine unaufhaltsame Menschenlawine von demoralisierten, verletzten, um ihr Leben rennenden preußischen Soldaten wälzte sich gegen 15 Uhr auf das nur wenige Kilometer entfernte Ilmtal zu, verfolgt von den im Siegestaumel befindlichen Franzosen. Die Residenzstadt Weimar ging ihrer größten Katastrophe seit den mittelalterlichen Stadtbränden entgegen. Ein zweiter Strom von Tausenden Fliehender ergoß sich hinter der Ilm auch in Richtung Weimar oder Sömmerda: die Reste der bei Auerstedt geschlagenen preußischen Hauptarmee. Bei Hassenhausen hatte schon zu Beginn der Schlacht der Herzog von Braunschweig beide Augen verloren, wodurch die Truppen führungslos wurden. Vor Hassenhausen kam es ebenfalls zum Scheibenschießen. Dort waren 11 000 Preußen und Sachsen gefallen, sowie 7 000 Franzosen. Bei Auerstedt ließen die Preußen 9 000 Tote auf den Feldern zurück, die Franzosen etwa 7 000. Angesichts der zum Einsatz gekommenen Einheiten war dies ein hoher Blutzoll auf beiden Seiten, was auf die Härte und Erbitterung der Gefechte schließen läßt. Das erklärt psychologisch die panische Angst der Fliehenden und die wilde Wut der Verfolger, die gegen 17 Uhr Weimar erreichten.

Die Schreckensszenen, die sich von nun an und im Verlauf von einem Tag und zwei Nächten abspielten, haben sich bei allen damaligen Weimarern tief ins Gedächtnis eingeprägt. Gebäude brannten nieder, Existenzen wurden vernichtet; die Frau von Christian August Vulpius wurde vergewaltigt, der Malter Kraus von den Plünderern derart zusammengeschlagen, daß er an den Folgen starb, Charlotte von Steins Haus restlos ausgeplündert. Am 16. Oktober war Weimars Bevölkerung um 140 000 Reichstaler ärmer, 3 000 Stück Vieh und 3 000 weimarische Scheffel Getreide vertilgte die lagernde Armee, 71 000 Liter Wein, Bier und Branntwein sollen im Verlauf dieser 60 bis 70 Stunden durch vorwiegend französische Soldatenkehlen geflossen sein.[155] Das mutige Auftreten der Herzogin Louise gegenüber Napoleon am 15. Oktober und die fußfälligen Bitten eines Weimarer Handwerkers führten zum Abbruch des Plünderns am 16. Oktober, ab Anfang November normalisierte sich das Leben in der Stadt wieder. Etwa sieben Jahre später kehrte der Krieg in die

Schuhmachermeister Petri bittet Napoleon am 16. Oktober 1806 um Einstellung der Plünderung. Aquarell von Theodor Goetz, 1806

Stadt zurück. Das letzte Gefecht in und um Weimar fand am 21. Oktober 1813 statt, wo ein französischer Angriff durch ungarische, preußische und österreichische Verbände abgewiesen wurde.[156]

Den hohen persönlichen Mut, den sie [die Franzosen] sich selbst beilegen, haben wohl wenige gefunden, aber sie sind gut geführt. Sie setzen weder ihre Linieninfanterie noch ihre Kavallerie vieler Gefahr aus. Erstere steht hinter Erdrändern und Anhöhen, in Hohlwegen usw. (…), in Linie oder in Kolonne, je nach der Natur des Bodens; letztere außer dem Kanonenschuß in großen Massen vereinigt; ihre Batterien an schicklichen Stellen, zwischen, auch vor selbigen eine Linie von Tirailleurs und Voltigeurs, die ein wohlunterhaltenes Feuer auf unsere geschlossenen Massen machen, wegen ihrer Entfernung nur im Bogen und nicht mit der ihnen zugeschriebenen Schärfe schießen, aber doch viele verwunden, sich kaum auf 300 Schritte nähern und zurückwei-

chen, sobald man ihnen entgegengeht, wo aber ein wohlgeleitetes Kar-
tätschenfeuer aus ihren Batterien anfängt, das seine Wirkung auf unsere
Linien nicht verfehlt, während die unsrigen keinen Gegenstand haben,
worauf sie ihr Feuer richten könnten. Ihre Linien sind nirgends zusam-
menhängend, folglich den Unordnungen weniger ausgesetzt. Die Fähig-
keit ihrer Generale erlaubt ihnen, in abgesonderten Haufen zu fechten,
und ihre Übermacht, ihre Flanken beständig verlängernd und alle kon-
zentrisch zu umfassen. So kommt es, daß sie in jenen unglücklichen
Tagen ungleich weniger Leute als wir verloren (...). Der Gebrauch, den
sie von ihrer Kavallerie machen, ist vortrefflich. Sowie der Feind weicht,
erscheint sie in langen Linien und verbreitet Schrecken und Verwirrung.
Wo sie es indessen wagt, in nur gleicher Anzahl gegen die unsere zu
erscheinen, oder sich auf das Einzelgefecht mit selbiger einzulassen, ist
sie dafür gezüchtigt worden. Dies ist jedoch nur selten geschehen.

Neidhardt von Gneisenau über die Kriegführung Napoleons.
In: Michael Preil, S. 43 f.

Der Anblick war schrecklich. Manchem Gebliebenen war der halbe
Kopf abgeschossen; Manchem hingen die Gedärme zum Leibe heraus;
Manchem war ein ganzer oder halber Arm oder Schenkel abgerissen.
So viele schrecklich verstümmelte Menschen ganz nackt und in ihrem
Blute daliegen sehn, ist ein unaussprechlich schauderhafter und das
menschliche Gefühl äußerst empörender Anblick. Das ganze Feld vor
der Pfarrwohnung vom Heringischen bis zum Salzburger Wege war
am meisten mit todten Körpern angefüllt. Hier konnte man fast keinen
Schritt thun, ohne auf irgend einen Gegenstand zu stoßen. Bald ein
todter Menschenkörper, bald eine Flinte, bald ein Tornister, oder Feld-
flasche, bald ein todtes Pferd oder ein abgerissener Arm, bald eine
Patronentasche oder Hut, bald ein altes Hemd, oder Lappe, bald eine
zerschossene Trommel, ein Stück Brod, Fleisch, Käse, Kartoffeln, gan-
ze Haufen Patronen, alles dies lag abwechselnd unter einander. Die
hereinkommenden Franzosen liefen auf dem ganzen Schlachtfelde her-
um, packten die daliegenden Tornister aus und wählten davon, was
ihnen nicht gefiel, wurde weggeworfen. Bey dem jämmerlichen An-

*blicke des Schlachtfeldes war es eine äußerst lächerliche Erscheinung,
daß durch das Auspacken der Tornister eine ganz ungeheure Menge
französischer und deutscher Karten (gemeint sind Spielkarten, d. A.)
mit zum Vorschein gekommen war, deren Blätter der Wind auf dem
ganzen Platze herumgetrieben hatte.*
　　　　　Pfarrer Johann Christian Tieze über das Ergebnis der Schlacht.
　　　　　　　　　　　　　　　　　　　　In: Michael Preil, S. 49

*Ich lief wieder in die Vorderstube an das Fenster, vor welchem sich die
Scene furchtbar verändert hatte. Nicht mehr einzelne Flüchtlinge, sondern ein Gewühl aller Waffengattungen, Munitions- und Bagagewagen,
auf denen Verwundete lagen, rasten vorüber; Marketenderinnen und
Musketiere jagten auf Pferden vorbei, die wahrscheinlich von den
Geschützen abgeschnitten waren; jedes Pferd hatte zwei Menschen zu
tragen, und wer keinen solchen Platz hatte gewinnen können, der hing
an den Strängen um nur schneller fortzukommen; dabei erfüllte Geschrei und Wehklagen fortwährend die Luft. Das war keine Retirade
mehr, sondern die wildeste, sinnloseste Flucht. Nachdem der ganze Troß
vorüber war, wurde es in unserer Straße auf kurze Zeit totenstill.
Etwa zwanzig Schritte von unserem Hause entfernt lag der alte Stadtgraben, der nach der Ilm führte und bis dahin von einem schützenden
Geländer begrenzt war. Von unserem geöffneten Fenster aus konnten
wir das ganze Terrain übersehen. Da kamen etwa zwanzig Mann
sächsischer Dragoner mit einem jungen Offizier an der Spitze die
Straße herauf geritten; ich sehe die roten Colletts, weißen Bandeliere
und dreieckigen Hüte noch vor mir. An dem Stadtgraben hielten sie
auf Kommando still und der junge Anführer rief: >Wer seinem Fürsten und Vaterland treu ist, der halte Stand!< Die alten bärtigen Kerle
standen; wieder einige Minuten vergingen, da kamen französische
Chasseurs, ihren Obristen an der Spitze, ebenfalls die Straße herauf.
Mit Zittern sah ich die stolzen Reiter herangesprengt kommen; wie
sie etwa noch hundert Schritt von den Dragonern entfernt waren,
machten diese linksum und jagten davon; nur das junge Offizierchen
ließ den Feind ganz nahe herankommen, feuerte seine beiden Pistolen
gegen denselben ab und sprengte dann erst den andern nach. Der*

*Obrist hielt einige Chasseurs, die ihm nachwollten, mit vorgehalte-
nem Degen zurück und lächelte dem jungen Bürschchen recht wohl-
gefällig nach. Die Franzosen kamen nun näher heran und ich mußte
das Fenster schließen; aber ganz entzückt über die Courage des jungen Sachsen und die Großmuth des Franzosen, konnte ich es nicht
unterlassen, hinter den Vorhängen noch den Chasseurs nachzusehen,
die mir in ihren grünen Jacken und rothen Aufschlägen, in ihren Hel-
men mit Tigerbesatz und Roßschweifen gar zu wohl gefielen. – Als es
nun anfing dunkel zu werden, hörten wir Trommeln und Pickelflöten
immer näher kommen, und endlich stellte sich in unserer Nähe ein
Corps auf, welches mir wahres Grauen einflößte: wilde, bärtige Kerle
mit langen, schmutzigen Leinwandkitteln und Hosen, dreieckigen
Hüten mit einem Löffel darauf. Der Vater erkannte sie als die sogenannten Löffelgardisten und meinte: ›Wenn denen freier Spielraum
gegeben wird, so sei Gott uns gnädig!‹ Diese Worte waren das Signal
für mich und meine Schwester, daß wir laut zu weinen anfingen …*

Eduard Genast, S. 26 ff.

NAPOLEON IN WEIMAR

Als der französische Kaiser 1806 Weimar zum ersten Mal betrat,
näherte er sich dem Zenit seiner Macht. 1808, bei seinem nächsten
Besuch in der Stadt, hatte er ihn erreicht. Als er vier Jahre später, im
Dezember 1812, im Schlitten die Residenz eiligst passierte, war sein
Stern im Sinken begriffen.

Am Tag nach den Vernichtungsschlachten von Auerstedt und Vierzehnheiligen (da der Name für die Franzosen ein Zungenbrecher war,
prägten sie den Begriff der Schlacht von Jena) ritt Napoleon in die an
einigen Stellen brennende Stadt ein. Der Herzog stand auf seiten des
preußischen Feindes, die Familie war geflüchtet, nur Herzogin Louise
stand würdevoll auf der Treppe des neuerrichteten Schlosses, als der

Napoleon und Herzogin Louise
auf der Schloßtreppe,
Kupferstich von unbekanntem Künstler

Sieger hinauflief und ihr zurief: »Ich werde ihren Mann vernichten!«
Napoleons Gefolge belegte das Schloß, niemand kümmerte sich um
die Herzogin, die erst am 16. Oktober einen Termin – und etwas zu
essen – erhielt. Der Kaiser redete nicht, er diktierte: Rückkehr Carl
Augusts binnen 24 Stunden, persönliches Erscheinen vor ihm, Unter-
stellung der weimarischen Truppen unter französisches Kommando
oder Liquidierung des Ländchens. Das war nicht zu realisieren,
Napoleon wußte es. Der spätere Kanzler von Müller mußte dem Kaiser nachreisen und wochenlang antichambrieren, um die Bedingungen der schmählichen Unterwerfung auszuhandeln.

Sachsen-Weimar trat dem Rheinbund bei, mußte 2,2 Millionen
Francs zahlen und fortan ständig neue Soldaten stellen. Immerhin, die
Zarenverwandtschaft rettete das Herzogshaus, denn Napoleon ver-
suchte, ein Bündnis mit Alexander I. zu schließen, und wollte dessen
Schwester Maria Pawlowna, die Schwiegertochter Carl Augusts,
nicht brüskieren. Der Schriftverkehr zwischen Napoleon und dem
Weimarer Herzog im Jahre 1807 zeigt die Veränderung und neue
Normalität: Der Weimarer Vasall wird »mon cousin«, der Kaiser
mutiert gnädig zu »votre bon cousin Napoléon«. Daß im Frühjahr
Herzogin Anna Amalia, von der Flucht gezeichnet, starb, ist symbo-
lisch zu interpretieren. Der »Friede des klassischen Weimar« war zu
Ende, eine Epoche untergegangen.

1808 fand im ehemals preußischen Erfurt der Fürstentag statt. Es war französisches Staatsgebiet, mehr noch, »Domaine reservé à l'Empereur«, Napoleon empfing gewissermaßen zu Hause. Carl August und Goethe waren anwesend, letzterer hatte dort seine berühmte, von ihm selbst geschilderte Begegnung mit dem Korsen (»Vous êtes un homme«). Der Weimarer Herzog lud im Herbst zur Jagd ein: Am 6. Oktober wurden auf dem Ettersberg Hirsche »gejagd«, besser: vor die Flinten der Kaiser, Könige und Fürsten getrieben, abends spielten im Weimarer Hoftheater französische Schauspieler mit dem berühmten François-Joseph Talma an der Spitze *La mort de César*; ein »Parkett von Königen« schaute zu, abends war Ball. Daß am 7. Oktober 1808 ein kleines Holztempelchen zu Ehren Napoleons auf dem Schlachtfeld von Jena enthüllt wurde, hatte einen unangenehmen Beigeschmack; daß aber anschließend eine Hasenjagd dort stattfand, wo fast zwei Jahre zuvor 18000 Menschen ihr Leben ließen, war makaber und inhuman – auch wenn sich das Geschehen nur in dem herzoglichen »Leibgehege« zwischen Klein- und Großromstedt abspielte. Am 14. Oktober reiste Napoleon zurück nach Paris.

Vom Glanz und Pomp des Jahres 1808 war nichts mehr übrig, als Napoleon am 15. Dezember 1812, von Moskau kommend, Weimar passierte. Seine »Große Armee« war in Rußlands winterlichen Weiten untergegangen, seine Tage waren gezählt. Die Weltgeschichte verabschiedete sich zugleich aus der Residenz der Herzöge von Sachsen-Weimar-Eisenach.

DER KLAVIERVIRTUOSE – JOHANN NEPOMUK HUMMEL

Die ansehnlichen russischen Bezüge der Großfürstin Maria Pawlowna ermöglichten, daß am 23. Februar 1819 Johann Nepomuk Hummel als Hofkapellmeister nach Weimar verpflichtet werden konnte. Die klassische Zeit Weimars war verbunden mit dem Namen großer Dichter, die Stadt galt als Hochburg deutscher Literatur. Mit Hummel

begann ein neuerlicher Aufschwung des Musiklebens, das später mit
Liszts Wirken einen Höhepunkt erlebte. Noch zu Lebzeiten Goethes
begann die Musik die Literatur als vorherrschende Kunstgattung
abzulösen.

Hummel galt 1819 als der »berühmteste Klaviervirtuose seiner
Zeit.«[157] 1 800 Taler Jahresgehalt bezog der Künstler, 800 davon trug
Maria Pawlowna aus ihrer Privatschatulle, die Tradition des Weimarer Herzogshauses als Mäzen fortsetzend. Auch wenn die von Hummel 1828 formulierten Forderungen nach größerer künstlerischer
Unabhängigkeit am Widerstand des Hofs scheiterten, so waren doch
sein künstlerisches Werk und seine sozialen Bemühungen um die Ver-
sorgung von Künstlerfamilien herausragend. 1778 in Preßburg (heute
Bratislava) geboren, war er, sehr früh als Wunderkind gefeiert, von
1786 bis 1788 ein Schüler Mozarts in Wien. Fünfjährige Konzertrei-
sen schlossen sich an, bei denen der Jugendliche begeistert gefeiert
wurde. Salieri, Albrechtsberger und Haydn bildeten ihn weiter aus.
Diesen Künstler für Weimar gewinnen zu können, bedeutete und
erbrachte der Residenz viel. Er setzte die Arbeit seines Vorgängers, des
von 1810 bis 1817 tätigen Hofkapellmeisters und hervorragenden
Mozart-Interpreten August Eberhard Müller, fort und förderte vor
allem die moderne Oper. Die wichtigsten Werke Gioacchino Rossinis
und Carl Maria von Webers wurden unter seiner Leitung in Weimar
aufgeführt, daneben auch ein künstlerisch hochentwickeltes Repertoire beibehalten mit Opern von Cimarosa, Paisiello, Salieri, Paer,
Cherubini, Méhul, Gluck und Mozart. *Der Freischütz* wurde in den
zwanziger Jahren die Lieblingsoper des Weimarer Publikums; in drei
Jahren kam es zu 25 Aufführungen, wie überhaupt nach Goethes
Abgabe der Leitung des Hoftheaters 1817 das Musiktheater eindeutig dominierte.[158] Um 1830 erlebte das Weimarer Theater einen Gene-
rationswechsel der Sänger und Schauspieler. Mit Carl Augusts Tod
1828 endete die Karriere seiner Mätresse Caroline Jagemann. Eduard
Genast, anfangs noch unter Goethe ausgebildet und später in Dresden, Hannover, Prag und Leipzig zu einer bedeutenden Sänger- und
Schauspielerpersönlichkeit herangewachsen, wurde eine vielseitige
Zentralfigur unter Hummels musikalischer Leitung. Berühmte Gäste
wie Wilhelmine Schröder-Devrient, Anna Milder-Hauptmann als
Sängerinnen oder Niccolò Paganini als Konzertvirtuose feierten gran-

Johann Nepomuk Hummel.
Zeichnung von Johann Joseph
Schmeller, 1826

diose Erfolge auf der Weimarer Bühne und festigten einen Ruf, den sie einst durch die Dramenerfolge Schillers und Goethes begründet hatte. Um 1830 war die erfolgreichste und glanzvollste Zeit Hummels in Weimar. 1837 starb er. Sein 1821 geborener Sohn Carl wurde einer der namhaftesten Zeichner und Maler des »Silbernen Zeitalters« und erneuerte den Glanz des Künstlernamens Hummel.

Seit Paganinis triumphalem Auftritt von 1830 gab es in Weimar regelmäßige Konzerte; zwei davon dienten der Unterstützung des Witwen-Waisen-Fonds der Hofkapelle, auch dies ein Verdienst Hummels.

Abendgesellschaft bei Goethe. Unter den Anwesenden befand sich auch der Maler Kolbe. Man zeigte uns von ihm ein trefflich ausgeführtes großes Gemälde, eine Kopie der Venus von Tizian der Dresdener Galerie.
Auch Herrn von Eschwege und den berühmten Hummel fand ich die-

sen Abend bei Goethe. Hummel improvisierte fast eine Stunde lang auf dem Piano, mit einer Kraft und einem Talent, wovon es unmöglich ist, sich einen Begriff zu machen, wenn man ihn nicht gehört hat. Ich fand seine Unterhaltung einfach und natürlich und ihn selbst für einen Virtuosen von so großer Berühmtheit auffallend bescheiden.

Johann Peter Eckermann, S. 451

»Ich muß bewundern«, sagte ich, »wie Napoleon bei solcher Jugend mit den großen Angelegenheiten der Welt so leicht und sicher zu spielen wußte, als wäre eine vieljährige Praxis und Erfahrung vorangegangen.«
»Liebes Kind«, sagte Goethe, »das ist das Angeborene des großen Talents. Napoleon behandelte die Welt wie Hummel seinen Flügel; beides erscheint uns wunderbar, wir begreifen das eine so wenig wie das andere, und doch ist es so und geschieht vor unsern Augen. Napoleon war darin besonders groß, daß er zu jeder Stunde derselbige war. Vor einer Schlacht, während einer Schlacht, nach einem Siege, nach einer Niederlage, er stand immer auf festen Füßen und war immer klar und entschieden, was zu tun sei. Er war immer in seinem Element und jedem Augenblick und jedem Zustande gewachsen, so wie es Hummeln gleichviel ist, ob er ein Adagio oder ein Allegro, ob er im Baß oder im Diskant spielt. Das ist die Fazilität, die sich überall findet, wo ein wirkliches Talent vorhanden ist, in Künsten des Friedens wie des Krieges, am Klavier wie hinter den Kanonen.«

Johann Peter Eckermann, S. 299

Der Theaterbrand

So wie Schillers Tod 1805 und Anna Amalias Tod 1807 das Ende einer wichtigen Kulturepoche Weimars markierten, so deutlich stellt der Theaterbrand von 1825 eine Zäsur dar. Mit ihm ging die Bühne des »klassischen« Weimar in Rauch auf, mit ihm verschwand – noch zu Lebzeiten Goethes – der erinnerungsträchtige Ort der lebendigen künstlerischen Zusammenarbeit zwischen Goethe und Schiller. Vor jener verhängnisvollen Nacht vom 21. zum 22. März – die Vorwegnahme von Goethes Todestag mutet symbolträchtig an – hatte es eine Aufführung des *Juden* von Richard Cumberland im Theater gegeben. Kurz nach Mitternacht brach im Parterre das Feuer aus und griff so rasch um sich, daß die völlig unzureichenden Löschanlagen bestenfalls die Branddauer verkürzen konnten.

Die Brandursache hat nie eindeutig geklärt werden können, so daß es auch zu Spekulationen kam. Coudray vermutete als Sachverständiger, daß im Feuerungskanal unter dem Orchester, der erst neu angelegt worden war, der Ausgangspunkt der Flammen gewesen sein könnte.[159] Goethe, der sich nicht wohl fühlte, erfuhr die Schreckensnachricht in der Nacht. Da die Gefahr eines allgemeinen Stadtbrandes drohte, war ganz Weimar auf den Beinen. Kanzler von Müller überlieferte den schmerzerfüllten Ausruf des 76jährigen: »Die Brandstätte ist das Grab meiner Erinnerungen.« Carl August, der im benachbarten Wittumspalais noch während des Brandes erste Pläne für einen Neubau entwarf, blickte nach vorn, ebenso Goethe, der sich schon am nächsten Tag mit Riemer diesbezüglich besprach.[160]

Nachdem Goethe und Coudray Pläne für einen theatertechnisch modernen Bau ausgearbeitet hatten, ließ sich Carl August schließlich durch Intrigen der Caroline Jagemann doch bestimmen, den Baurat Karl Friedrich Steiner mit dem Bau zu beauftragen. In nur sechsmonatiger Bauzeit stand er im Herbst 1825 zu den Feierlichkeiten zu des Großherzogs 50jährigem Jubiläum des Regierungsantritts wieder zur Verfügung, wies aber aufgrund der Eile bei Entwurf und Ausführung unübersehbare Mängel auf. Dennoch hat er bis zu seinem Abriß 1907 seine Funktion erfüllt. Goethe hatte das neue Theater bis zu seinem Tod nicht wieder betreten.

Charlotte von Ahlefeld an Knebel, 26. März 1825

Der Schreck über den nächtlichen Brand unseres guten alten Theaters hat uns allen, die wir so frei sind, uns zu den Ihrigen zu zählen, nichts wesentliches geschadet, außer daß Frau von Stein durch die mit einem solchen Vorfall verbundene Unruh (denn sie hatte doch das Bett verlassen, bis sie wußte, wo das Feuer war), matter und angegriffener als vorher ist. Hätte nicht die Furcht, daß Jemand verunglücken könnte, mich geängstigt, so würde ich, da es doch einmal nicht zu ändern war, diesem prächtigen Schauspiele die beste Seite abgewonnen und mich, da ich es in meiner Wohnung ganz genau sehen konnte, an diesem schönen Anblick geweidet haben. Besonders imposant war der Sturz des Daches, das, von dem Wehen der Flammen gleichsam gelöset und gehoben, nun mit gewaltigem Krachen in sich selbst versank und eine schwarze Dampfwolke emporschickte, der nachher die volle, unermeßliche, bei dem, Gottlob! stillen Wetter gerade aufsteigende Gluth folgte.

Frédéric Soret, S. 153

Dienstag, den 22. März 1825
Diese Nacht, bald nach zwölf Uhr, wurden wir durch Feuerlärm geweckt: man rief: es brenne im Theater! *Ich warf mich sogleich in meine Kleider und eilte an Ort und Stelle. Die allgemeine Bestürzung war groß. Noch vor wenigen Stunden waren wir durch das treffliche Spiel von La Roche im »Juden« von Cumberland entzückt worden, und Seidel hatte durch gute Laune und Späße allgemeines Lachen erregt. Und jetzt raste an dieser selbigen Stelle kaum genossener geistiger Freuden das schrecklichste Element der Vernichtung.*
Das Feuer schien, durch Heizung veranlaßt, im Parterre ausgebrochen zu sein, hatte bald die Bühne und das dürre Lattenwerk der Kulissen ergriffen, und so, durch die reichlichste Nahrung brennbarer Stoffe schnell zum Ungeheuer erwachsen, dauerte es nicht lange, bis die Flamme überall zum Dache herausschlug und die Sparren zusammenkrachten.

In den Anstalten zum Löschen war kein Mangel. Das Gebäude war nach und nach ganz mit Spritzen umstellt, die eine Unmasse von Wasser in die Glut gossen. Allein es war alles ohne Erfolg. Die Flamme raste nach wie vor aufwärts und trieb unerschöpflich eine Masse glühender Funken und brennende Stücke leichter Stoffe gegen den dunkelen Himmel, die sodann mit geringem Lufthauche seitwärts über die Stadt zogen. Der Lärm und das Rufen und Schreien der an den Feuerleitern und Spritzen arbeitenden Menschenmasse war groß. Alle Kräfte waren in Aufregung, man schien mit Gewalt siegen zu wollen. Ein wenig seitwärts, so nahe die Glut es erlaubte, stand ein Mann im Mantel und Militärmütze, in der ruhigsten Fassung eine Zigarre rauchend. Er schien beim ersten Anblick ein müßiger Zuschauer zu sein; allein er war es nicht. Personen gingen von ihm aus, denen er mit wenigen Worten Befehle erteilte, die sogleich vollzogen wurden. Es war der Großherzog Karl August. Er hatte bald gesehen, daß das Gebäude selbst nicht zu retten war; er befahl daher, es in sich zusammenzustürzen und alle nur entbehrlichen Spritzen gegen die Nachbarhäuser zu wenden, die von der nahen Glut sehr zu leiden hatten. Er schien in fürstlicher Resignation zu denken:

Das brenne nieder! –
Schöner baut sich's wieder auf.

Er hatte nicht unrecht. Das Theater war alt, keineswegs schön und lange nicht geräumig genug, um ein sich mit jedem Jahr vergrößerndes Publikum zu fassen. Allein immerhin war es zu bedauern, gerade dieses Gebäude, an das sich für Weimar so viele Erinnerungen einer großen und lieben Vergangenheit knüpften, rettungslos verloren zu sehen. Ich sah in schönen Augen viele Tränen, die seinem Untergange flossen. Nicht weniger rührte mich ein Mitglied der Kapelle. Er weinte um seine verbrannte Geige.
Als der Tag anbrach, sah ich viele bleiche Gesichter. Ich bemerkte verschiedene junge Mädchen und Frauen der höheren Stände, die den Verlauf des Brandes die ganze Nacht abgewartet hatten und nun in der kalten Morgenluft einiges Frösteln verspürten. Ich ging nach Hause, um ein wenig zu ruhen, dann im Laufe des Vormittags zu Goethe.

Johann Peter Eckermann, S. 479 ff.

Der Tod von Carl August und Louise

Das Ende des Großherzogs Carl August kam schnell, jedoch nicht unerwartet vom Betroffenen. Schon im Frühjahr von verschiedenen Übeln geplagt, hatte sich der Fürst dennoch, gewohnt pflichtbewußt, seinen Amtsgeschäften gewidmet. »Brustkrämpfe«, ein Schnupfen, Atemnot, Schlaflosigkeit, Müdigkeit und Zittern hielten den 71jährigen aber nicht davon ab, seine Reise nach Berlin anzutreten, um den Urenkel Prinz Friedrich Karl in Augenschein zu nehmen, Sohn der Enkelin Marie und ihres Gatten Karl von Preußen. An Goethe schrieb Carl August ahnungsvoll, er wolle »von der Außenwelt bei dieser Gelegenheit Abschied« nehmen. Das Besuchsprogramm in Berlin war vielgestaltig, eng terminiert, strapaziös. Alexander von Humboldt führte mit ihm ein längeres Gespräch und beobachtete auffällige »Luzidität« beim Großherzog. Am 13. Juni 1828 reiste die kleine Gesellschaft zurück in Richtung Weimar. Hinter Wittenberg konnte es sich der Pferdeliebhaber nicht versagen, das Gestüt Graditz bei Torgau zu besichtigen. Die Tage waren heiß, auf die geliebte Zigarre und aufs Bier hatte der Kranke nicht verzichten wollen. Abends wurde ihm unwohl; am Fenster brach er tot zusammen. Der Leichnam wurde nach Weimar überführt und in der im Vorjahr von Coudray fertiggestellten Fürstengruft beigesetzt. Goethe floh nach Dornburg; er fühlte sich außerstande, an den Begräbnisfeierlichkeiten für den alten fürstlichen Freund teilzunehmen.

Der Tod der Großherzogin Louise 1830, die bis zuletzt in stiller und vornehmer Wohltätigkeit Hilfsbdürftige unterstützte, Auszubildende finanzierte, wirkte wie ein Epilog der Epoche. Carl August stand 53 Jahre an der Spitze seines Landes, den heftigsten Wechselfällen des Lebens ausgesetzt. Er war zweifellos einer der bedeutendsten Menschen im damaligen Deutschland, sowohl hinsichtlich seiner Bildung als auch seiner Toleranz und seines Charakters. Ohne ihn hätte Goethe sein Werk vermutlich nicht abgeschlossen, wäre Weimar nicht »geistige Hauptstadt« geworden. Sein Ruf und Nachruhm standen 1828, bei seinem Tod, fest wie der seiner Residenz. Carl August und Weimar sind Synonyme. Der Herzog war, nach dem von Eckermann überlieferten Goethe-Wort, »ein Mensch aus dem Ganzen.«[161]

Ankunft des Leichnams von Großherzog Carl August in Weimar.
Aquarell von unbekanntem Künstler, 1828

Goethe war in besonders guter, erhöhter Stimmung. Er ließ eine Fla-
sche Wein kommen, wovon er sich und mir einschenkte. Unser
Gespräch ging wieder auf den Großherzog Karl August zurück.
»Sie sehen«, sagte Goethe, »wie sein außerordentlicher Geist das gan-
ze Reich der Natur umfaßte. Physik, Astronomie, Geognosie, Meteo-
rologie, Pflanzen- und Tierformen der Urwelt und was sonst dazu
gehört, er hatte für alles Sinn und für alles Interesse. Er war achtzehn
Jahre alt, als ich nach Weimar kam, aber schon damals zeigten seine
Keime und Knospen, was einst der Baum sein würde. Er schloß sich
bald auf das innigste an mich an und nahm an allem, was ich trieb,
gründlichen Anteil. Daß ich fast zehn Jahre älter war als er, kam
unserm Verhältnis zugute. Er saß ganze Abende bei mir in tiefen
Gesprächen über Gegenstände der Kunst und Natur und was sonst
allerlei Gutes vorkam. Wir saßen oft tief in die Nacht hinein, und es
war nicht selten, daß wir nebeneinander auf meinem Sofa einschliefen.
Fünfzig Jahre lang haben wir es miteinander fortgetrieben, und es wäre
kein Wunder, wenn wir es endlich zu etwas gebracht hätten.« –
»Eine so gründliche Bildung«, sagte ich, »wie sie der Großherzog

gehabt zu haben scheint, mag bei fürstlichen Personen selten vorkommen.«

»Sehr selten«, erwiderte Goethe. »Es gibt zwar viele, die fähig sind, über alles sehr geschickt mitzureden; aber sie haben es nicht im Innern und krabbeln nur an den Oberflächen. Und es ist kein Wunder, wenn man die entsetzlichen Zerstreuungen und Zerstückelungen bedenkt, die das Hofleben mit sich führt und denen ein junger Fürst ausgesetzt ist. Von allem soll er Notiz nehmen. Er soll ein bißchen das kennen und ein bißchen das, und dann ein bißchen das und wieder ein bißchen das. Dabei kann sich aber nichts setzen und nichts Wurzel schlagen, und es gehört der Fond einer gewaltigen Natur dazu, um bei solchen Anforderungen nicht in Rauch aufzugehen. Der Großherzog war freilich ein geborener großer Mensch, womit alles gesagt und alles getan ist.«

»Bei allen seinen höheren wissenschaftlichen und geistigen Richtungen«, sagte ich, »scheint er doch auch das Regieren verstanden zu haben.«

»Er war ein Mensch aus dem Ganzen« erwiderte Goethe, »und es kam bei ihm alles aus einer einzigen großen Quelle. Und wie das Ganze gut war, so war das Einzelne gut, er mochte tun und treiben, was er wollte. Übrigens kamen ihm zur Führung des Regiments besonders drei Dinge zustatten. Er hatte die Gabe, Geister und Charaktere zu unterscheiden und jeden an seinen Platz zu stellen. Das war sehr viel. Dann hatte er noch etwas, was ebensoviel war, wo nicht noch mehr: er war beseelt von dem edelsten Wohlwollen, von der reinsten Menschenliebe, und wollte mit ganzer Seele nur das Beste. Er dachte immer zuerst an das Glück des Landes und ganz zuletzt erst ein wenig an sich selber. Edlen Menschen entgegenzukommen, gute Zwecke befördern zu helfen war seine Hand immer bereit und offen. Es war in ihm viel Göttliches. Er hätte die ganze Menschheit beglükken mögen. Liebe aber erzeugt Liebe. Wer aber geliebt ist, hat leicht regieren.

Und drittens: er war größer als seine Umgebung. Neben zehn Stimmen, die ihm über einen gewissen Fall zu Ohren kamen, vernahm er die elfte, bessere in sich selber. Fremde Zuflisterungen glitten an ihm ab, und er kam nicht leicht in den Fall, etwas Unfürstliches zu begehen, indem er das zweideutig gemachte Verdienst zurücksetzte und

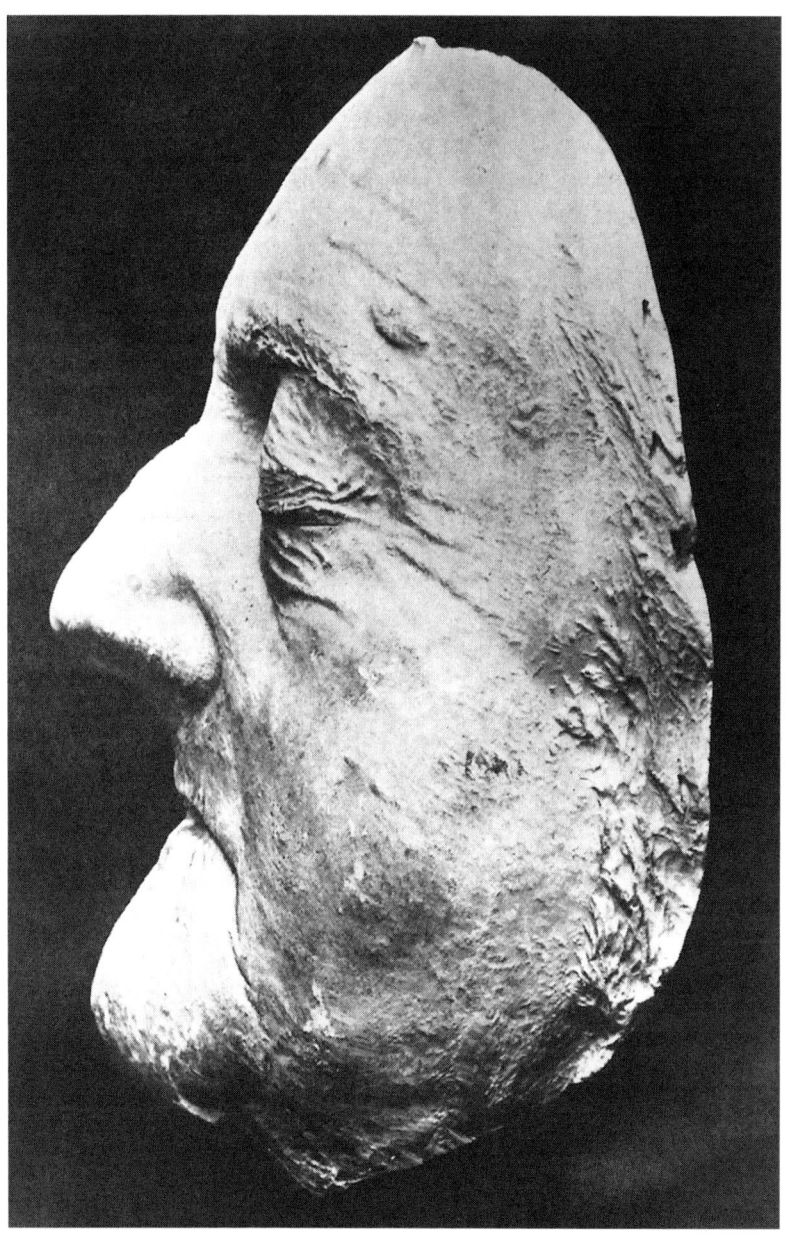

Totenmaske Carl Augusts, von Peter Kaufmann, 1828

empfohlene Lumpe in Schutz nahm. Er sah überall selber, urteilte selber und hatte in allen Fällen in sich selber die sicherste Basis. Dabei war er schweigsamer Natur, und seinen Worten folgte die Handlung.«

» Wie leid tut es mir«, sagte ich, »daß ich nicht viel mehr von ihm gekannt habe als sein Äußeres; doch das hat sich mir tief eingeprägt. Ich sehe ihn noch immer auf seiner alten Droschke, im abgetragenen grauen Mantel und Militärmütze und eine Zigarre rauchend, wie er auf die Jagd fuhr, seine Lieblingshunde nebenher. Ich habe ihn nie anders fahren sehen als auf dieser unansehnlichen alten Droschke, auch nie anders als zweispännig. Ein Gepränge mit sechs Pferden und Röcke mit Ordenssternen scheint nicht sehr nach seinem Geschmack gewesen zu sein.«

»Das ist«, erwiderte Goethe, »jetzt bei Fürsten überhaupt kaum mehr an der Zeit. Es kommt jetzt darauf an, was einer auf der Waage der Menscheit wiegt; alles übrige ist eitel. Ein Rock mit dem Stern und ein Wagen mit sechs Pferden imponiert nur noch allenfalls der rohesten Masse, und kaum dieser. Übrigens hing die alte Droschke des Großherzogs kaum in Federn. Wer mit ihm fuhr, hatte verzweifelte Stöße auszuhalten. Aber das war ihm eben recht. Er liebte das Derbe und Unbequeme und war ein Feind aller Verweichlichung.«

»Spuren davon«, sagte ich, »sieht man schon in Ihrem Gedicht ›Ilmenau‹, wo Sie ihn nach dem Leben gezeichnet zu haben scheinen.«

»Er war damals sehr jung«, erwiderte Goethe, »doch ging es mit uns freilich etwas toll her. Er war wie ein edler Wein, aber noch in gewaltiger Gärung. Er wußte mit seinen Kräften nicht wo hinaus, und wir waren oft sehr nahe am Halsbrechen. Auf Parforcepferden über Hekken, Gräben und durch Flüsse, und bergauf bergein sich tagelang abarbeiten, und dann nachts unter freiem Himmel kampieren, etwa bei einem Feuer im Walde: das war nach seinem Sinne. Ein Herzogtum geerbt zu haben war ihm nichts, aber hätte er sich eins erringen, erjagen und erstürmen können, das wäre ihm etwas gewesen.

Johann Peter Eckermann, S. 479 ff.

»In Potsdam saß ich [Alexander von Humboldt] mehrere Stunden allein mit ihm auf dem Kanapee; er trank und schlief abwechselnd, trank wieder, stand auf, um an seine Gemahlin zu schreiben, dann schlief er wieder. Er war heiter, aber sehr erschöpft. In den Intervallen bedrängte er mich mit den schwierigsten Fragen über Physik, Astronomie, Meteorologie und Geognosie, über Durchsichtigkeit eines Kometenkerns, über Mondatmosphäre, über die farbigen Doppelsterne, über Einfluß der Sonnenflecke auf Temperatur, Erscheinen der organischen Formen in der Urwelt, innere Erdwärme. Er schlief mitten in seiner und meiner Rede ein, wurde oft unruhig und sagte dann, über seine scheinbare Unaufmerksamkeit milde und freundlich um Verzeihung bittend: ›Sie sehen, Humboldt, es ist aus mit mir!‹ Auf einmal ging er desultorisch in religiöse Gespräche über. Er klagte über den einreißenden Pietismus und den Zusammenhang dieser Schwärmerei mit politischen Tendenzen nach Absolutismus und Niederschlagen aller freieren Geistesregungen. ›Dazu sind es unwahre Bursche‹, rief er aus, ›die sich dadurch den Fürsten angenehm zu machen glauben, um Stellen und Bänder zu erhalten! – Mit der poetischen Vorliebe zum Mittelalter haben sie sich eingeschlichen.‹ – Bald legte sich sein Zorn und nun sagte er, wie er jetzt viel Tröstliches in der christlichen Religion fände. ›Das ist eine menschenfreundliche Lehre‹, sagte er, ›aber von Anfang an hat man sie verunstaltet. Die ersten Christen waren die Freigesinnten unter den Ultras.‹

Johann Peter Eckermann, S. 599

DER TOD GOETHES

Am 22. Juli 1831 versiegelte der fast achtzigjährige Goethe das beendete Manuskript seiner *Faust*-Dichtung. Er wußte, daß damit das Werk, die Lebensaufgabe, »das Hauptgeschäft zu Stande«[162] gebracht war; der Rest war ein Geschenk. Die Testamente waren gemacht, die Sammlungen lagen wohlgeordnet im Haus, mit Eckermann und Riemer standen die Gehilfen bereit, die sich um die Herausgabe der nachgelassenen Werke kümmern würden.

Großherzogin Maria Pawlowna
Druck nach Stich von
unbekanntem Künstler, undatiert

Großherzog Carl Friedrich
von Sachsen-Weimar
Kreidezeichnung von Luise Seidler

Die letzten Monate von Juli 1831 bis Mitte März 1832 blieb der rüstige Greis keinesfalls untätig. Im Gegenteil, es blieb bei den zahlreichen anregenden Gesprächen, den vielen auswärtigen Besuchern, der großen Korrespondenz. Das Haus am Frauenplan, die eigentliche, heimliche Residenz in Weimar, die dem Stadtschloß, wo seit 1828 das neue

Goethe. Silberstiftzeichnung von Karl August Schwerdgeburth, 1831

großherzogliche Paar residierte, längst den Rang abgelaufen hatte, zeigte weiterhin sein pulsierendes Leben. Erst am 16. März brach das übervolle Tagebuch ab, am 17. März diktierte Goethe den letzten Brief, der Adressat war der alte Freund und Vertraute Wilhelm von Humboldt, der Inhalt befaßte sich mit der Faustdichtung.[163] Der Hausarzt Dr. Vogel, schon am 16. März gerufen, betrachtete die Erkältung, die sich Goethe während einer Ausfahrt geholt hatte, mit Sorge. Den ärztlichen Maßnahmen folgte bis zum 20. März eine sichtbare Besserung, so daß selbst Goethe sein Leiden überstanden glaubte. Dann kamen ein Rückfall und die ständige Verschlechterung des Befindens.

Am 22. März 1832, mittags halb zwölf, starb Goethe. Eckermanns verklärende Worte leiten die nachgoethesche, die Zeit der weiteren Legendenbildung im 19. Jahrhundert ein: »Auf dem Rücken ausgestreckt, ruhte er wie ein Schlafender. Friede und Festigkeit waltete auf den Zügen seines erhaben-edlen Gesichts. Die mächtige Stirn schien noch Gedanken zu hegen ...«

Die ersten Stunden der folgenden Nacht, vom 19ten auf den 20sten März, schlief der Kranke sanft, bei vermehrter Hautausdünstung. Gegen Mitternacht wachte er auf, empfand zuerst an den Händen, welche bloss gelegen hatten, und von ihnen aus später dann auch am übrigen Körper, von Minute zu Minute höher steigende Kälte. Zum Frost gesellte sich bald herumziehender, reissender Schmerz, der, in den Gliedmassen seinen Anfang nehmend, binnen kurzer Zeit die äusseren Theile der Brust gleichfalls ergriff, und Beklemmung des Athems, so wie grosse Angst und Unruhe herbeiführte. Daneben häufiger, schmerzhafter Drang zum Urinlassen. Der sparsam ausgeleerte Harn wasserhell. Die Zufälle wurden immer heftiger; dennoch erlaubte der sonst bei den geringsten Krankheitsbeschwerden nach ärztlicher Hülfe stets so dringend verlangende Kranke dem besorgten Bedienten nicht, mich zu benachrichtigen, »weil ja nur Leiden, aber keine Gefahr vorhanden sey.« Erst den andern Morgen um halb neun Uhr wurde ich herbeigeholt. Ein jammervoller Anblick erwartete mich! Fürchterlichste Angst und Unruhe trieben den seit lange nur in gemessenster Haltung sich zu bewegen gewohnten, hochbejahrten

Greis mit jagender Hast bald ins Bett, wo er durch jeden Augenblick veränderte Lage Linderung zu erlangen vergeblich suchte, bald auf den neben dem Bette stehenden Lehnstuhl. Die Zähne klapperten ihm vor Frost. Der Schmerz, welcher sich mehr und mehr auf der Brust festsetzte, presste dem Gefolterten bald Stöhnen, bald lautes Geschrei aus. Die Gesichtszüge waren verzerrt, das Antlitz aschgrau, die Augen tief in ihre livide Höhlen gesunken, matt, trübe; der Blick drückte die grässlichste Todesangst aus. Der ganze eiskalte Körper triefte von Schweiss, den ungemein häufigen, schnellen und härtlichen Puls konnte man kaum fühlen, der Unterleib war sehr aufgetrieben; der Durst qualvoll. Mühsam einzeln ausgestossene Worte gaben die Besorgnis zu erkennen, es möchte wieder ein Lungenblutsturz auf dem Wege seyn.

Hier galt es schnelles und kräftiges Einschreiten. Nach anderthalbstündiger Anstrengung gelang es, vermöge reichlicher Gaben Baldrianäther und Liquor Ammonii anisatus, *abwechselnd genommen mit heissem Thee aus Pfeffermünzkraut und Kamillenblüthen, durch Anwendung starker Meerrettigzüge auf die Brust und durch äussere Wärme die am meisten gefahrdrohenden Symptome zu beseitigen, alle Zufälle erträglich zu machen. Den im linken grossen Brustmuskel übrigbleibenden fixen Schmerz hob noch an dem nämlichen Tage ein auf die schmerzhafte Stelle gelegtes Spanisch-Fliegen-Pflaster.*

Der fortdauernd brennende Durst wurde mit einem lauen Getränke, aus schwachem Zimmtaufguss mit Zucker und Wein, zum Behagen des Leidenden befriedigt. Der Appetit kehrte nur noch einmal, wenig Stunden vor dem Tode, auf einen Augenblick fruchtlos zurück. Den bequemen Lehnstuhl, in welchem sich die grosse Angst und Unruhe zuerst gelegt hatte, vertauschte der Kranke nicht wieder mit dem Bette.

Gegen Abend war kein besonders lästiger Zufall mehr vorhanden. Goethe sprach Einiges mit Ruhe und Besonnenheit, und es machte ihm sichtbare Freude, als ich ihm erzählte, dass im Laufe des Tages ein höchstes Rescript eingegangen sey, welches eine Remuneration, für deren Ertheilung er sich angelegentlich verwendet hatte, gebetenermassen verwillige.

Ich liess einen ziemlich kräftigen Baldrianaufguss mit Liquor Ammonii anisatus, *alle zwei Stunden einen Esslöffel voll, als Arznei neh-*

men. Dabei schlummerte Goethe *während der Nacht zuweilen. Gegen Morgen verbreitete sich mässiger Schweiss über den ganzen Körper, das Athmen geschah ohne Hinderniss, die Stimmung war heiter. Mehrere, durch ein Lavement bewirkte, reichliche Stuhlgänge schafften noch mehr Erleichterung. Der Puls, genau gezählt, 92 Mal innerhalb einer Minute schlagend, zeigte sich ziemlich voll, gleichmässig, weich. Der Urin ging selten, trübe, bräunlich und ohne Schmerzen ab. Die Zunge war feucht, hier und da mit zähem, kaffeebraunen Schleime belegt, der Speichel sehr zähe und klebrig. Die Farbe der unbedeckten Körpertheile bot nichts Auffallendes dar.*

Die Besserung nahm bis eilf Uhr Vormittags deutlich zu. Von da verschlimmerte sich das Befinden. Um zwei Uhr Nachmittags erschien der Kranke hinfällig, mit triefendem Schweisse bedeckt, mit sehr kleinem, häufigem, weichem Pulse und kühlen Fingerspitzen. Die äusseren Sinne versagten zuweilen ihren Dienst, es stellten sich Momente von Unbesinnlichkeit ein. Dann und wann liess sich ein leises Rasseln in der Brust vernehmen.

Nach etlichen Gaben eines Decocto-Infusums von Arnica und Baldrian mit Kampher hob sich der Puls und wurde ein wenig härter. In die Finger kehrte Wärme zurück. Die Füsse, durch Wärmflaschen geschützt, waren noch nicht wieder kalt geworden. Der Schweiss minderte sich.

Bald aber gewannen alle Erscheinungen von neuem ein sehr bedenkliches Ansehen. Das Rasseln in der Brust verwandelte sich in lauteres Röcheln. Abends neun Uhr war der ganze Körper kalt, der Schweiss durch vielfache, meistens wollene Bekleidung und Bedeckung gedrungen. Die lichten Zwischenräume von Besinnung kamen weniger häufig und dauerten immer kürzere Zeit. Die Kälte wuchs, der Puls verlor sich fast ganz, das Antlitz wurde aschgrau. Sehr zäher, klebriger Schleim im Munde, gereichte zu grosser Unbequemlichkeit. Die Züge blieben ruhig. In seinem Lehnstuhl sitzend, das Haupt nach der linken Seite geneigt, antwortete Goethe *noch zuweilen und immer deutlich auf die, an ihn gerichteten Fragen, deren ich indessen, um jede, bloss die Sanftheit des unvermeidlichen Scheidens störende Aufregung zu verhüten, nur wenige zuliess.*

Er schien von den Beschwerden der Krankheit kaum noch etwas zu empfinden, sonst würde er bei der ihm eigenthümlichen Unfähigkeit,

körperliche Uebel mit Geduld zu ertragen, mindestens durch unwill-
kührliche Aeusserungen, seine Leiden zu erkennen gegeben haben.
Aeussere Eindrücke wirkten auf das, mit den Sinnen des Gesichts und
des Gehörs gewissermassen isolirt fortlebende, Gehirn noch lange
und zum Theil lebhaft und angemessen, so wie die eigentliche Gei-
stesthätigkeit vielleicht erst mit dem Leben selbst erlosch. Die Phan-
tasie spielte beinahe und mit angenehmen Bildern.
Schwerlich hatte Goethe *in diesen Momenten ein Vorgefühl seiner*
nahen Auflösung. Wenigstens entsprachen die Zeichen, welche man
auf das Vorhandenseyn eines solchen Vorgefühls beziehen möchte,
denjenigen nicht, deren er sich wohl früher bediente, um anzudeuten,
wie er hinsichtlich der muthmasslichen Dauer des ihm noch beschie-
denen Lebensrestes einer Täuschung sich nicht überlasse. Vielmehr
gab er in seinen letzten Stunden mehrmals deutliche Beweise von
Hoffnung auf Genesung und zwar unter Umständen, – namentlich
bei fast völlig abwesender Besinnlichkeit, – welche die Vermuthung,
er habe nur die Seinigen zu beruhigen, beabsichtigt, als ganz unwahr-
scheinlich darstellen müssen.
Die Sprache wurde immer mühsamer und undeutlicher. »Mehr
Licht« sollen, während ich das Sterbezimmer auf einen Moment ver-
lassen hatte, die letzten Worte des Mannes gewesen seyn, dem Fin-
sterniss in jeder Beziehung stets verhasst war. Als später die Zunge
den Gedanken ihren Dienst versagte, malte er, wie auch wohl früher,
wenn irgend ein Gegenstand seinen Geist lebhaft beschäftigte, mit
dem Zeigefinger der rechten Hand öfters Zeichen in die Luft, erst
höher, mit den abnehmenden Kräften immer tiefer, endlich auf die
über seinen Schooss gebreitete Decke. Mit Bestimmtheit unterschied
ich einigemal den Buchstaben W. und Interpunctionszeichen.
Um halb zwölf Mittags drückte sich der Sterbende bequem in die lin-
ke Ecke des Lehnstuhls, und es währte lange, ehe den Umstehenden
einleuchten wollte, dass Goethe *ihnen entrissen sey.*
So machte ein ungemein sanfter Tod das Glücksmaass eines reich
begabten Daseyns voll.

Carl Vogel, S. 13 ff.

Goethe auf dem Totenbett. Bleistiftzeichnung von Friedrich Preller, 1832

Nachbemerkung:
Von den Epigonen zu den Demagogen

>»In jener Gegend reist man jetzt nicht gut;
Und hast du Geist, sei doppelt auf der Hut!
Man lockt und liebt dich, bis man dich zerreißt:
Schwarmgeister sinds – da fehlt es stets an Geist!«

Weimars Kulturgeschichte begann lange vor der sogenannten klassischen Epoche. Goethe hatte bedeutende Vorgänger, desgleichen Carl August. Auch die nachfolgenden Geister, wie z. B. Franz Liszt, die Künstler der Weimarer Malerschule und des Bauhauses, wie Harry Graf Keßler oder Henry van de Velde, bauten auf diesem Fundament weiter. Das Epigonentum des 19. Jahrhunderts war nur ein Nebenschauplatz. Das 20. Jahrhundert instrumentalisierte das große kulturelle Erbe Weimars. Hatte sich die gleichnamige Republik noch symbolisch auf diese Zeit der Klassik berufen, funktionierten die braunen Machthaber die Weimarer Geschichte im Sinne ihrer »völkischen Ideologie« um. Menschenverachtung und Ausrottung ganzer Völker waren die verbrecherische Konsequenz. In der DDR mühte man sich um den Nachweis, daß die Klassik zum Vorspiel der kommunistischen Arbeiterbewegung gehörte, und vereinnahmte ihre Vertreter als deren bürgerliche Vorläufer. Das ist gescheitert.

Nach der Wende gefiel sich neuinstalliertes Kulturmanagement in der eloquent verbreiteten These von der tödlichen Musealisierung des kulturellen Erbes der Stadt; bunt gemischtes Kulturfestgetriebe rückte an die Stelle der museal verehrten »toten Dichter«, die Provinzialität Weimars, seine Philiströsität wurde man nicht müde zu beklagen – und erkannte nicht, daß gerade diese Fakten zu seiner widersprüchlichen Geschichte, zu seinem Wesen gehörten. Der große geistige Entwurf war die andere Seite der Medaille, und daß dies zeitweise zusammenging, das Wunder. »Das Kulturleben heute ist ein Paradies der Hochstapler«, stellte Hans Mayer 1994 in bezug auf Leipzig nüchtern fest. Auch in Weimar herrscht gegen Ende des Jahrhunderts ein »Kulturbetrieb«, wo es »fast unmöglich geworden ist, den wirklich kreativen Außenseiter vom routinierten Scharlatan zu unterscheiden.«[164] Schon Nietzsche warnte, wie obiges Zitat belegt.[165]

Ein Goldmacher zündete 1618 das Schloß an, Weimar blieb dennoch erhalten und hat in der Folge noch Großartiges hervorgebracht. Diese Kraft wird die Kulturstadt 1999 auch ins nächste Jahrtausend begleiten.

ANHANG

ANMERKUNGEN

1 WA I 5/1, S. 219.
2 WA I 4, S. 140.
3 Vgl. J. G. Herder: Briefe. Gesamtausgabe 1763–1803. Bearb. v. Wilhelm Dobbeck und Günter Arnold, Weimar 1979, Bd. 5, S. 135.
4 WA I 16, S. 134.
5 Christoph Wilhelm Hufeland, Eine Selbstbiographie. Mitgeteilt von Dr. Göschen, Berlin 1863, S. 26.
6 Weimar im Urteil der Welt. Stimmen aus drei Jahrhunderten. Hrsg. von Herbert Greiner-Mai in Zusammenarbeit mit Gerhard Hendel, Annerose und Wolfgang Schröder. Berlin und Weimar 1977, S. 99.
7 Heinrich Heine, Die romantische Schule, in: Werke und Briefe in zehn Bänden. Hrsg. Hans Kaufmann. Bd. 5. Berlin. Weimar 1972, S. 59.
8 Karl Gutzkow, Rückblicke auf mein Leben. Berlin 1875, S. 167 f.
9 Wielands Briefwechsel. Hrsg. von Hans Werner Seiffert, Bd. 5. Berlin 1983, S. 561.
10 Adolf Stahr, Weimar und Jena. 3. Aufl. Oldenburg u. Leipzig o. J., S. 4
11 Egon Erwin Kisch, Hetzjagd durch die Zeit, in: Gesammelte Werke in Einzelausgaben, hrsg. von Bodo Uhse u. Gisela Kisch. Bd. V. Berlin und Weimar 1972, S. 403.
12 Weimar im Urteil der Welt, a. a. O., S. 435 f.
13 Versteinertes Gedenken. Das Buchenwalder Denkmal von 1958. Hrsg. von Thomas A. Seidel u. Volkhardt Knigge. Bd. 2. Leipzig 1997, S. 92.
14 Johann Peter Eckermann, Gespräche mit Goethe. Berlin und Weimar 1982, S. 556.
15 Geschichte der Stadt Weimar. Weimar 1975, S. 7.
16 Vgl. Tacitus, Historiae XII, 57.
17 WA IV 6, S. 415 ff.
18 Geschichte der Stadt Weimar, a. a. O., S. 28 ff.
19 Vgl. ebenda, S. 33.
20 Reinhard Jonscher, Kleine thüringische Geschichte. Jena 1993, S. 16.
21 WA I 33, S. 89 ff.
22 WA I 36, S. 113.
23 WA I 42/1, S. 30.
24 WA I 42/1, S. 75.
25 WA I 48, S. 154 f.
26 Vgl. Geschichte der Stadt Weimar, S. 81.
27 WA IV 45, S. 293.
28 Vgl. Tausend Jahre Kirche in Weimar. Beiträge zur Geschichte des kirchlichen Lebens anläßlich der 1000-Jahr-Feier der Stadt Weimar. Berlin 1980, S. 13 ff.
29 Vgl. Reinhard Jonscher, Kleine thüringische Geschichte. a. a. O., S. 92.
30 Vgl. Detlef Ignasiak, Regenten-Tafeln Thüringischer Fürstenhäuser. Mit einer Einführung in die Geschichte der Dynastien in Thüringen. Jena 1996, S. 48–54.

31 Luthers Werke, Weimarer Ausgabe, Bd. 7, S. 838.
32 Gerhard Brendler, Martin Luther. Theologie und Revolution. Berlin 1983, S. 316.
33 Vgl. Geschichte der Stadt Weimar, a. a. O., S. 142.
34 Vgl. Ernst Müller, Martin Luther und Weimar. Weimar 1983, S. 48 ff.
35 Vgl. Gitta Günther, Weimar. Eine Chronik. Leipzig 1996, S. 21.
36 Vgl. Helga Hoffmann, Die deutschen Gemälde des XVI. Jahrhunderts. Kunstsammlungen zu Weimar. Fulda 1988, S. 30–33.
37 Herbert von Hintzenstern, Lucas Cranach, der Maler unter dem Kreuz Jesu, in: Tausend Jahre Kirche in Weimar. Berlin 1980, S. 72.
38 Stadtkirche zu Weimar, in: Das Christliche Denkmal, Heft 86, Berlin 1991, S. 18.
39 Vgl. Paul Meßner, Das Deutsche Nationaltheater Weimar. Ein Abriß seiner Geschichte. Von den Anfängen bis Februar 1945. Weimar 1985, S. 3.
40 Vgl. Ulrike Müller-Harang, Das Weimarer Theater zur Zeit Goethes. Weimar 1991, S. 5.
41 Vgl. Geschichte der Stadt Weimar, a. a. O., S. 145 ff.
42 Vgl. Geschichte der Stadt Weimar, a. a. O., nach S. 160–177.
43 Vgl. Geschichte der Stadt Weimar, a.a.O., S. 160, Abb. 47.
44 Die neue Lehrart. Pädagogische Schriften Wolfgang Ratkes. Eingeleitet von Gerd Hohendorf. Berlin 1957, S. 49.
45 Vgl. ebenda, S. 14–35; Ludwig Weniger, Zur Geschichte der Ratichischen Reformbewegung in Weimar, in: Mitteilungen der Gesellschaft für deutsche Erziehungs- und Schulgeschichte. Hrsg. von K. Kehrbach, Jg. X (1900), H. 1, S. 23–24.
46 Vgl. Genius huius loci. Weimar. Kulturelle Entwürfe aus fünf Jahrhunderten. AK Weimar 1992, S. 12 f. (Beitrag von Eberhard Haufe).
47 Vgl. Adolf Aber, Die Pflege der Musik unter den Wettinern und wettinischen Ernestinern. Bückeburg und Leipzig 1921, S. 126.
48 Vgl. Wolfgang Lidke, Das Musikleben in Weimar von 1683 bis 1735. Weimar 1953, S. 5.
49 Curt Rücker, Die Stadtpfeiferei in Weimar. Eine musikkulturelle Studie, Weimar 1939, S. 10.
50 Vgl. ebenda, S. 10–13.
51 Vgl. Carl Eduard Vehse, Der Hof zu Weimar. Ausgewählt, bearb. u. hrsg. von Wolfgang Schneider. Leipzig und Weimar 1991, S. 17.
52 Ebenda.
53 Vgl. Hubert Erzmann, Goldmacher und Münzfälscher zur Lutherzeit, in: Erfurter Münzblätter, Heft 4, 1996 (1997), S. 49–55.
54 Vgl. ders., Der vorgebliche Goldmacher Klettenberg am Weimarischen Hofe, in: Numismatische Beiträge, Heft 1/1988, S. 13 f.
55 Vgl. Vehse, a. a. O., S. 9–13.
56 Nach Johann H. Gelbke, Herzog Ernst der Erste genannt der Fromme zu Gotha als Mensch und Regent, Gotha 1810, Bd. 3, S. 94.
57 Vgl. Detlef Ignasiak, Ernst I. (III.), der Fromme – Herzog von Sachsen-Gotha (und Altenburg), in: Herrscher und Mäzene. Thüringer Fürsten von Hermenefred bis Georg II. Rudolstadt 1994, S. 193–221.
58 Vgl. Hubert Erzmann, Herzog Bernhard von Sachsen-Weimar. Sein Leben – sein Erbe – seine Medaillen, S. 1 ff. (Vortragsmanuskript).

59 Vgl. G. A. de Wette, Historische Nachrichten von der berühmten Residenzstadt Weimar. Weimar 1737, S. 343 ff.
60 Vgl. Adolf Aber, Die Pflege der Musik unter den Wettinern und wettinischen Ernestinern. a.a.O.
61 Ebenda, S. 128.
62 Ebenda, S. 132.
63 Vgl. ebenda, S. 147.
64 Vgl. Hans Friese, Wer nur den lieben Gott läßt walten. Georg Neumark und sein Lied. Berlin 1960, S. 60 f.
65 Vgl. ADB, 23. Bd., Berlin 1970, S. 539 ff.
66 Vgl. Hans Joachim Moser, Heinrich Schütz – sein Leben und Werk. Kassel 1954, S. 168 f.; Alfred Thiele, Heinrich Schütz und Weimar, in: Festschrift zur Ehrung von Heinrich Schütz (1581–1672), hrsg. im Auftrage des Festausschusses zur »Heinrich-Schütz-Ehrung« anläßlich der Errichtung der Gedenkstätte zu Bad Köstritz von Günther Kraft, Weimar 1954, S. 62–82.
67 Vgl. Hans Rudolf Jung, Neues zum Thema »Heinrich Schütz und Weimar«, in: Schütz-Jahrbuch, hrsg. von Werner Breig, 9. Jg., S. 105–116.
68 Vgl. Dreihundert Jahre Weimarer Bibliothek. Zus.gest. von Erdmann von Wilamowitz-Moellendorff. Weimar 1991.
69 Vgl. Hans Henning. Die Bibliothek der NFG Weimar. Weimar 1981, S. 8.
70 Ebenda, S. 5.
71 Das Goethe-Nationalmuseum zu Weimar. Große Ausgabe des Führers im Auftrage der Direktion bearb. von Dr. Marie Schuette. Leipzig 1910, S. 1.
72 Vgl. Erich Trunz, Ein Tag aus Goethes Leben. (dazu: Das Haus am Frauenplan in Goethes Alter, S. 42–71). München 1991 (3. Aufl.)
73 Vgl. Jochen Klauß, Goethes Wohnhaus in Weimar. Ein Rundgang in Geschichten. Mit Aufnahmen von Jürgen Pietzsch. Weimar 1991.
74 Vgl. Dichter-Häuser in Thüringen. Hrsg. Detlef Ignasiak. Jena 1996, S. 244 bis 254.
75 Johannes Ernst Köhler, Weimars Kirchenmusiker, in: Tausend Jahre Kirche in Weimar. Beiträge zur Geschichte des kirchlichen Lebens anläßlich der 1000-Jahr-Feier der Stadt Weimar. Berlin 1980, S. 31.
76 Vgl. Hans Rudolf Jung, Johann Sebastian Bach in Weimar 1708 bis 1717. Weimar 1985.
77 Vgl. Gert-Dieter Ulferts u. a., Schloß Belvedere. Schloß, Park und Sammlung. München/Berlin/Weimar 1998, S. 18.
78 Vgl. Werner Deetjen, Auf Höhen Ettersburgs. Blätter der Erinnerung. Weimar 1924.
79 Vgl. Jochen Klauß, Goethes Deutschland. Stuttgart 1998, S. 92 f.
80 Weimar. Lexikon zur Stadtgeschichte. Weimar 1993, S. 211.
81 Vgl. Siegfried Unseld, Goethe und seine Verleger. Frankfurt a.M. 1991.
82 WA I 36, S. 373–378.
83 Vgl. Dietrich Herfurth, Friedhelm Beyreiß, Jochen Klauß, Sachsen-Weimars Orden und Ehrenzeichen (z. Zt. Manuskript).
84 Vgl. G. A. Tammann, Die Orden Goethes, in: Orden-Militaria-Magazin 2/1982, S. 28–34.
85 Biedermann, Goethes Gespräche, Leipzig 1909/11, Bd. 2, S. 529.
86 Historische Nachrichten von der berühmten Residenzstadt Weimar, S. 67.
87 Ebenda, S. (13).

88 G. Scheel, Braunschweig-Wolfenbüttel und Sachsen-Weimar, S. 9 f.
89 Michael Knoche, »Ein ganz anderer Geist war über Hof und Stadt gekommen.« In: Vorläufiger Probedruck von Kapitel I des Katalogs der neuen Ausstellung im Goethe-Nationalmuseum. München/Wien 1998, S. 16 f.
90 Knoche, a. a. O., S. 15.
91 Vgl. Volker Ebersbach, Carl August. Goethes Herzog und Freund. Köln/Weimar/Wien 1998, S. 26–33.
92 Vgl. Fritz Fink, Beiträge zur Geschichte der Stadt Weimar. Weimar 1931, S. 10.
93 Knoche, a. a. O., S. 16.
94 WA I 29, S. 172.
95 Vgl. Peter von Kotzebue, Auch ein deutsches Dichterleben. Stuttgart 1988.
96 Vgl. F. Bornhak, Anna Amalia. Herzogin von Sachsen-Weimar-Eisenach, die Begründerin der klassischen Zeit Weimars. Nebst Anhang: Briefwechsel Anna Amalias mit Friedrich dem Großen. Berlin 1892, S. 47.
97 Ebenda, S. 50.
98 Vgl. W. Vollrath, Bau- und Kunstdenkmäler Thüringens. Ergänzungsheft. Die Schloßanlage bei Weimar. Jena 1928, S. 46.
99 Vgl. Hugo Wernekke, Goethe und die Königliche Kunst. Leipzig 1905.
100 Vgl. Eva Schmidt, Jüdische Familien im Weimar der Klassik und Nachklassik und ihr Friedhof. Weimar 1980.
101 WA I 5/1, S. 216.
102 Irmela Brender, Christoph Martin Wieland mit Selbstzeugnissen und Bilddokumenten. Reinbek bei Hamburg 1990, S. 62.
103 An Gleim am 4. Mai 1772, in: Wielands Briefwechsel. Hrsg. von W. Seiffert. Bd. 4, S. 489.
104 An Zimmermann am 22. Januar 1773, in: Wielands Briefwechsel, a. a. O., Bd. 5, S. 62.
105 Goethe an Merck am 5. August 1778, in: WA IV, 3, S. 238.
106 K. A. Böttiger, Literarische Zustände und Zeitgenossen. Berlin 1998, S. 179.
107 An Gebler am 7. 4. 1775, in: Wielands Briefwechsel, Bd. 5, S. 349.
108 Aeltere und neuere Gesetze, Ordnungen und Circular-Befehle für das Fürstentum Weimar und für die Jenaische Landesportion bis zum Ende des Jahres 1799 von Johannes Schmidt. Jena 1802, Bd. 3, S. 50.
109 Vgl. Jochen Klauß, Alltag im »klassischen« Weimar. Weimar 1990, S. 66 f.
110 WA IV 3, S. 1.
111 WA IV 3, S. 12.
112 WA IV 3, S. 15.
113 WA IV 3, S. 17.
114 WA IV 3, S. 21.
115 WA IV 3, S. 37.
116 Leicht gekürzt nach: J. Klauß, Goethes Deutschland a. a. O., S. 275–280.
117 Vgl. J. Klauß, Goethes Wohnhaus in Weimar. a. a. O., S. 128.
118 Vgl. J. Klauß, Alltag im »klassischen« Weimar. a. a. O.
119 Vgl. Volker Ebersbach, Carl August von Sachsen-Weimar-Eisenach. a.a.O.
120 Effi Biedrzynski, Goethes Weimar. Das Lexikon der Personen und Schauplätze. Zürich/München 1992, S. 258.
121 WA III 1, S. 28.
122 WA I 28, S. 252.

123 Vgl. Ulrich Kaufmann, »Lenz, Goethes Freund, ist hier, aber es ist kein Goethe«, in: DIE PFORTE, Veröffentlichungen des Freundeskreises Goethe-Nationalmuseumm e.V. Heft 4. Weimar 1998, S. 24–38.
124 Vgl. Hermann Hettner, Geschichte der deutschen Literatur im achtzehnten Jahrhundert. Bd. 2. Berlin 1981, S. 184.
125 Vgl. Jochen Klauß, Charlotte von Stein. Die Frau in Goethes Nähe. Zürich 1995, S. 145.
126 Goethe in vertraulichen Briefen seiner Zeitgenossen. Zusammengestellt von Wilhelm Bode. Bd. 1. Berlin und Weimar 1979, S. 154, 186.
127 Ebenda, S. 187.
128 Ebenda, S. 183.
129 Vgl. Effi Biedrzynski, Goethes Weimar, a.a.O., S. 397–401.
130 Vgl. Ulrike Müller-Harang, Das Weimarer Theater zur Zeit Goethes. a.a.O., S. 29 f.
131 WA IV 6, S. 317.
132 Ebenda, S. 419.
133 WA IV 7, S. 68.
134 Vgl. Johann Gottfried Herder. Ahndung künftiger Bestimmung. Hrsg. von der Stiftung Weimarer Klassik. Stuttgart und Weimar 1994 (Ausstellungskatalog).
135 Vgl. Paul Saupe, »Die Idee ist recht artig – und das Ökonomische ist auch dabei nicht vergessen.« Zum Gedenken an Friedrich Justin Bertuch, in: DIE PFORTE. Veröffentlichungen des Freundeskreises Goethe-Nationalmuseum e.V. Heft 4. Weimar 1998, S. 12–23.
136 Vgl. Genius huius loci. Weimar, a.a.O., S. 47 f.
137 WA I 32, S. 145.
138 Zit. nach Wolfram Huschke, Musik im klassischen und nachklassischen Weimar. Weimar 1982, S. 23.
139 Vgl. U. Müller-Harang, a. a. O., S. 32 ff.
140 Vgl. Irmela Brender, Christoph Martin Wieland, a.a.O., S. 39–43.
141 WA IV 7, S. 96.
142 Goethes Gespräche, a.a.O., S. 369 f.
143 WA I 33, S. 4 f.
144 SNA, Bd. 32, S. 133.
145 Zit. nach: Friedrich Schiller mit Selbstzeugnissen und Bilddokumenten dargestellt von Friedrich Burschall. Hamburg 1997, S. 94.
146 Vgl. ebenda, S. 129.
147 Vgl. Eleonore von Bojanowski, Louise Großherzogin von Sachsen-Weimar und ihre Beziehungen zu den Zeitgenossen. Stuttgart und Berlin 1903, S. 233.
148 Vgl. Florian Witzuk, Goethes polnische Bekanntschaften, in: Weimarer Beiträge. Jg. XVI. 1970, Heft 6, S. 196–210.
149 Vgl. Paul Saupe, Daniel Falk 1768 bis 1826. Schriftsteller, tätig in gefährlichen Kriegsläuften. Pädagoge verwilderter Kinder. Weimar 1981.
150 Vgl. Manfred Wenzel, Ärzte-Geschichten aus Alt-Weimar, a.a.O.
151 Vgl. Marie-Claire Hoock-Demarle, Die Frauen der Goethezeit. München 1990, S. 195.
152 Karl August Böttiger, Literarische Zustände, a.a.O., S. 347.
153 Ebenda, S. 376.

154 Zitiert nach: Michael Preil, Thüringen und Franken. Militärgeschichtliche Reiseführer, a.a.O., S. 41.
155 Vgl. Günther Steiger, Die Schlacht bei Jena und Auerstedt 1806. Cospeda 1981, S. 76.
156 Vgl. Jochen Klauß, Alltag im »klassischen« Weimar, a.a.O., S. 68–74.
157 Wolfram Huschke, Musik im klassischen und nachklassischen Weimar, a.a.O., S. 63.
158 Vgl. ebenda, S. 69.
159 Vg. Paul Meßner, Das Deutsche Nationaltheater Weimar. Ein Abriß seiner Geschichte. Von den Anfängen bis Februar 1945. Weimar 1985, S. 43.
160 Friedrich von Müller, Unterhaltungen mit Goethe, S. 142.
161 Johann Peter Eckermann, Gespräche mit Goethe, a.a.O., S. 601.
162 WA III 13, S. 112.
163 WA IV 49, S. 281–284.
164 Hans Mayer, Wir haben keine Kultur mehr. Interview in: Gewandhaus Magazin. Leipzig (1994), S. 20.
165 Friedrich Nietzsche, Die fröhliche Wissenschaft, in: Werke in sechs Bänden, hrsg. von Karl Schlechta. Bd. 3. München/Wien 1990, S. 25.

LITERATURVERZEICHNIS (AUSWAHL)

Adolf **Aber,** Die Pflege der Musik unter den Wettinern und wettinischen Ernestinern. Von den Anfängen bis zur Auflösung der Weimarer Hofkapelle 1662. Bückeburg u. Leipzig 1921.

Effi **Biedrzynski,** Goethes Weimar. Das Lexikon der Personen und Schauplätze. Zürich 1992.

Friedrich **Bornhak,** Anna Amalia. Herzogin von Sachsen-Weimar-Eisenach, die Begründerin der klassischen Zeit Weimars. Nebst Anhang: Briefwechsel Anna Amalias und Friedrich des Großen. Berlin 1892.

Irmela **Brender,** Christoph Martin Wieland mit Selbstzeugnissen und Bilddokumenten. Reinbek bei Hamburg 1990.

Gerhard **Brendler,** Martin Luther. Theologie und Revolution. Berlin 1983.

Eleonore von **Bojanowski,** Louise Großherzogin von Sachsen-Weimar und ihre Beziehungen zu den Zeitgenossen. Stuttgart u. Berlin 1903.

Werner **Deetjen,** Auf Höhen Ettersburgs. Blätter der Erinnerung. Weimar 1924.

Das christliche **Denkmal,** Heft 86. Berlin 1991.

Dichter-Häuser in Thüringen, Hrsg. Detlef Ignasiak. Jena 1996.

Volker **Ebersbach,** Carl August. Goethes Herzog und Freund. Köln/Weimar/ Wien 1998.

Hubert **Erzmann,** Der vorgebliche Goldmacher Klettenberg am Weimarischen Hofe, in: Numismatische Beiträge, Heft 1/1988.

Hubert **Erzmann,** Goldmacher und Münzfälscher zur Lutherzeit, in: Erfurter Münzblätter, Heft 4. 1996 (1997).

Hubert **Erzmann,** Herzog Bernhard von Sachsen-Weimar. Sein Leben – sein Erbe – seine Medaillen. Vortragsmanuskript (ungedruckt).

Fritz **Fink,** Beiträge zur Geschichte der Stadt Weimar. Weimar 1931.

Hans **Friede,** Wer nur den lieben Gott läßt walten. Georg Neumark und sein Lied. Berlin 1960.

Johann G. **Gelbke,** Herzog Ernst der Erste genannt der Fromme zu Gotha als Mensch und Regent. Bd. 1.–3. Gotha 1810.

Aeltere und neuere **Gesetze,** Ordnungen und Cirkular-Befehle für das Fürstentum Weimar und für die Jenaische Landesportion bis zum Ende des Jahres 1799 von Johannes Schmidt. Bd. 3. Jena 1802.

Goethes **Gespräche.** Eine Sammlung zeitgenössischer Berichte aus seinem Umgang. Aufgrund der Ausgabe und des Nachlasses von Flodoard Freiherrn von Biedermann ergänzt u. hrsg. von Wolfgang Herwig. Bd. 1-6. Zürich u. Stuttgart 1972 ff.

Gitta **Günther,** Weimar. Eine Chronik. Leipzig 1996.

Karl **Gutzkow,** Rückblicke auf mein Leben. Berlin 1875.

Heinrich **Heine,** Werke und Briefe in 10 Bänden. Hrsg. v. Hans Kaufmann. Bd. 5. Berlin und Weimar 1972.
Hans **Henning,** Die Bibliothek der NFG Weimar. Weimar 1981. (= Tradition und Gegenwart. Weimarer Schriften. H. 26).
Johann Gottfried **Herder.** Ahndung künftiger Bestimmung. Hrsg. von der Stiftung Weimarer Klassik. Stuttgart u. Weimar 1994.
Dietrich **Herfurth,** Friedhelm Beyreiß, Jochen Klauß, Sachsen-Weimars Orden und Ehrenzeichen. Manuskript (ungedruckt).
Herrscher und Mäzene. Thüringer Fürsten von Hermenefred bis Georg II. Rudolstadt 1992.
Hermann **Hettner,** Geschichte der deutschen Literatur im achtzehnten Jahrhundert. Bd. 2. Berlin 1981.
Helga **Hoffmann,** Die deutschen Gemälde des XVI. Jahrhunderts. Kunstsammlungen zu Weimar. Fulda 1988.
Marie-Claire **Hoock-Demarle,** Die Frauen der Goethezeit. München 1990.
Christoph Wilhelm **Hufeland,** Eine Selbstbiographie. Mitgeteilt von Dr. Göschen. Berlin 1863.
Wolfram **Huschke,** Musik im klassischen und nachklassischen Weimar. Weimar 1982.

Detlef **Ignasiak,** Regenten-Tafeln Thüringischer Fürstenhäuser. Mit einer Einführung in die Geschichte der Dynastien in Thüringen. Jena 1996.

Reinhard **Jonscher,** Kleine thüringische Geschichte. Jena 1993.
Hans Rudolf **Jung,** Johann Sebastian Bach in Weimar. 1708 bis 1717. Weimar 1985 (= Tradition und Gegenwart. Weimarer Schriften. H. 16)
Hans Rudolf **Jung,** Neues zum Thema »Heinrich Schütz und Weimar«, in: Schütz-Jahrbuch, hrsg. von Werner Breig. 9. Jg.

Ulrich **Kaufmann,** »Lenz, Goethes Freund, ist hier, aber es ist kein Goethe«, in: *Die Pforte.* Veröffentlichungen des Freundeskreises Goethe-Nationalmuseum e. V. H. 4. Weimar 1998.
Tausend Jahre **Kirche** in Weimar. Beiträge zur Geschichte des kirchlichen Lebens anläßlich der 1000-Jahr-Feier der Stadt Weimar. Berlin 1980.
Egon Erwin **Kisch,** Hetzjagd durch die Zeit, in: Gesammelte Werke in Einzelausgaben, hrsg. v. Bodo Uhse u. Gisela Kisch. Bd. V. Berlin u. Weimar 1972.
Jochen **Klauß,** Alltag im »klassischen« Weimar. Weimar 1990.
Jochen **Klauß,** Goethes Wohnhaus in Weimar. Ein Rundgang in Geschichten. Mit Aufnahmen von Jürgen Pietsch. Weimar 1991.
Jochen **Klauß,** Charlotte von Stein. Die Frau in Goethes Nähe. Zürich 1995.
Jochen **Klauß,** Goethes Deutschland. Orte und Stätten von Aachen bis Zwickau aus der Sicht des Dichters. Stuttgart 1998.
Michael **Knoche,** »Ein ganz anderer Geist war über Hof und Stadt gekommen«, in: Vorläufiger Probedruck von Kapitel I des Katalogs der neuen Ausstellung im Goethe-Nationalmuseum. München/Wien 1998.
Peter von **Kotzebue,** Auch ein deutsches Dichterleben. Stuttgart 1988.

Wolfgang **Lidke,** Das Musikleben in Weimar von 1683 bis 1735. Weimar 1953 (= Schriften zur Stadtgeschichte und Heimatkunde. H. 3).

Luthers Werke. Weimarer Ausgabe. I. Abt. Bd. 7. Weimar 1897.

Hans **Mayer,** Wir haben keine Kultur mehr. Interview in: Gewandhaus Magazin Leipzig (1994).

Paul **Meßner,** Das Deutsche Nationaltheater Weimar. Ein Abriß seiner Geschichte. Von den Anfängen bis Februar 1945. Weimar 1985 (= Tradition und Gegenwart. Weimarer Schriften. H. 17).

Hans Joachim **Moser,** Heinrich Schütz – sein Leben und Werk. Kassel 1954.

Ernst **Müller,** Martin Luther und Weimar. Weimar 1983 (= Tradition und Gegenwart. Weimarer Schriften. H. 6).

Ulrike **Müller-Harang,** Das Weimarer Theater zur Zeit Goethes. Weimar 1991.

Friedrich **Nietzsche,** Die fröhliche Wissenschaft, in: Werke in sechs Bänden, hrsg. von Karl Schlechta. Bd. 3. München/Wien 1990.

Die neue Lehrart. Pädagogische Schriften Wolfgang **Ratkes.** Eingeleitet von Gerd Hohendorf. Berlin 1957.

Curt **Rücker,** Die Stadtpfeiferei in Weimar. Eine musikkulturelle Studie. Weimar 1939.

Paul **Saupe,** Daniel Falk. 1768 bis 1826. Schriftsteller, tätig in gefährlichen Kriegsläuften. Pädagog verwilderter Kinder. Weimar 1981 (= Tradition und Gegenwart. Weimarer Schriften H. 31).

Paul **Saupe,** »Die Idee ist recht artig – und das Ökonomische ist auch dabei nicht vergessen.« Zum Gedenken an Friedrich Justin Bertuch, in: *Die Pforte.* Veröffentlichungen des Freundeskreises Goethe-Nationalmuseum e. V. H. 4. Weimar 1998.

Günter **Scheel,** Braunschweig-Wolfenbüttel und Sachsen-Weimar, in: Wolfenbütteler Beiträge, Bd. 9. Wiesbaden 1994.

Friedrich **Schiller,** mit Selbstzeugnissen und Bilddokumenten dargestellt von Friedrich Burschall. Hamburg 1997.

Eva **Schmidt,** Jüdische Familien im Weimar der Klassik und Nachklassik und ihr Friedhof. Weimar 1980.

Marie **Schuette,** Das Goethe-Nationalmuseum zu Weimar. Große Ausgabe des Führers im Auftrage der Direktion bearbeitet. Leipzig 1910.

Thomas A. **Seidel** und Volkhardt Knigge (Hrsg.), Versteinertes Gedenken. Das Buchenwalder Denkmal von 1958. Bd. 1.–2. Leipzig 1997.

Adolf **Stahr,** Weimar und Jena. 3. Aufl. Oldenburg und Leipzig o. J.

Günther **Steiger,** Die Schlacht bei Jena und Auerstedt 1806. Cospeda 1981.

Publius Cornelius **Tacitus,** Sämtliche Werke. Wien 1935.

G. A. **Tammann,** Die Orden Goethes, in: Orden-Militaria-Magazin 2/1982.

Alfred **Thiele,** Heinrich Schütz und Weimar, in: Festschrift zur Ehrung von Heinrich Schütz (1581–1672) anläßlich der Errichtung der Gedenkstätte zu Bad Köstritz von Günther Kraft. Weimar 1954.

Erich **Trunz,** Ein Tag aus Goethes Leben. München 1991.

Gerd-Dieter **Ulfers** u. a., Schloß Belvedere. Schloß, Park und Sammlung. München 1998.

Siegfried **Unseld,** Goethe und seine Verleger. Frankfurt am Main und Leipzig 1993.

Carl Eduard **Vehse,** Der Hof zu Weimar. Ausgewählt, bearbeitet und hrsg. von Wolfgang Schneider. Leipzig und Weimar 1991.

W. **Vollrath,** Bau- und Kunstdenkmäler Thüringens. Ergänzungsheft. Die Schloßanlage bei Weimar. Jena 1928.

Genius huius loci. **Weimar.** Kulturelle Entwürfe aus fünf Jahrhunderten. Ausstellungskatalog Weimar 1992.

Weimar. Lexikon der Stadtgeschichte. Hrsg. v. Gitta Günther, Wolfram Huschke und Walter Steiner. Weimar 1993.

Weimar im Urteil der Welt. Stimmen aus drei Jahrhunderten. Hrsg. v. Herbert Greiner – Mai in Zusammenarbeit mit Gerhard Hendel, Annerose u. Wolfgang Schröder. Berlin und Weimar 1977.

Ludwig **Weniger,** Zur Geschichte der Ratichischen Reformbewegung in Weimar, in: Mitteilungen der Gesellschaft für deutsche Erziehungs- und Schulgeschichte. Hrsg. v. K. Kehrbach. H. 1. Jg. X. 1900.

Hugo **Wernekke,** Goethe und die Königliche Kunst. Leipzig 1905.

G. A. de **Wette,** Historische Nachrichten von der berühmten Residenzstadt Weimar. Weimar 1737.

Erdmann von **Wilamowitz-Moellendorff,** Dreihundert Jahre Weimarer Bibliothek. Weimar 1991.

Florian **Witzuk,** Goethes polnische Bekanntschaften, in: Weimarer Beiträge. Jg. XVI. Heft 6/1970.

Personenregister

Quellen und Siglen

Barbara und Günther **Albrecht** = Die Sterne dürfet ihr verschwenden. Schauspie-lererinnerungen des 18. und 19. Jahrhunderts. Hrsg. und kommentiert von Barbara Albrecht und Günther Albrecht. Berlin 1980.

Weimarische Wöchentliche Frag- und **Anzeigen** = Weimarische Wöchentliche Frag- und Anzeigen; ab 1801 Weimarisches Wochenblatt; ab 1. April 1832 Weimarische Zeitung.

Wilhelm **Bode** = Goethe in vertraulichen Briefen seiner Zeitgenossen. Zusam-mengestellt von Wilhelm Bode. Bd. 1–3. Berlin und Weimar 1979.

Karl August **Böttiger** = Karl August Böttiger, Literarische Zustände und Zeitge-nossen. Begegnungen und Gespräche im klassischen Weimar. Hrsg. v. Klaus Gerlach u. René Sternke. Berlin 1998.

Carl Gustav **Carus** = Goethe. Zu dessen näherem Verständnis von C. G. Carus. (Mit einem Nachwort hrsg. v. Kurt Karl Eberlein). Dresden [1927].

Johann Peter **Eckermann** = Johann Peter Eckermann, Gespräche mit Goethe in den letzten Jahren seines Lebens. Hrsg. v. Regine Otto unter Mitarbeit von Peter Wersig. Berlin und Weimar 1982.

Karl Theodor **Gaedertz** = Bei Goethe zu Gaste. Neues von Goethe aus seinem Freundes- und Gesellschaftskreise. Ein Schwänchen zum 150. Geburtstage des Dichters. Leipzig 1900.

Eduard **Genast** = Eduard Genast, Aus dem Tagebuche eines alten Schauspielers. Theil 1. Leipzig 1862.

Geschichte der Stadt Weimar = Geschichte der Stadt Weimar. Im Auftrage des Rates der Stadt Weimar hrsg. v. Gitta Günther u. Lothar Wallraf. Weimar 1975.

Franz David **Gesky** = Weimar von unten betrachtet. Bruchstücke einer Chronik zwischen 1806 und 1835 aufgezeichnet von Franz David Gesky. Hrsg. v. Hubert Erzmann u. Rainer Wagner. Jena 1997.

Herders Briefe = Johann Gottfried Herder. Briefe. Gesamtausgabe 1763–1803. Bearbeitet von Wilhelm Dobbek + und Günter Arnold. Weimar 1977 ff.

Friedrich Albrecht **Klebe** = (Friedrich Albrecht Klebe), Historisch-statistische Nachrichten von der berühmten Residenzstadt Weimar. Elberfeld 1800.

Magazin zur Geschichte des Deutschen Theaters = Magazin zur Geschichte des Deutschen Theaters. I. Stück. Hrsg. v. Johann Jost Anton von Hagen. Halle 1773.

Hellmuth von **Maltzahn** = Hellmuth Frh. v. Maltzahn, Karl Ludwig von Knebel. Goethes Freund. Jena 1929.

Teutscher **Merkur** = Der teutsche Merkur. Hrsg. v. Christoph Martin Wieland. Bd. 1 ff. Weimar 1773 ff.

Historische **Merkwürdigkeiten** = [Christian August Vulpius], Historische Merkwürdigkeiten und literarische Erholungen. Bd. 1.–2. Neustadt a.d. Orla 1822.
Kanzler von **Müller** = Kanzler Friedrich von Müller, Unterhaltungen mit Goethe mit Anmerkungen versehen und hrsg. v. Renate Grumach. Weimar 1982.

Michael **Preil** = Michael Preil, Thüringen und Franken. Militärgeschichtlicher Reiseführer. Hrsg.: Horst Rohde u. Robert Ostrovsky. Hamburg. Berlin. Bonn 1997.

Schriften der Goethe-Gesellschaft 16 = Goethe und Lavater. Briefe und Tagebücher. Hrsg. v. Heinrich Finck. Weimar 1901.

SNA = Schillers Werke. Nationalausgabe. Begründet von Julius Petersen. Weimar 1943 ff.

Frédéric **Soret** = Frédéric Soret, Zehn Jahre bei Goethe. Erinnerungen an Weimars klassische Zeit 1822–1832. Aus Sorets handschriftlichem Nachlaß zusammengestellt, übersetzt und erläutert von Heinrich Hubert Houben. Leipzig 1929.

Carl **Vogel** = Die letzte Krankheit Goethe's beschrieben und nebst einigen andern Anmerkungen über denselben mitgetheilt von Dr. Carl Vogel Großherzogl. Sächsischem Hofrath und Leibarzte zu Weimar [o.O.].

WA = Goethes Werke. Hrsg. im Auftrage der Großherzogin Sophie von Sachsen. Weimar 1887 bis 1919 (Weimarer Ausgabe). Abteilung I: Poetische Werke und Schriften; Abteilung II: Naturwissenschaftliche Schriften; Abteilung III: Tagebücher; Abteilung IV: Briefe.

Hans **Wahl** = Briefwechsel des Herzogs-Großherzogs Carl August mit Goethe. Hrsg. v. Hans Wahl. Bd. 1.–3. Berlin 1915/18.

Manfred **Wenzel** = Manfred Wenzel, Ärzte-Geschichten aus Alt-Weimar. Darstellungen und Dokumente. Taunusstein 1991.

Wielands Briefwechsel = Wielands Briefwechsel. Band 5: Briefe der Weimarer Zeit (21. September 1772 bis 31. Dezember 1777). Hrsg. von Hans Werner Seiffert. Berlin 1983.

Rudolf **Zoeppritz** = Aus F. H. Jacobi's Nachlaß. Ungedruckte Briefe von und an Jacobi u. a. Nebst ungedruckten Gedichten von Goethe und Lenz. Hrsg. v. Rudolf Zoeppritz. Bd. 1.–2. Leipzig 1869.

BILDNACHWEIS

Stiftung Weimarer Klassik: S. 44, 50, 80, 92, 98 (Foto: Sigrid Geske), 117, 119, 120, 125, 130 (Foto: Sigrid Geske), 152/153 (Foto: Sigrid Geske), 163, 176, 180, 187, 194, 196, 199, 205, 210, 223, 241, 243, 252, 257, 273, 283, 292, 296, 299, 307, 310, 311, 316

Stadtmuseum Weimar: S. 36, 65 (© Staatliche Kunstsammlungen Dresden)

Kunstsammlungen zu Weimar: S. 50 (oben), 55, 68, 72, 73, 75, 94 (Foto: Constantin Beyer), 95 (Foto: Constantin Beyer), 104 (Foto Renno), 105, 144 (Foto: Märtel), 229 (Foto: Renno), 305 (Foto: Renno)

Schloßmuseum Gotha: S. 105

Angermuseum Erfurt: S. 140 (Foto: Constantin Beyer)

Archiv für Kunst und Geschichte, Berlin: S. 50 (unten), 275

Archiv des Autors: S. 55, 75, 108 (Foto: Roland Dreßler), 110 (Foto: Roland Dreßler), 111 (Foto: Roland Dreßler), 129 (Foto: Roland Dreßler), 135 (Foto: Roland Dreßler), 145 (Foto: Roland Dreßler), 216, 218, 237 (Foto: Roland Dreßler)